Mathematik verstehen

Maturatraining

Univ.-Prof. Mag. Dr. Günther Malle
Prof. Mag. Sonja Malle
Prof. Mag. Dr. Helge Woschitz
Prof. Mag. Dr. Bernhard Salzger
Prof. Mag. Dr. Maria Koth

öbv
www.oebv.at

Erklärungen zum Buch:

Dieser Zusatzband zum Lehrbuch „Mathematik verstehen" enthält **Aufgaben zur Vorbereitung auf die standardisierte Reifeprüfung in den vorgeschriebenen Formaten**, also Aufgaben, wie man sie bei der schriftlichen Klausur erwarten kann. Sie sind in erster Linie zum Selbststudium bzw. zur Selbstkontrolle für angehende Maturantinnen und Maturanten gedacht. Das Ziel besteht darin, erworbene **Grundkompetenzen** zu überprüfen und abzusichern.

Inhaltsbereiche

Die ersten vier Kapitel dieses Zusatzbandes entsprechen den vier Inhaltsbereichen, die bei der Reifeprüfung abgeprüft werden:

Kapitel 1: Inhaltsbereich „Algebra und Geometrie"
Kapitel 2: Inhaltsbereich „Funktionale Abhängigkeiten"
Kapitel 3: Inhaltsbereich „Analysis"
Kapitel 4: Inhaltsbereich „Wahrscheinlichkeit und Statistik"

Aufgabentypen

Die Aufgaben in den Kapiteln 1 bis 4 sind sog. **„Typ 1-Aufgaben"**, die Aufgaben im Kapitel 5 sog. **„Typ 2-Aufgaben"**. In den Kapiteln 1 bis 4 werden die einzelnen Grundkompetenzen in gelb unterlegten Querbalken angeführt, im Kapitel 5 werden sie am Rand bei den einzelnen Aufgabenstellungen in abgekürzter Form rot angegeben.

Typ 1-Aufgaben: Diese bilden den ersten Teil der Klausur. In diesen Aufgaben werden Grundwissen und Grundkompetenzen einigermaßen „punktgenau" abgeprüft, dh. es steht jeweils eine ganz bestimmte Grundkompetenz im Vordergrund. Besondere Eigenständigkeit in der Anwendung, Reflexion und Vernetzung von Grundkompetenzen ist dabei nicht erforderlich. Ein Technologieeinsatz ist möglich, aber nicht notwendig.

Typ 2-Aufgaben: Diese bilden den zweiten Teil der Klausur. Sie sind komplexer als die Typ 1-Aufgaben und weisen folgende Charakteristika auf:

- In diesen Aufgaben werden verschiedene Grundkompetenzen miteinander vernetzt, die durchaus aus verschiedenen Inhaltsbereichen stammen können.
- Der Einsatz von Grundkompetenzen wird in weniger vertrauten Kontexten und Anwendungsbereichen verlangt. Weniger vertraute Kontexte werden im Allgemeinen in der jeweiligen Aufgabe erklärt. Dies hat oft längere Texte zur Folge, die auch mehr als das enthalten können, was zur Lösung der Aufgabe unbedingt notwendig ist.
- Auch innermathematische Fragestellungen sind möglich.
- Die Lösungen dieser Aufgaben erfordern eine gewisse Selbstständigkeit in der Anwendung von Wissen und Fertigkeiten.
- Ein Technologieeinsatz kann notwendig oder zumindest hilfreich sein.

Jede **Typ 2-Aufgabe** besteht aus **zwei bis sechs Teilaufgaben** zu einem speziellen Thema, die voneinander unabhängig sind (dh. nicht aufeinander aufbauen).

Lösungen zu den Aufgaben
Ab Seite 106 gibt es zu allen Aufgaben die dazugehörigen Lösungen, wobei einige Lösungen (vor allem jene der Typ 2-Aufgaben) detailliert vorgeführt werden oder zumindest wichtige Hinweise enthalten.

Aufgabenformate (Antwortformate) für Typ 1-Aufgaben

Es gibt acht verschiedene Typ 1-Aufgabenformate:

1. **Offenes Antwortformat:** Dabei kann eine Antwort nach freiem Ermessen formuliert werden.
   Beispiel: Aufgabe 1.32
2. **Halboffenes Antwortformat**: Ein Teil der Antwort (zB Teil einer Abbildung) ist vorgegeben; der fehlende Teil soll ergänzt werden.
   Beispiel: Aufgabe 1.51
3. **Multiple-Choice-Format in der Variante „1 aus 6“:** Zu einer Fragestellung sind sechs Antwortmöglichkeiten vorgegeben, von denen genau eine richtig ist und angekreuzt werden soll. (Man erkennt diesen Aufgabentyp an Formulierungen wie beispielsweise „Kreuzen Sie *diejenige* Gleichung an, die ...!“)
   Beispiel: Aufgabe 1.15
4. **Multiple-Choice-Format in der Variante „2 aus 5“:** Zu einer Fragestellung sind fünf Antwortmöglichkeiten vorgegeben, von denen genau zwei richtig sind und angekreuzt werden sollen. (Man erkennt diesen Aufgabentyp an Formulierungen wie beispielsweise „Kreuzen Sie *die beiden* zutreffenden Aussagen an!“)
   Beispiel: Aufgabe 1.02
5. **Multiple-Choice-Format in der Variante „x aus 5“:** Zu einer Fragestellung sind fünf Antwortmöglichkeiten vorgegeben, von denen eine, zwei, drei, vier oder fünf richtig sind und angekreuzt werden sollen. (Man erkennt diesen Aufgabentyp an Formulierungen wie beispielsweise „Kreuzen Sie ***die richtige(n)*** *Aussage(n)* an!“)
   Beispiel: Aufgabe 1.46
6. **Lückentext:** Es ist ein Satz mit zwei Lücken vorgegeben, die ausgefüllt werden müssen. Für jede Lücke sind je drei Antwortmöglichkeiten vorgegeben, von denen jeweils eine richtig ist und angekreuzt werden soll.
   Beispiel: Aufgabe 1.44
7. **Zuordnungsformat:** Mehrere Aussagen (Tabellen, Abbildungen) und mehrere Antwortmöglichkeiten stehen einander gegenüber. Durch Eintragen von Buchstaben soll gekennzeichnet werden, welche Antworten zu den gegebenen Aussagen (Tabellen, Abbildungen) gehören.
   Beispiel: Aufgabe 1.09
8. **Konstruktionsformat:** Die Aufgabe erfordert die Ergänzung einer vorgegebenen Abbildung (zB durch Einzeichnen von Punkten, Vektoren oder Funktionsgraphen in ein vorgegebenes Koordinatensystem).
   Beispiel: Aufgabe 1.65

Tipps zum Lösen der Aufgaben

Um die Arbeit mit diesem Trainingsband möglichst effektiv zu gestalten, empfiehlt es sich, sich an folgende Ratschläge zu halten:

- Versuchen Sie stets, die Aufgabe selbstständig zu lösen, bevor Sie die dazugehörige Lösung nachschlagen!
- Lesen Sie den Aufgabentext stets vollständig und möglichst genau durch! Dies ist oft für eine richtige Lösung der Aufgabe entscheidend.
- Beachten Sie bei Multiple-Choice-Aufgaben alle angebotenen Antwortmöglichkeiten und entscheiden Sie sich nicht vorschnell für irgendwelche Ankreuzungen! Beachten Sie insbesondere, wie viele Ankreuzungen in der Aufgabenstellung verlangt werden!
- Kontrollieren Sie Ihre Lösungen nach Möglichkeit durch Skizzen, Nebenrechnungen, selbst gewählte Beispiele oder durch Technologieeinsatz (zB Kontrolle von Funktionsgraphen)!
- Bevor Sie Aufgaben aus einem der oben genannten Inhaltsbereiche bearbeiten, kann es durchaus nützlich sein, den betreffenden Inhaltsbereich im Kompendium (Mathematik verstehen 8, Kapitel 9) durchzulesen. Dadurch kann Vergessenes schnell wieder aufgefrischt werden.

Inhaltsverzeichnis

1 Typ 1
Algebra und Geometrie

Grundbegriffe der Algebra

■ AG 1.1 Wissen über die Zahlenmengen verständig einsetzen können.

1.01 Wichtige Zahlenmengen 1

Zahlen können stets als Elemente bestimmter Zahlenmengen betrachtet werden.

Aufgabenstellung:

Kreuzen Sie die beiden zutreffenden Aussagen an!

$-\sqrt{\frac{4}{25}}$ ist ein Element der Menge $\mathbb{Q}$.	☐
$\sqrt{-\frac{4}{25}}$ ist ein Element der Menge $\mathbb{R}$.	☐
$-\sqrt{25}$ ist ein Element der Menge $\mathbb{N}$.	☐
$\sqrt{4}$ ist ein Element der Menge $\mathbb{C}$.	☐
$\sqrt{\frac{25}{4}}$ ist ein Element der Menge $\mathbb{Z}$.	☐

1.02 Wichtige Zahlenmengen 2

Jede reelle Zahl liegt in mindestens einer der Mengen $\mathbb{N}$, $\mathbb{Z}$, $\mathbb{Q}$ oder $\mathbb{R}$.

Aufgabenstellung:

Kreuzen Sie die beiden zutreffenden Aussagen an!

$-18{,}7$ liegt in $\mathbb{R}$, aber nicht in $\mathbb{Q}$.	☐
$5 \cdot 10^{-8}$ liegt in $\mathbb{Q}$, aber nicht in $\mathbb{Z}$.	☐
$\sqrt{9}$ liegt in $\mathbb{Q}$, aber nicht in $\mathbb{N}$.	☐
$\frac{\pi}{4}$ liegt in $\mathbb{Q}$, aber nicht in $\mathbb{N}$.	☐
$3 + i$ liegt in $\mathbb{C}$, aber nicht in $\mathbb{R}$.	☐

1.03 Teilmengenbeziehungen von Zahlenmengen

Bei Zahlenmengen sind Teilmengenbeziehungen zu beachten.

Aufgabenstellung:

Kreuzen Sie die beiden zutreffenden Aussagen an!

Die Menge der reellen Zahlen ist eine Teilmenge der Menge der rationalen Zahlen.	☐
Die Menge der natürlichen Zahlen ist eine Teilmenge der Menge der komplexen Zahlen.	☐
Die Menge der Bruchzahlen (positiven rationalen Zahlen) ist keine Teilmenge der Menge der reellen Zahlen.	☐
Die Menge der negativen reellen Zahlen ist keine Teilmenge der Menge der rationalen Zahlen.	☐
Die Menge der natürlichen Zahlen ist gleich der Menge der ganzen Zahlen.	☐

1.04 **Durchschnitte und Vereinigungen von Zahlenmengen**
Manchmal müssen Durchschnitte und Vereinigungen von Zahlenmengen gebildet werden.

Aufgabenstellung:
Kreuzen Sie die beiden korrekten Aussagen an!

$\mathbb{N} \cup \mathbb{Z} = Z$	☐
$\mathbb{Q} \cap \mathbb{Z} = \{\}$	☐
$\mathbb{Q}^+ \cup \mathbb{Q}^- = \mathbb{Q}$	☐
$\mathbb{R} \cap \mathbb{C} = \mathbb{R}$	☐
$\mathbb{N} \cap \mathbb{N}^* = \mathbb{N}$	☐

1.05 **Darstellung reeller Zahlen**
Reelle Zahlen können unterschiedlich dargestellt werden.

Aufgabenstellung:
Kreuzen Sie die beiden zutreffenden Aussagen an!

Jede rationale Zahl besitzt eine endliche Dezimaldarstellung.	☐
Jede reelle Zahl besitzt eine endliche oder unendliche Dezimaldarstellung.	☐
Es gibt irrationale Zahlen mit periodischer Dezimaldarstellung.	☐
Jeder rationalen Zahl entspricht genau ein Punkt auf der Zahlengeraden.	☐
Jedem Punkt auf der Zahlengeraden entspricht genau eine rationale Zahl.	☐

1.06 **Aussagen über Zahlen**
Gegeben sind einige Aussagen über Zahlen.

Aufgabenstellung:
Kreuzen Sie die richtigen Aussagen an!

Zwischen zwei rationalen Zahlen liegt stets eine weitere rationale Zahl.	☐
Es gibt unendlich viele rationale Zahlen.	☐
Es gibt unendlich viele irrationale Zahlen.	☐
Zahlen der Form $\sqrt{a}$ mit $a \in \mathbb{Q}^+$ sind stets irrational.	☐
Zahlen der Form $\sqrt{n}$ mit $n \in \mathbb{N}$ liegen nie in $\mathbb{N}$.	☐

1.07 **Elemente einer Zahlenmenge**
Gegeben ist die Menge $M = \mathbb{R} \backslash \mathbb{Q}^+$.

Aufgabenstellung:
Kreuzen Sie die Zahlen an, die in M liegen!

$-\sqrt{2}$	☐
$0{,}5 \cdot 10^{-1}$	☐
π	☐
0	☐
$-\frac{2}{3}$	☐

1.08 **Angeben einer Zahlenmenge**
Manchmal sucht man eine Zahlenmenge, die „zwischen“ zwei gegebenen Zahlenmengen liegt.

Aufgabenstellung:
Geben Sie eine Menge M an, für die gilt: $\mathbb{N} \subset M \subset \mathbb{R}_0^+$. M = ______________________________

■ AG 1.2 Wissen über algebraische Begriffe angemessen einsetzen können: Variable, Terme, Formeln,- Gleichungen, Ungleichungen, Gleichungssysteme, Äquivalenz, Umformungen, Lösbarkeit.

1.09 Äquivalente Terme

Gegeben sind vier Terme.

Aufgabenstellung:

Ordnen Sie jedem Term in der linken Tabelle den passenden äquivalenten Term aus der rechten Tabelle zu!

$\frac{x-1}{x}-2$	
$\frac{1}{x}\cdot(1-x)$	
$\frac{1}{x}\cdot(x+1)$	
$\frac{x+1}{x}-1$	

A	$\frac{1}{x}-1$
B	$\frac{1}{x}$
C	$-\frac{x+1}{x}$
D	$\frac{1}{x+1}$
E	$1-x$
F	$\frac{x+1}{x}$

1.10 Umformungen eines Terms

Gegeben ist der Term $\frac{(x^2\cdot y^{-0,5})^2}{z^3}$.

Aufgabenstellung:

Kreuzen Sie die beiden Terme an, die eine korrekte Umformung des gegebenen Terms sind!

$x^4\cdot y^{-1}\cdot z^3$	☐
$\frac{(x^{-2}\cdot y^{0,5})^{-2}}{z^{-3}}$	☐
$\frac{x^4\cdot y^{-1}}{z^6}$	☐
$\frac{z^{-3}}{x^{-4}\cdot y}$	☐
$x^4\cdot y^{-1}\cdot z^{-3}$	☐

1.11 Terme in Zeilenschreibweise

Terme können auf unterschiedliche Arten geschrieben werden.

Aufgabenstellung:

Ordnen Sie jedem Term in der linken Tabelle den entsprechenden Term aus der rechten Tabelle zu!

$x-\frac{3-y}{4}$	
$\frac{x-3}{4}-y$	
$x-\frac{3}{4-y}$	
$\frac{x-3}{4-y}$	

A	$(x-3):4-y$
B	$(x-3):(4-y)$
C	$x-(3-y):4$
D	$x-3:4-y$
E	$x-3:(4-y)$

1.12 Potenzen in Zeilenschreibweise

Terme mit Potenzen können verschieden dargestellt werden.

Aufgabenstellung:

Ordnen Sie jeder Schreibweise in der linken Tabelle die passende alternative Schreibweise aus der rechten Tabelle zu!

a^b + c	
a^(b + c)	
$(a^b)^c$	
$\frac{a^b}{c}$	

A	(a^b)^c
B	a^b+a^c
C	a^b : c
D	a^b+c
E	a^{b+c}

1.13 Äquivalente Terme mit Potenzen

Gegeben ist der Term $(x^3 \cdot y \cdot z^{-5})^{-1}$.

Aufgabenstellung:
Kreuzen Sie die beiden Terme an, die zum gegebenen Term äquivalent sind!

$x^{-3} \cdot y^{-1} \cdot z^5$	☐
$(x^6 \cdot y^2 \cdot z^{-10})^{-2}$	☐
$\frac{x^3 \cdot y}{z^5}$	☐
$\frac{y^{-1}}{x^3 \cdot z^5}$	☐
$\frac{1}{x^3 \cdot y \cdot z^{-5}}$	☐

1.14 Äquivalente Gleichungen

Gegeben ist die Gleichung $\frac{a \cdot (b-c)}{d} = b - a$.

Aufgabenstellung:
Kreuzen Sie die Gleichungen an, die zu dieser Gleichung äquivalent sind!

$a = \frac{bd}{b-c+d}$	☐
$b = a \cdot \frac{a-d}{c-d}$	☐
$b = a \cdot \frac{c-d}{a-d}$	☐
$c = b + d - \frac{bd}{a}$	☐
$c = b + \frac{d(a-b)}{a}$	☐

Gleichungen, Ungleichungen und Gleichungssysteme

■ AG 2.1 Einfache Terme und Formeln aufstellen, umformen und im Kontext deuten können.

1.15 Preisänderung einer Ware 1

Eine Ware wird zuerst um 3 % verteuert und anschließend um 2 % verbilligt. Am Anfang kostet sie a Euro, am Ende b Euro.

Aufgabenstellung:
Kreuzen Sie diejenige Gleichung an, die den Zusammenhang zwischen a und b richtig beschreibt!

$b = 1{,}03 \cdot a - 1{,}02 \cdot a$	☐
$b = 1{,}03 \cdot a - 0{,}98 \cdot a$	☐
$b = 1{,}03 \cdot a \cdot 0{,}98 \cdot a$	☐
$b = 1{,}03 \cdot 0{,}98 \cdot a$	☐
$b = 1{,}03 \cdot 1{,}02 \cdot a$	☐
$b = 1{,}01 \cdot a$	☐

1.16 Preisänderung einer Ware 2

Eine Ware kostete ursprünglich A Euro. Nachdem sie zuerst um p % verteuert, anschließend um q % verbilligt und schließlich noch ein Rabatt von 10 % gewährt worden ist, kostet sie E Euro.

Aufgabenstellung:
Stellen Sie eine Formel für E auf!

E = ______________________________

1.17 Gewinn

Der Einkaufspreis für einen Meter Breitbandkabel beträgt e Euro, der Verkaufspreis beträgt v Euro pro Meter. Der Gewinn G pro Meter beträgt x% von e.

Aufgabenstellung:
Geben Sie eine Formel für x in Abhängigkeit von e und v an!

1.18 Brutto- und Nettopreis

Ein Händler schreibt den Nettopreis N einer Ware an. Den Bruttopreis B der Ware erhält man, wenn auf den Nettopreis N noch 20% des Nettopreises als Mehrwertsteuer aufgeschlagen werden. Der Händler gewährt außerdem noch einen Rabatt in der Höhe von 5% des Bruttopreises.

Aufgabenstellung:
Kreuzen Sie die Gleichung an, die den Zusammenhang zwischen N und B richtig wiedergibt!

$B = 1{,}2 \cdot N - 0{,}05$	☐
$B = 1{,}2 \cdot N - 0{,}05 \cdot N$	☐
$B = N + 0{,}2 \cdot N - \frac{1}{20} \cdot N$	☐
$B = 1{,}2 \cdot N - 0{,}095 \cdot N$	☐
$B = 1{,}15 \cdot N$	☐
$B = 1{,}14 \cdot N$	☐

1.19 Einkaufspreis und Gewinn

Eine Textilhandelskette bezieht vom Hersteller eine Winterjacke zum Einkaufspreis von 48 €.
Der Verkaufspreis netto (= Verkaufspreis ohne Mehrwertsteuer) einer solchen Jacke wird mit 60 € kalkuliert.

Aufgabenstellung:
Berechnen Sie, wie viel Prozent vom Einkaufspreis der Gewinn der Textilhandelskette ausmacht!

1.20 Verkehrsunfälle

Folgende Informationen über die Anzahl der Verkehrsunfälle in vier aufeinanderfolgenden Jahren liegen vor:
1. Jahr: a Verkehrsunfälle, davon p% mit Personenschaden
2. Jahr: b Verkehrsunfälle, davon q% mit Personenschaden
3. Jahr: c Verkehrsunfälle, davon r% mit Personenschaden
4. Jahr: d Verkehrsunfälle, davon s% mit Personenschaden

Aufgabenstellung:
Stellen Sie eine Formel für die Gesamtzahl n der Verkehrsunfälle mit Personenschaden in diesen vier Jahren auf!

n = ______________________________

1.21 Meinungsumfrage

Ein Meinungsforschungsinstitut führt jedes Jahr eine Untersuchung durch, bei der ein paar tausend Personen mittels Fragebögen zu aktuellen Aspekten aus Wirtschaft und Politik befragt werden.
Heuer wurden 5 040 Fragebögen an das Institut zurückgeschickt. Das sind genau 30% weniger, als ausgeschickt wurden.

Aufgabenstellung:
Drücken Sie den Zusammenhang zwischen der Anzahl a der ausgeschickten Fragebögen und der Anzahl z der zurückgeschickten Fragebögen durch eine Gleichung aus! Geben Sie dann an, wie viele Fragebögen vom Institut ausgeschickt wurden!

Gleichung: ______________________________

Anzahl der ausgeschickten Fragebögen: __________

1.22 **Zinssatz gesucht**

Ein Kapital K_0 wird bei einem Zinssatz von p% pro Jahr angelegt. Nach n Jahren beträgt die Höhe des verfügbaren Kapitals K_n.

Aufgabenstellung:
Drücken Sie p durch K_0 und K_n aus!

1.23 **Bevölkerungswachstum 1**

Eine Stadt hat heute 130 000 Einwohner. Exponentielles Bevölkerungswachstum vorausgesetzt, schätzt man die Einwohnerzahl der Stadt in 15 Jahren auf ca. 180 000 Personen.

Aufgabenstellung:
Geben Sie an, wie groß der jährliche prozentuelle Zuwachs ist, der dieser Schätzung zugrunde liegt!

1.24 **Bevölkerungswachstum 2**

Eine Stadt hat heute x Einwohner. Der jährliche prozentuelle Zuwachs der Einwohnerzahl wird mit 3,5% angenommen.

Aufgabenstellung:
Geben Sie an, in wie vielen Jahren sich die Zahl der Einwohner verdreifachen würde!

1.25 **Taxikosten**

Ein Taxiunternehmen berechnet die Kosten für eine Taxifahrt so: Der Grundpreis beträgt 3 €, jeder gefahrene Kilometer kostet 0,70 €.

Aufgabenstellung:
Kreuzen Sie die Formel an, welche zur Berechnung der Taxifahrtkosten T für n gefahrene Kilometer verwendet werden kann!

$T = 0{,}7 + 3 \cdot n$	☐
$T = 3{,}7 \cdot n$	☐
$T = 3 + 0{,}7^n$	☐
$T = 3 + 0{,}7 \cdot n$	☐
$T = 3 \cdot 0{,}7^n$	☐
$T = 3 \cdot 1{,}7^n$	☐

1.26 **Verdunstung in einem Gartenteich**

Verdunstung und Regen beeinflussen den Wasserstand eines Gartenteichs, der anfangs 480 m^3 Wasser enthält. In den Sommermonaten lässt sich eine tägliche Verdunstung von durchschnittlich 5% des in der Früh jeweils vorhandenen Wasservolumens feststellen.

Aufgabenstellung:
Stellen Sie eine Formel auf, mit der man berechnen kann, welches Wasservolumen V (in m^3) sich nach n Tagen ohne Regen im Gartenteich befindet!

V = ____________________

1.27 **Abstand zweier Körper**

Zwei Körper starten zum Zeitpunkt $t = 0$ vom gleichen Ausgangsort und bewegen sich auf einer geraden Bahn in dieselbe Richtung. Der erste Körper bewegt sich mit 30 m/s, der zweite Körper startet eine Sekunde später und bewegt sich mit 25 m/s.

Aufgabenstellung:
Geben Sie eine Formel für den Abstand d(t) (in m) der beiden Körper t Sekunden nach dem Start des ersten Körpers an!

d(t) = ____________________

1.28 Elektroautos

Eine Autofirma verkauft ein Elektroauto um e Euro. Die Landesregierung unterstützt den Kauf eines Elektroautos mit p% der Anschaffungskosten. Insgesamt wurden von der Firma im letzten Quartal a solche Autos verkauft.

Aufgabenstellung:
Deuten Sie in diesem Zusammenhang die Terme $a \cdot e$, $\frac{p}{100} \cdot e$ und $\frac{p}{100} \cdot a \cdot e$!

Deutung von $a \cdot e$: ____________________

Deutung von $\frac{p}{100} \cdot e$: ____________________

Deutung von $\frac{p}{100} \cdot a \cdot e$: ____________________

1.29 Preisnachlass

Ein Möbelhersteller bietet einem Großhändler 1,5 m breite, 2 m hohe und 45 cm tiefe Schränke mit r% Preisnachlass an. Ein solcher Schrank kostete ursprünglich b €. Der Großhändler bestellt n Schränke.

Aufgabenstellung:
Deuten Sie in diesem Zusammenhang die Terme $\frac{r}{100} \cdot b$ und $\left(1 - \frac{r}{100}\right) \cdot b \cdot n$!

Deutung von $\frac{r}{100} \cdot b$: ____________________

Deutung von $\left(1 - \frac{r}{100}\right) \cdot b \cdot n$: ____________________

1.30 Spam-Mails

Ein E-Mail-Provider veröffentlicht für das erste Quartal eines Jahres diese Tabelle:

Monat	versendete E-Mails	davon Spam-Mails
Jänner	a	x%
Februar	b	y%
März	c	z%

Aufgabenstellung:
Geben Sie eine Formel für die Zahl Z aller versendeten Spam-Mails im ersten Quartal an!

Z = ____________________

1.31 Einnahmen bei einem Tennisturnier

Der Preis für eine Tageskarte bei einem Tennisturnier beträgt für Erwachsene p Euro, Kinder zahlen die Hälfte. Vereinsmitglieder (Erwachsene oder Kinder) erhalten außerdem eine 20%-ige Ermäßigung.

Aufgabenstellung:
An einem Tag wird das Turnier von e Erwachsenen und k Kindern besucht, von denen e_1 Erwachsene und k_1 Kinder Vereinsmitglieder sind. Stellen Sie eine Formel für die Gesamteinnahmen E an diesem Tag auf!

E = ____________________

1.32 Besucherzahlen

Bei einer Veranstaltung wird die Anzahl E der Erwachsenen und die Anzahl K der Kinder gezählt.
Die Ergebnisse werden auf zwei unterschiedliche Arten formuliert:

A: Bei dieser Veranstaltung sind 48 Kinder mehr als Erwachsene.
B: $E = 3 \cdot K$

Aufgabenstellung:
Können beide Behauptungen zugleich wahr sein? Begründen Sie die Antwort!

1.33 Gleichungen lösen

Gegeben sind die beiden Gleichungen $\left(\frac{1}{2}\right)^x = 8$ und $^a\log 16 = 4$.

Aufgabenstellung:
Ermitteln Sie die Unbekannten x und a!

x = ______________________

a = ______________________

1.34 Formel umformen 1

Gegeben ist die Gleichung $x = \frac{m \cdot (p - q)}{r \cdot t}$.

Aufgabenstellung:
Vervollständigen Sie die zur gegebenen Gleichung äquivalenten Gleichungen!

m = ______________________

p = ______________________

1.35 Formel umformen 2

Gegeben sind folgende Gleichungen: $x^u = v$ und $r^x = s$ (mit $u, v, x, r, s \in \mathbb{R}^+$)

Aufgabenstellung:
Drücken Sie aus jeder dieser beiden Gleichungen x durch die übrigen Variablen der Gleichung aus!

1. Gleichung: x = ______________________

2. Gleichung: x = ______________________

1.36 Formel umformen 3

Gegeben ist folgende Formel:

$a = \frac{b}{c \cdot d^x + 1}$ (mit $a, b, c, d, x \in \mathbb{R}^+$)

Aufgabenstellung:
Drücken Sie x durch die übrigen Variablen der Formel aus!

x = ______________________

1.37 Definitions- und Lösungsmenge einer Gleichung

Die größtmögliche Definitionsmenge D einer Gleichung in der Variablen x besteht aus allen reellen Zahlen x, für die die Terme auf der linken und rechten Seite der Gleichung definiert sind (dh. der Termwert jeweils berechnet werden kann). Die Lösungsmenge L der Gleichung besteht aus allen Zahlen x der Definitionsmenge, die die Gleichung erfüllen.

Aufgabenstellung:

Kreuzen Sie die Aussage an, die auf die Gleichung $\frac{12(x^2 + 5x)}{8x} = \frac{3x + 15}{2}$ zutrifft!

$L = \{\}$	☐
$D = \mathbb{R}^*$	☐
$L = \{0\}$	☐
$L = \mathbb{R}$	☐
$D = \mathbb{N}$	☐

■ AG 2.2 Lineare Gleichungen aufstellen, interpretieren, umformen/lösen und die Lösung im Kontext deuten können.

1.38 Kostenaufteilung

Die Kosten von €120 000 für die Renovierung eines Mehrfamilienhauses sollen auf die vier Eigentümer gemäß der jeweiligen Wohnungsgröße aufgeteilt werden. Die Wohnungen der Familien Arthold und Blaschek sind gleich groß, die Wohnungen der Familien Cermak und Dellinger sind jeweils um 50% größer als die der Familie Arthold.

Aufgabenstellung:

Berechnen Sie, wie hoch die Kosten für die vier Familien sind!

Arthold: ______________________ Cermak: ______________________

Blaschek: ______________________ Dellinger: ______________________

1.39 Umrechnung von Grad Fahrenheit in Grad Celsius

Zur Umrechnung von c Grad Celsius in f Grad Fahrenheit kann man die Formel $f = 1{,}8c + 32$ benutzen.

Aufgabenstellung:

Stellen Sie eine Formel auf, mit der man die Temperatur von f° Fahrenheit in c° Celsius umrechnen kann!

■ AG 2.3 Quadratische Gleichungen in einer Variablen umformen/lösen können, über Lösungsfälle Bescheid wissen, Lösungen und Lösungsfälle (auch geometrisch) deuten können.

1.40 Lotrechter Wurf

Eine kleine Kugel wird mit der Geschwindigkeit v_0 m/s lotrecht nach oben geschossen. Ihre Höhe relativ zum Abschussort nach t Sekunden ist näherungsweise gegeben durch $h(t) = v_0 \cdot t - 5 \cdot t^2$.

Aufgabenstellung:

Geben Sie an, zu welchen Zeitpunkten sich die Kugel in 120 m Höhe über dem Abschussort befindet, wenn sie mit 50 m/s abgeschossen wird!

1.41 Quadratische Gleichung mit Parameter 1

Gegeben ist die Gleichung $(x - 4)^2 = c$ mit $c \in \mathbb{R}$.

Aufgabenstellung:

Ergänzen Sie durch Ankreuzen den folgenden Text so, dass eine korrekte Aussage entsteht!

Ist ______①______, dann besitzt die Gleichung ______②______.

①	
$c < 0$	☐
$c > 0$	☐
$c \neq 0$	☐

②	
die Lösung 0	☐
genau eine reelle Lösung	☐
zwei reelle Lösungen	☐

1.42 Quadratische Gleichung mit Parameter 2

Gegeben ist die Gleichung $2x^2 + 4x - 3k = 0$.

Aufgabenstellung:

Für welche $k \in \mathbb{R}$ hat diese Gleichung genau zwei reelle Lösungen, genau eine reelle Lösung bzw. keine reelle Lösung?

1.43 Quadratische Gleichung mit Parameter 3

Gegeben ist die Gleichung $a \cdot x^2 + 4x - 4 = 0$ (mit $a \in \mathbb{R}$, $a \neq 0$).

Aufgabenstellung:

Ermitteln Sie alle Werte des Parameters a, für die die Gleichung keine Lösung in $\mathbb{R}$ hat!

1.44 Quadratische Gleichung mit Parameter 4
Gegeben ist die Gleichung $(x-3)^2 = 5 + c$ (mit $c \in \mathbb{R}$).

Aufgabenstellung:
Ergänzen Sie durch Ankreuzen den folgenden Text so, dass eine korrekte Aussage entsteht!

Ist ____①____, dann hat die Gleichung ____②____.

①	
$c = -5$	☐
$c = -10$	☐
$c = 4$	☐

②	
nur die Lösung 0	☐
keine Lösung	☐
nur die Lösung 6	☐

1.45 Quadratische Gleichung mit Parameter 5
Gegeben ist die Gleichung $a \cdot x^2 = 2 \cdot x$ (mit $a \neq 0$).

Aufgabenstellung:
Ermitteln Sie alle Lösungen der Gleichung in Abhängigkeit von a!

1.46 Quadratische Gleichung mit Parameter 6
Gegeben ist die Gleichung $x^2 + bx = 0$ (mit $b \in \mathbb{R}$).

Aufgabenstellung:
Kreuzen Sie die richtigen Aussagen an!

Die Gleichung besitzt für jedes $b \in \mathbb{R}$ mindestens eine Lösung.	☐
Die Gleichung besitzt für kein $b \in \mathbb{R}$ genau eine Lösung.	☐
Es gibt ein $b \in \mathbb{R}$, für welches die Gleichung genau eine Lösung hat.	☐
Es gibt ein $b \in \mathbb{R}$, für welches die Gleichung keine Lösung hat.	☐
Die Gleichung besitzt stets die Lösung $x = 0$.	☐

1.47 Quadratische Gleichung mit Parameter 7
Gegeben ist die Gleichung $2x^2 + 4x + u = 0$ mit $u \in \mathbb{R}$.

Aufgabenstellung:
Kreuzen Sie an, welche beiden Aussagen korrekt sind!

Die Gleichung hat genau zwei reelle Lösungen, wenn $u < 2$.	☐
Die Gleichung hat genau eine reelle Lösung, wenn $u = 2$.	☐
Die Gleichung hat keine reelle Lösung, wenn $u \neq 2$.	☐
Die Gleichung hat die Lösungen $x = 0$ und $x = 2$, wenn $u = 0$.	☐
Die Gleichung hat die Lösung $x = 1$, wenn $u = 2$.	☐

1.48 Quadratische Gleichung mit Parameter 8
Gegeben ist die Gleichung $r \cdot x^2 + s \cdot x + t = 0$ mit $r \neq 0$ und $r, s, t \in \mathbb{R}$.

Aufgabenstellung:
Kreuzen Sie an, welche beiden Aussagen korrekt sind!

Die Gleichung hat genau eine reelle Lösung, wenn $s^2 - 4rt \neq 0$.	☐
Die Gleichung hat keine reelle Lösung, wenn $s^2 - 4rt < 0$.	☐
Die Gleichung hat genau zwei reelle Lösungen, wenn $r^2 - 4st > 0$.	☐
Die Gleichung hat mindestens eine reelle Lösung, wenn $s^2 - 4rt > 0$.	☐
Die Gleichung hat höchstens eine reelle Lösung, wenn $r^2 - 4st < 0$.	☐

1.49 **Gleichung dritten Grades**

Gegeben ist folgende Gleichung:

$x^3 - x = 0$

Aufgabenstellung:

Geben Sie alle Lösungen dieser Gleichung an!

1.50 **Falsche Lösung einer quadratischen Gleichung**

Jemand löst die Gleichung $x^2 + x = 0$ so:

$x^2 + x = 0 \quad | : x$

$x + 1 = 0$

$x = -1$

Aufgabenstellung:

Begründen Sie, warum diese Vorgangsweise nicht korrekt ist! Geben Sie alle Lösungen dieser Gleichung an!

■ AG 2.4 Lineare Ungleichungen aufstellen, interpretieren, umformen/lösen können, Lösungen (auch geometrisch) deuten können.

1.51 **Lösungsmenge einer Ungleichung 1**

Gegeben ist die Ungleichung $3x + 4 < x - 2$.

Aufgabenstellung:

Lösen Sie die Ungleichung und stellen Sie die Lösungsmenge auf der Zahlengeraden dar!

L = ____________________

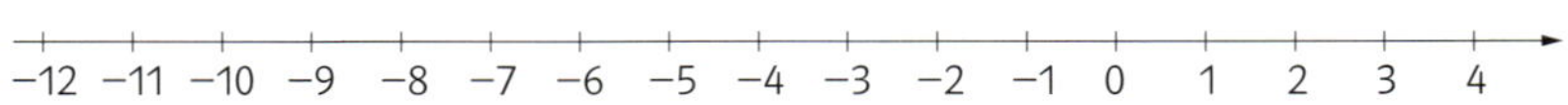

1.52 **Lösungsmenge einer Ungleichung 2**

Gegeben ist die Ungleichung $\frac{x-1}{x} > 2$ (mit $x \in \mathbb{R}^*$).

Aufgabenstellung:

Kreuzen Sie an, welche Menge die Lösungsmenge dieser Ungleichung ist!

$L = \{x \in \mathbb{R} \mid x < -1\}$	☐
$L = \{x \in \mathbb{R} \mid x > 0 \lor x < -1\}$	☐
$L = \{x \in \mathbb{R} \mid x < -1 \lor x > 1\}$	☐
$L = \{x \in \mathbb{R} \mid x < -1 \land x > 1\}$	☐
$L = \{x \in \mathbb{R} \mid x > -1 \land x < 0\}$	☐
$L = \mathbb{R}$	☐

1.53 **Körpertemperatur**

Die Temperatur einer Flüssigkeit (in °C) wurde gemessen und auf Einer gerundet mit 38 °C angegeben.

Aufgabenstellung:

Kreuzen Sie an, welche beiden Aussagen für die tatsächliche Temperatur T zutreffen!

$T \geq 37{,}5$	☐
$37{,}5 < T < 38{,}5$	☐
$37{,}5 \leq T \leq 38{,}5$	☐
$37{,}5 \leq T < 38{,}5$	☐
$37{,}5 < T \leq 38{,}5$	☐

1.54 Lösungsmenge einer Ungleichung

Die Lösungsmenge einer Ungleichung ist nebenstehend durch eine Halbebene dargestellt. (Die Punkte auf der Begrenzungsgeraden gehören zur Halbebene.)

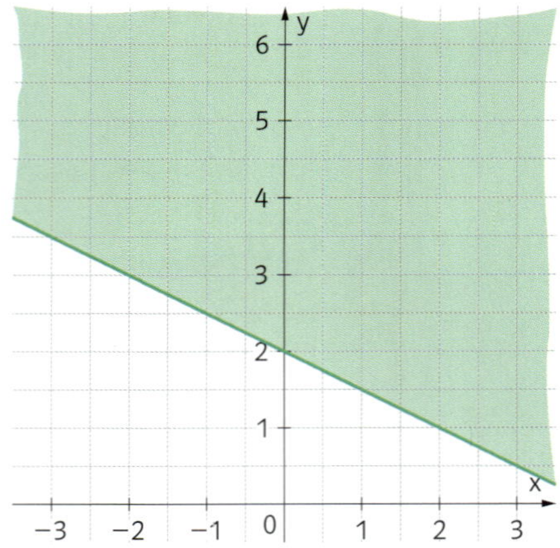

Aufgabenstellung:
Kreuzen Sie die beiden Ungleichungen an, die für alle Punkte (x | y) der Halbebene zutreffen!

$2y \leq -x + 4$	☐
$2y \geq -x + 4$	☐
$x + 2y > 4$	☐
$x + 2y \geq 4$	☐
$x > 4 - 2y$	☐

■ AG 2.5 **Lineare Gleichungssysteme in zwei Variablen aufstellen, interpretieren, umformen/lösen können, über Lösungsfälle Bescheid wissen, Lösungen und Lösungsfälle (auch geometrisch) deuten können.**

1.55 Herstellung einer Mischung

Für ein Desinfektionsspray werden 3 l einer 40 %igen Lösung des Wirkstoffs *Purginol* mit 7 l einer 80 %igen Lösung desselben Wirkstoffs gemischt.

Aufgabenstellung:
Berechnen Sie, wie hoch der prozentuelle Wirkstoffanteil der hergestellten Mischung ist!

Wirkstoffanteil der Mischung = ___________ %

1.56 Gleichungssystem 1

Gegeben ist ein Gleichungssystem mit zwei linearen Gleichungen in den Variablen x und y.

Aufgabenstellung:
Fügen Sie der folgenden Gleichung eine zweite lineare Gleichung in x und y hinzu, sodass die Lösungsmenge des entstehenden Gleichungssystems unendlich viele Zahlenpaare enthält!

I. $2x - 5y = 12$

II. ___________

1.57 Gleichungssystem 2

Gegeben ist ein Gleichungssystem mit zwei linearen Gleichungen in den Variablen u und v.

Aufgabenstellung:
Fügen Sie der folgenden Gleichung eine zweite lineare Gleichung in u und v hinzu, sodass die Lösungsmenge des entstehenden Gleichungssystems leer ist!

I. $3u - v = 1$

II. ___________

1.58 Gleichungssystem 3

Gegeben ist ein Gleichungssystem mit zwei linearen Gleichungen in den Variablen r und s.

Aufgabenstellung:
Fügen Sie der folgenden Gleichung eine zweite lineare Gleichung in r und s hinzu, sodass das entstehende Gleichungssystem die Lösungsmenge {(1 | 1)} besitzt!

I. $3r - 2s = 1$

II. ___________

1.59 Gleichungssystem 4

Gegeben ist das Gleichungssystem:

$$\begin{cases} 3x - 2y = 4 \\ -6x + 4y = c \end{cases}$$

Aufgabenstellung:

Ermitteln Sie alle Zahlen $c \in \mathbb{R}$, für die das Gleichungssystem keine Lösung hat!

1.60 Gleichungssystem 5

Gegeben ist das Gleichungssystem:

$$\begin{cases} 4x + by = 1 \\ -6x + y = -1 \end{cases}$$

Aufgabenstellung:

Ermitteln Sie alle Zahlen $b \in \mathbb{R}$, für die das Gleichungssystem keine Lösung hat!

1.61 Gleichungssystem 6

Gegeben ist ein Gleichungssystem mit zwei linearen Gleichungen in zwei Variablen.

$$\begin{cases} 4x - 9y = 12 \\ \_\_\_x + \_\_\_y = -8 \end{cases}$$

Aufgabenstellung:

Ergänzen Sie die fehlenden Koeffizienten so, dass das lineare Gleichungssystem unendlich viele Lösungen hat!

1.62 Gleichungssystem 7

Gegeben ist folgende grafische Darstellung:

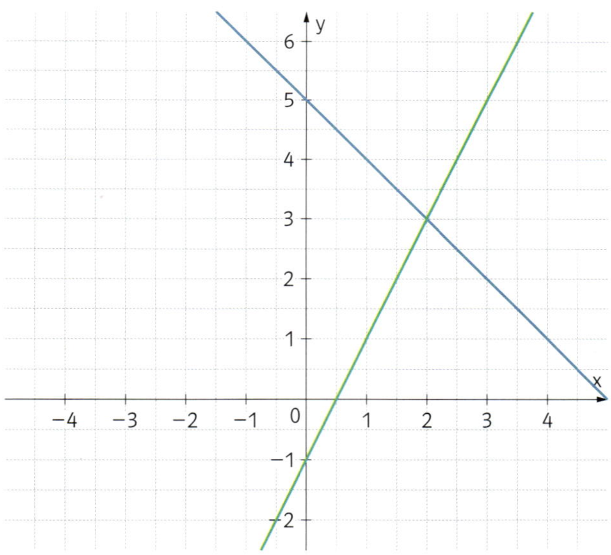

Aufgabenstellung:

Geben Sie ein dieser Grafik entsprechendes lineares Gleichungssystem mit den Variablen x und y sowie die Lösung dieses Gleichungssystems an!

Gleichungssystem: I: ______________________

II: ______________________

Lösung: ______________________

Vektoren

AG 3.1 Vektoren als Zahlentupel verständig einsetzen und im Kontext deuten können.

1.63 **Autoverkauf**
Eine Autofirma verkauft eine Autotype in fünf Varianten A, B, C, D, E. Der Preisvektor P gibt die Preise (in Euro) der einzelnen Varianten in alphabetischer Reihenfolge an. Der Verkaufsvektor V gibt die Anzahlen der in einem Monat verkauften Varianten in alphabetischer Reihenfolge an.

Aufgabenstellung:
Im letzten Monat war P = (23 500 | 27 000 | 32 100 | 34 900 | 42 400) und V = (16 | 12 | 10 | 8 | 2).
1) Wie viel kostete ein Auto der Variante D im letzten Monat?
2) Wie viele Autos der Variante D wurden im letzten Monat verkauft?
3) Wie viele Autos wurden insgesamt im letzten Monat verkauft?

Antwort zu 1): ______________________________

Antwort zu 2): ______________________________

Antwort zu 3): ______________________________

AG 3.2 Vektoren geometrisch (als Punkte bzw. Pfeile) deuten und verständig einsetzen können.

1.64 **Geometrische Darstellung eines Vektors 1**
Zahlenpaare können als Punkte oder Pfeile in einem kartesischen Koordinatensystem dargestellt werden.

Aufgabenstellung:
Stellen Sie das Zahlenpaar (3 | −1) durch einen Punkt und durch drei Pfeile im nebenstehenden Koordinatensystem dar!

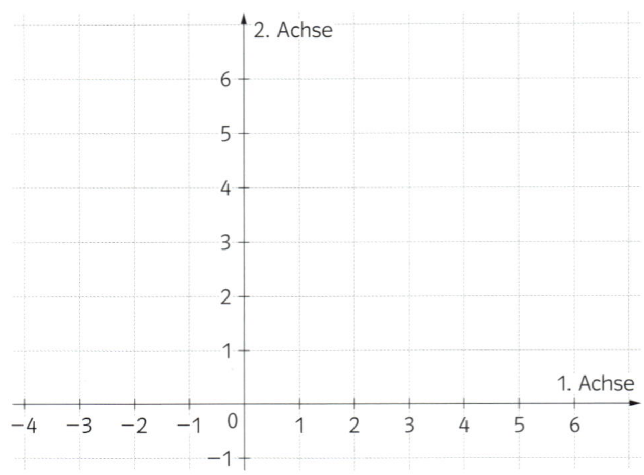

1.65 **Geometrische Darstellung eines Vektors 2** Die Vektoren $\vec{p}$ und $\vec{q}$ sind in der folgenden Abbildung durch Pfeile dargestellt.

Aufgabenstellung:
Stellen Sie den Term $-\vec{p} + 2 \cdot \vec{q}$ als Pfeil dar, der vom Punkt A ausgeht!

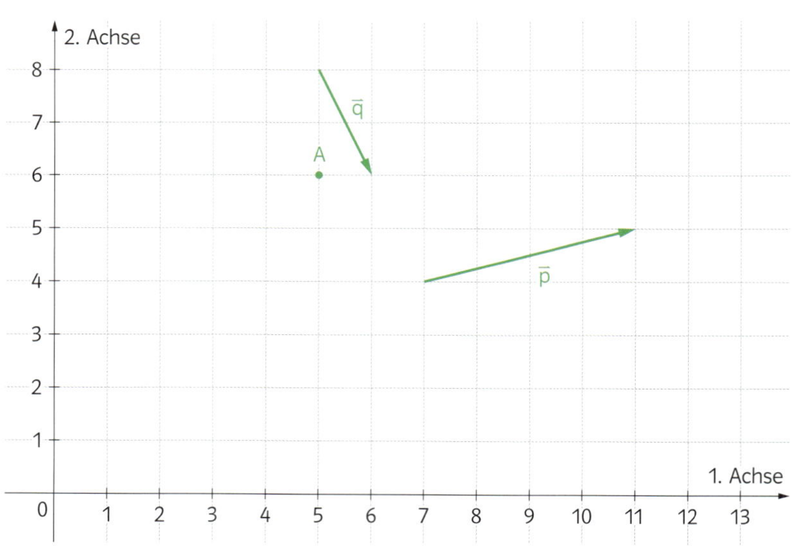

1.66 Marsroboter

Auf einem ebenen Gelände wird ein neuer Marsroboter getestet. Er startet im Punkt $S = (4 \mid 1)$ und bewegt sich geradlinig zum Zielpunkt $Z = (49 \mid 31)$. Nach einer Viertelstunde kommt er in Z an.

Aufgabenstellung:
Berechnen Sie, in welchem Punkt sich der Roboter drei Minuten nach dem Start befand?

1.67 Geschwindigkeit eines Fahrzeugs

Der Vektor $\vec{b} = (77 \mid 36)$ beschreibt die Bewegung eines Fahrzeugs, die dieses in einer Stunde ausführt (Koordinaten in Kilometer).

Aufgabenstellung:
Berechnen Sie den Betrag der Geschwindigkeit des Fahrzeugs in km/h!

■ AG 3.3 **Definitionen der Rechenoperationen mit Vektoren (Addition, Multiplikation mit einem Skalar, Skalarmultiplikation) kennen, Rechenoperationen verständig einsetzen und (auch geometrisch) deuten können.**

1.68 Vektor oder Skalar?

Gegeben sind die Vektoren $\vec{a}$, $\vec{b}$ und $\vec{c}$ sowie die reellen Zahlen r und s.

Aufgabenstellung:
Kreuzen Sie an, welche der folgenden Terme ebenfalls Vektoren sind!

$r \cdot (\vec{a} + \vec{b})$	☐
$r \cdot \vec{a} + \vec{b}$	☐
$r \cdot (\vec{a} \cdot \vec{b})$	☐
$r \cdot \vec{a} - s \cdot \vec{b}$	☐
$(r \cdot \vec{a} - \vec{b}) \cdot (s \cdot \vec{b} - \vec{a})$	☐

1.69 Parallele Vektoren 1

Gegeben sind die Vektoren $\vec{a}$, $\vec{b}$, $\vec{c}$, $\vec{d}$ und $\vec{e}$.

Aufgabenstellung:
Zwei der folgenden Vektoren sind zueinander parallel! Kreuzen Sie diese beiden Vektoren an!

$\vec{a} = (4 \mid 8 \mid -2)$	☐
$\vec{b} = (1 \mid 4 \mid 2)$	☐
$\vec{c} = (-1 \mid -2 \mid 0{,}5)$	☐
$\vec{d} = (2 \mid 8 \mid -4)$	☐
$\vec{e} = (-1 \mid 4 \mid 2)$	☐

1.70 Parallele Vektoren 2

Gegeben sind die Vektoren $\vec{g} = (4 \mid g_2)$, $\vec{h} = (6 \mid -2)$ und $\vec{p} = (5 \mid 3)$.

Aufgabenstellung:
Ermitteln Sie die zweite Koordinate g_2 des Vektors $\vec{g}$ so, dass $(\vec{g} + \vec{h}) \parallel \vec{p}$!

$g_2 =$ ____________________

1.71 Normale Vektoren

Gegeben sind die Vektoren $\vec{a} = (5 \mid -3 \mid 4)$ und $\vec{b} = (-1 \mid 1 \mid b_3)$.

Aufgabenstellung:
Ermitteln Sie die Koordinate b_3 so, dass $\vec{a}$ und $\vec{b}$ zueinander normal sind!

1.72 **Parallele und normale Vektoren**

Gegeben sind folgende Vektoren:

$\vec{a} = (2 \mid 5 \mid -1)$, $\vec{b} = \left(0 \middle| \frac{1}{5} \middle| -\frac{1}{5}\right)$, $\vec{c} = (-2 \mid 5 \mid 3)$, $\vec{d} = \left(-\frac{4}{5} \middle| 2 \middle| 2\right)$, $\vec{e} = \left(-\frac{1}{5} \middle| -\frac{1}{2} \middle| \frac{1}{10}\right)$

Aufgabenstellung:

Welche dieser Vektoren sind zueinander parallel, welche zueinander normal?

zueinander parallel sind: ______________________________

zueinander normal sind: ______________________________

1.73 **Rhombus**

Gegeben ist ein Rhombus ABCD, M ist der Schnittpunkt der beiden Diagonalen.

Aufgabenstellung:

Kreuzen Sie die beiden zutreffenden Aussagen an!

$D = B + \overrightarrow{DB}$	☐
$\overrightarrow{AM} \cdot \overrightarrow{MB} = 0$	☐
$\overrightarrow{AB}^2 = \overrightarrow{BC}^2$	☐
$M = \frac{1}{2} \cdot (A + B + C + D)$	☐
$M = C - \frac{1}{2} \cdot \overrightarrow{CA}$	☐

1.74 **Rechtwinkeliges Dreieck 1**

Gegeben ist das Dreieck ABC mit $A = (1 \mid 1)$, $B = (7 \mid 2)$ und $C = (6 \mid 7)$.

Aufgabenstellung:

Entscheiden Sie durch Rechnung, ob das Dreieck rechtwinkelig ist oder nicht!

1.75 **Rechtwinkeliges Dreieck 2**

Gegeben ist das folgende Dreieck ABC.

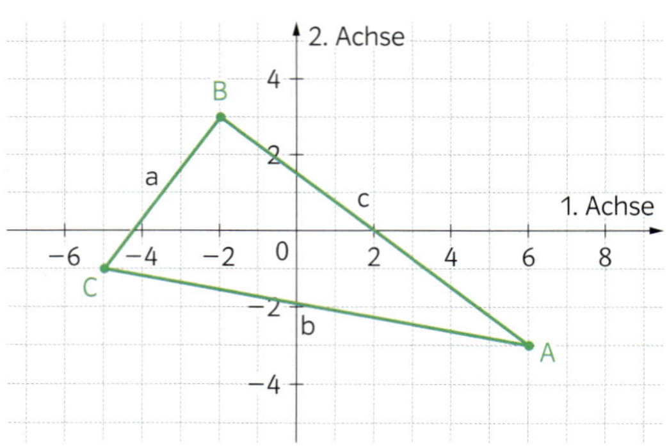

Aufgabenstellung:

Zeigen Sie durch Rechnung, dass das Dreieck ABC rechtwinkelig ist!

1.76 **Rechtwinkeliges Dreieck 3**

Gegeben sind die Punkte $A = (4 \mid 5 \mid 1)$, $B = (3 \mid -2 \mid 2)$ und $C = (1 \mid 2 \mid -1)$.

Aufgabenstellung:

Geben Sie an, ob es sich hierbei um die Eckpunkte eines rechtwinkeligen Dreiecks handelt!

1.77 **Gleichschenkeliges Dreieck**

Gegeben sind die Punkte $A = (-4 \mid 2)$, $B = (3 \mid 0)$ und $C = (-2 \mid 9)$.

Aufgabenstellung:

Zeigen Sie rechnerisch, dass es sich bei dem Dreieck ABC um ein gleichschenkeliges Dreieck handelt!

1.78 **Quadrat**

Gegeben ist das Viereck ABCD mit A = (0 | 0), B = (5 | −1), C = (6 | 4) und D = (1 | 5).

Aufgabenstellung:

Zeigen Sie rechnerisch, dass das Viereck ABCD ein Quadrat ist!

1.79 **Pyramide**

Gegeben sind die Punkte A = (1 | 2 | −1), C = (5 | 2 | 1) und S = (3 | 1 | 2) der abgebildeten quadratischen Pyramide.

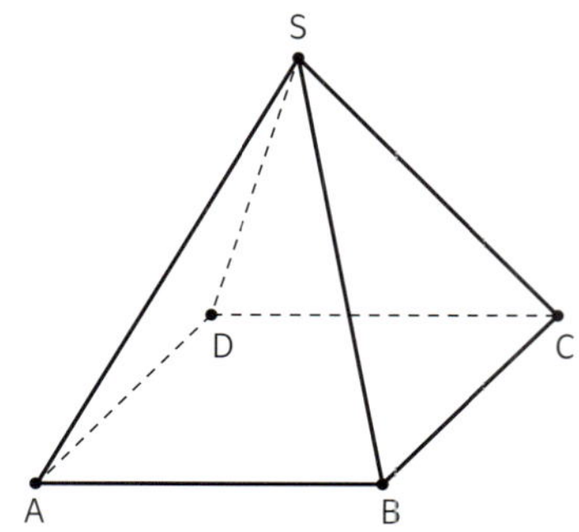

Aufgabenstellung:

Berechnen Sie das skalare Produkt der Vektoren $\overrightarrow{AS}$ und $\overrightarrow{SC}$ und interpretieren Sie das Ergebnis geometrisch!

$\overrightarrow{AS} \cdot \overrightarrow{SC} =$ ______________________

____

Interpretation: ______________________

1.80 **Punkte auf einer Geraden**

Gegeben sind die Punkte P = (4 | −3 | 6), Q = (9 | 0 | −1) und R = (r_1 | 3 | r_3).

Aufgabenstellung:

Ermitteln Sie r_1 und r_3 so, dass P, Q und R auf einer Geraden liegen!

1.81 **Punkte und Pfeile**

Im nebenstehenden Koordinatensystem sind zwei Punkte A und B eingezeichnet sowie zwei Vektoren $\vec{g}$ und $\vec{h}$ als Pfeile dargestellt.

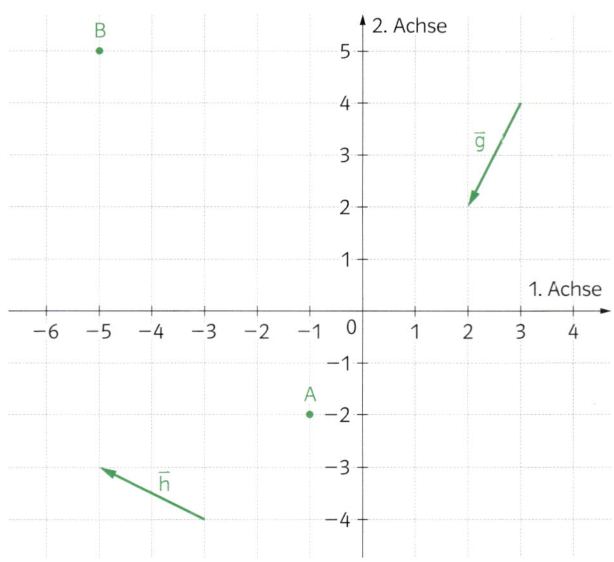

Aufgabenstellung:

Geben Sie passende Werte für die Parameter s, t ∈ ℝ und u, v ∈ ℝ an!

$B = A + s \cdot \vec{g} + t \cdot \vec{h}$

s = ______________ t = ______________

$A = B + u \cdot \vec{h} + v \cdot \vec{g}$

u = ______________ v = ______________

1.82 **Deltoid**

Gegeben ist das nebenstehend abgebildete Deltoid.

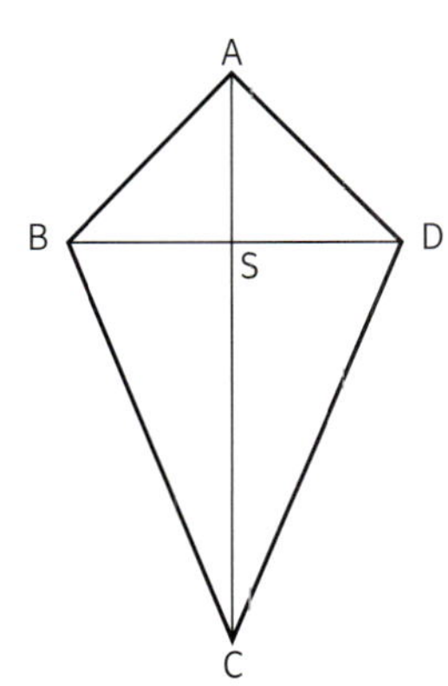

Aufgabenstellung:

Kreuzen Sie alle korrekten Aussagen an!

$\overrightarrow{AS} \cdot \overrightarrow{BS} = 0$	☐
$D = B + 2 \cdot \overrightarrow{BS}$	☐
$C = \overrightarrow{AB} + \overrightarrow{BC}$	☐
$S = \frac{1}{2} \cdot (B + D)$	☐
$A = C - \overrightarrow{CA}$	☐

1.83 Langstreckenlauf

Das tägliche Trainingsprogramm (Laufen mit eingeschobenen Pausen) einer Langstreckenläuferin sieht so aus:

- in der ersten Stunde m_1 Minuten Laufen mit einer Durchschnittsgeschwindigkeit von v_1 m/min,
- in der zweiten Stunde m_2 Minuten Laufen mit einer Durchschnittsgeschwindigkeit von v_2 m/min,
- in der dritten Stunde m_3 Minuten Laufen mit einer Durchschnittsgeschwindigkeit von v_3 m/min,
- in der vierten Stunde m_4 Minuten Laufen mit einer Durchschnittsgeschwindigkeit von v_4 m/min.

Die in jeder Stunde gelaufenen Minuten werden durch den Vektor M dargestellt, die jeweiligen durchschnittlichen Geschwindigkeiten durch den Vektor V.

Aufgabenstellung:

Deuten Sie in diesem Zusammenhang die Zahlen $V \cdot M$ und $1{,}1 \cdot V$!

$V \cdot M$ bedeutet: ________________________________

$1{,}1 \cdot V$ bedeutet: ________________________________

1.84 Preisvektoren

Ein Sportgeschäft hat 339 unterschiedliche Artikel lagernd. Die zugehörigen Verkaufspreise werden in einem Vektor $P \in \mathbb{R}^{339}$ zusammengefasst. Im Sommerschlussverkauf werden alle Preise um 20 % gesenkt und es ergibt sich ein neuer Preisvektor P'.

Aufgabenstellung:

Drücken Sie den Vektor P' durch den Vektor P aus!

$P' =$ ________________________________

■ AG 3.4 **Geraden durch Parameterdarstellungen in $\mathbb{R}^2$ oder $\mathbb{R}^3$ bzw. durch Gleichungen in $\mathbb{R}^2$ angeben können; Geradengleichungen interpretieren können; Lagebeziehungen (zwischen Geraden und zwischen Punkt und Gerade) analysieren, Schnittpunkte ermitteln können.**

1.85 Gerade mit vorgegebenem Normalvektor

Gegeben ist der Vektor $\vec{n} = (6 \mid -1 \mid 3)$.

Aufgabenstellung:

Geben Sie eine Parameterdarstellung einer Geraden g in $\mathbb{R}^3$ mit dem Normalvektor $\vec{n}$ an!

1.86 Schnittpunkt zweier Geraden

Gegeben sind die Geraden $g: X = (0 \mid 1) + t \cdot (1 \mid 2)$ mit $t \in \mathbb{R}$ und $h: 3x + y = 6$.

Aufgabenstellung:

Geben Sie an, ob die beiden Geraden einander schneiden? Wenn ja, geben Sie den Schnittpunkt an!

1.87 Parallele Geraden 1

Gegeben ist die Gerade $g: X = (3 \mid -1 \mid 2) + t \cdot (2 \mid 1 \mid -3)$ mit $t \in \mathbb{R}$.

Aufgabenstellung:

Kreuzen Sie an, welche beiden Geraden parallel zu g, aber nicht identisch mit g sind!

$h_1: X = (6 \mid -2 \mid 4) + t \cdot (-2 \mid 1 \mid -3)$	☐
$h_2: X = (1 \mid 2 \mid 5) + t \cdot (-2 \mid -1 \mid 3)$	☐
$h_3: X = (5 \mid 1 \mid -1) + t \cdot (-4 \mid -2 \mid 6)$	☐
$h_4: X = (5 \mid 0 \mid -1) + t \cdot (4 \mid 2 \mid -6)$	☐
$h_5: X = (7 \mid 1 \mid -4) + t \cdot (6 \mid 3 \mid -9)$	☐

1.88 **Parallele Geraden 2**

Gegeben sind die Geraden:

g: $X = (2|1|0) + s \cdot (-5|2|5)$ mit $s \in \mathbb{R}$

h: $X = (3|1|1) + t \cdot (2|h_2|h_3)$ mit $t \in \mathbb{R}$

Aufgabenstellung:

Ermitteln Sie die fehlenden Koordinaten des Richtungsvektors von h so, dass h parallel zu g ist!

1.89 **Parallele Geraden 3**

Gegeben sind die Geraden:

g: $x + 2y = 2$

h: $X = \begin{pmatrix} 1 \\ 1 \end{pmatrix} + t \cdot \begin{pmatrix} 2 \\ -1 \end{pmatrix}$ mit $t \in \mathbb{R}$

Aufgabenstellung:

Ergänzen Sie durch Ankreuzen den folgenden Text so, dass eine korrekte Aussage entsteht!

Die Geraden g und h sind ___①___, da ___②___.

①	
identisch	☐
zueinander normal	☐
zueinander parallel	☐

②	
ihre Normalvektoren zueinander parallel sind	☐
ihre Richtungsvektoren zueinander normal sind	☐
sie einen gemeinsamen Punkt besitzen	☐

1.90 **Parallele Geraden 4**

Gegeben sind die Geraden g: $2x - 3y = 7$ und h: $-6x + 9y + 7 = 0$.

Aufgabenstellung:

Kreuzen Sie die beiden zutreffenden Aussagen an!

Der Punkt (3,5|0) liegt auf g, aber nicht auf h.	☐
g und h schneiden einander in einem Punkt.	☐
g und h stehen aufeinander normal.	☐
g und h sind identisch.	☐
g und h sind zueinander parallel und verschieden.	☐

1.91 **Parallele Geraden 5**

Gegeben sind die Geraden g: $4x + 7y = 9$ und h: $12x + b \cdot y = 10$.

Aufgabenstellung:

Ermitteln Sie den Parameter b in der Geraden h so, dass g und h parallel sind!

b = ______________________

1.92 **Parallele Geraden 6**

Gegeben sind die Geraden

g: $X = (-2|7) + t \cdot (a|6)$ und h: $y = 3x + 5$.

Aufgabenstellung:

Bestimmen Sie $a \in \mathbb{R}$ so, dass g und h parallel sind!

a = ______________________

1.93 Geraden ohne Schnittpunkt

Gegeben sind zwei Geraden g und h.

$g: x - y = 2$

$h: 2x - r \cdot y = s$ mit $r, s \in \mathbb{R}$

Aufgabenstellung:

Geben Sie einen Wert für r und einen für s so an, dass g und h keinen Punkt gemeinsam haben!

r = ______________________

s = ______________________

1.94 Normale Geraden 1

Gegeben ist die Gerade $g: X = (0 | -2 | 5) + t \cdot (2 | 1 | 1)$.

Aufgabenstellung:

Kreuzen Sie die beiden Geraden an, die normal zu g sind!

$h_1: X = (-1 | -3 | 7) + u \cdot (1 | 1 | -2)$	☐
$h_2: X = (-4 | 3 | 8) + u \cdot (4 | -5 | -3)$	☐
$h_3: X = (1 | 3 | -7) + u \cdot (-1 | -1 | 2)$	☐
$h_4: X = (0 | 0 | 0) + u \cdot (0 | -2 | 5)$	☐
$h_5: X = (-1 | -1 | 6) + u \cdot (1 | -1 | -1)$	☐

1.95 Normale Geraden 2

Gegeben ist die Gerade $g: X = (2 | -3) + t \cdot (-1 | 5)$.

Aufgabenstellung:

Ermitteln Sie eine Parameterdarstellung und eine Gleichung einer zu g normalen Geraden h!

Parameterdarstellung von h: ______________________

Gleichung von h: ______________________

1.96 Punkte auf einer Geraden

Gegeben sind eine Gerade g und zwei Punkte A und B:

$g: X = (-2 | 3) + t \cdot (1 | 4)$

$A = (0 | 11)$, $B = (-1 | 6)$.

Aufgabenstellung:

Zeigen Sie, dass $A \in g$ und $B \notin g$!

1.97 Punkte und Richtungsvektoren einer Geraden

Gegeben ist die Gerade $g: X = P + t \cdot \vec{g}$ mit $t \in \mathbb{R}$.

Aufgabenstellung:

Kreuzen Sie die zutreffenden Aussagen an!

$2 \cdot \vec{g}$ ist ein Normalvektor von g.	☐
P ist ein Punkt auf der Geraden g.	☐
Für jedes $t \in \mathbb{R}$ erhält man einen Punkt $X \in g$.	☐
$-\vec{g}$ ist kein Richtungsvektor von g.	☐
Jeder Richtungsvektor der Geraden g ist parallel zu $\vec{g}$.	☐

1.98 **Gegenseitige Lage zweier Geraden 1**

Gegeben sind die Geraden g: $X = (9 \mid -4) + t \cdot (3 \mid 8)$ und h: $X = (4 \mid 9) + u \cdot (8 \mid 3)$.

Aufgabenstellung:

Kreuzen Sie an, welche Aussage korrekt ist!

g und h sind zueinander parallel.	☐
g und h sind zueinander normal.	☐
g und h schneiden einander.	☐
g und h fallen zusammen.	☐
g und h sind zueinander windschief.	☐
g und h haben stets den gleichen Abstand voneinander.	☐

1.99 **Gegenseitige Lage zweier Geraden 2**

Gegeben sind die Geraden g: $X = (1 \mid 1) + t \cdot (2 \mid -3)$ und h: $X = (3 \mid -2) + u \cdot (-4 \mid 6)$.

Aufgabenstellung:

Ergänzen Sie durch Ankreuzen den folgenden Text so, dass eine korrekte Aussage entsteht!

Die beiden Geraden sind ______①______, da ______②______.

①	
normal zueinander	☐
verschieden	☐
identisch	☐

②	
die angegebenen Richtungsvektoren parallel sind	☐
die angegebenen Richtungsvektoren parallel sind und der Punkt $(3 \mid -2)$ auf beiden Geraden liegt	☐
die angegebenen festen Punkte und Richtungsvektoren verschieden sind	☐

1.100 **Mittelpunkt einer Strecke**

Gegeben ist eine Parameterdarstellung einer Geraden g: $X = P + t \cdot \overrightarrow{PQ}$ $(t \in \mathbb{R})$.

Aufgabenstellung:

Geben Sie eine Formel zur Berechnung des Mittelpunkts M der Strecke PQ an und nennen Sie den Wert, den der Parameter t in M annimmt!

M = ______________________________

t = ______________________________

1.101 **Lichtpunkt auf einem Bildschirm**

Ein Lichtpunkt auf einem Bildschirm bewegt sich gleichförmig auf einer geraden Bahn. Er startet im Punkt $P = (1 \mid 4)$ und bewegt sich pro Sekunde um den Vektor $\vec{a} = (3 \mid -4)$ weiter (alle Koordinaten in Zentimeter).

Aufgabenstellung:

Kreuzen Sie die beiden zutreffenden Aussagen an!

Der Betrag der Geschwindigkeit des Lichtpunktes beträgt 6 cm/s.	☐
Der Lichtpunkt bewegt sich durch den Punkt $(4 \mid 0)$.	☐
Die Steigung der Bahn beträgt $-\frac{4}{3}$.	☐
Nach 2 Sekunden befindet sich der Lichtpunkt im Punkt $(7 \mid -3)$.	☐
Die Bahn schließt mit der positiven 1. Achse einen Winkel von 135° ein.	☐

1.102 Koordinatenachsen ergänzen

Gegeben sind die Geraden g_1: $-2x + 3y = 0$, g_2: $2x - 3y = 3$ und g_3: $-2x + 3y = 6$. Bei den drei grafischen Darstellungen fehlt jedoch immer die x-Achse.

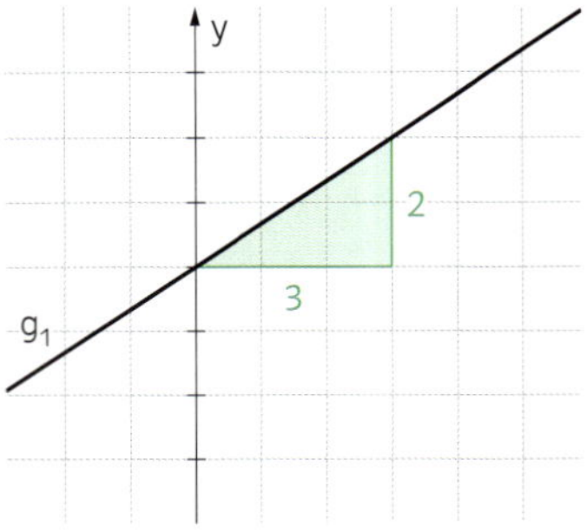

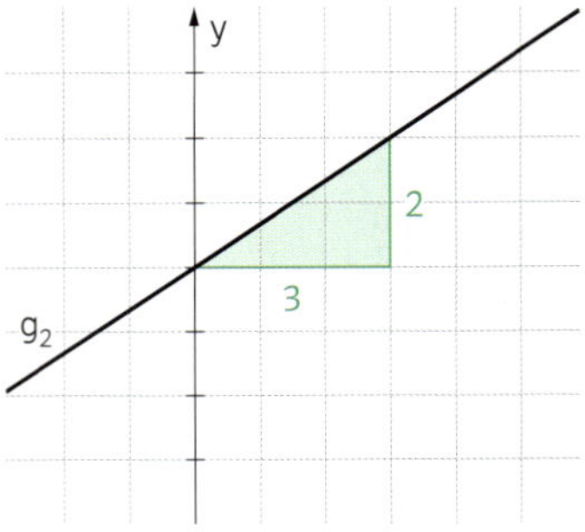

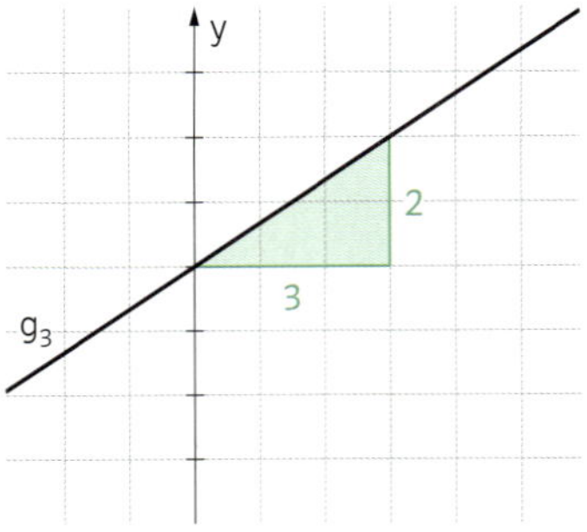

Aufgabenstellung:
Zeichnen Sie die fehlende Achse jeweils so ein, dass die Grafik zur jeweiligen Geradengleichung passt!

■ AG 3.5 **Normalvektoren in $\mathbb{R}^2$ aufstellen, verständig einsetzen und interpretieren können.**

1.103 Normalvektor 1

Gegeben ist der Vektor $(6 \mid -3)$ in $\mathbb{R}^2$.

Aufgabenstellung:
Geben Sie zu diesem Vektor vier Normalvektoren an!

Normalvektoren zu $(6 \mid -3)$: ______________________

1.104 Normalvektor 2

Gegeben sind die Punkte $A = (1 \mid 3 \mid -2)$ und $B = (2 \mid 1 \mid 1)$.

Aufgabenstellung:
Ermitteln Sie für $\vec{n} = (5 \mid n_2 \mid 1)$ die Koordinate n_2 so, dass $\vec{n} \perp \overrightarrow{AB}$!

$n_2 =$ ____________________

1.105 Normalvektor 3

Gegeben sind die Vektoren $\vec{a} = (x \mid y)$ und $\vec{b} = (-y \mid x)$ mit $x, y \in \mathbb{R}^+$.

Aufgabenstellung:
Kreuzen Sie die beiden zutreffenden Aussagen an!

Der Vektor $\vec{b}$ ist ein Normalvektor von $\vec{a}$.	☐
Der Vektor $2 \cdot \vec{a}$ ist ein Normalvektor von $\vec{b}$.	☐
Der Vektor $(2x \mid 2y)$ ist ein Normalvektor von $\vec{a}$.	☐
Der Vektor $(2x \mid -2y)$ ist ein Normalvektor von $\vec{b}$.	☐
Der Vektor $(-y \mid -x)$ ist ein Normalvektor von $\vec{a}$.	☐

1.106 Normalvektor 4

Die Vektoren $\vec{a} = (a_1 \mid a_2)$ und $\vec{b} = (b_1 \mid b_2)$ sind zueinander normal.

Aufgabenstellung:
Ermitteln Sie einen weiteren Normalvektor zu $\vec{a}$ sowie einen weiteren Normalvektor zu $\vec{b}$!

ein weiterer Normalvektor zu $\vec{a} =$ ______________________

ein weiterer Normalvektor zu $\vec{b} =$ ______________________

1.107 **Eckpunkte eines Quadrats**
Ein Quadrat ist ein Viereck mit vier gleich langen Seiten und vier rechten Winkeln.

Aufgabenstellung:
Von einem Quadrat ABCD kennt man die Eckpunkte $A = (1|-1)$ und $B = (6|-2)$. Von den Eckpunkten C und D weiß man nur, dass sie im 1. Quadranten liegen. Ermitteln Sie die Koordinaten von C und D!

Trigonometrie

■ AG 4.1 Definitionen von Sinus, Cosinus und Tangens im rechtwinkeligen Dreieck kennen und zur Auflösung rechtwinkeliger Dreiecke einsetzen können.

1.108 **Rechtwinkeliges Dreieck 1**
Vom rechtwinkeligen Dreieck ABC kennt man die Seitenlängen w und d.

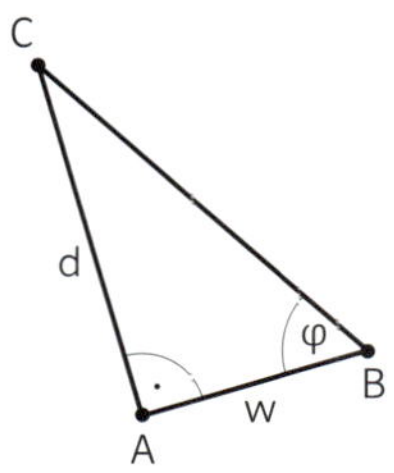

Aufgabenstellung:
Geben Sie eine Formel zur Berechnung des Winkelmaßes φ an!

$\varphi =$ ____________________

1.109 **Rechtwinkeliges Dreieck 2**
Gegeben ist das nebenstehend abgebildete Dreieck.

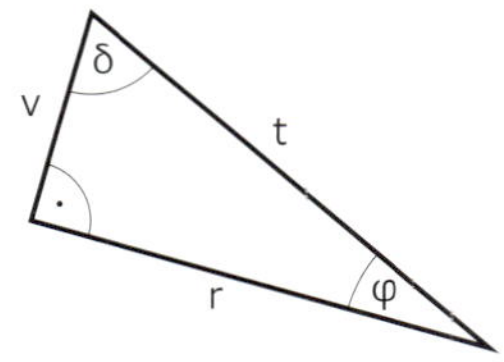

Aufgabenstellung:
Geben Sie $\sin\delta$ und $\tan\varphi$ in Abhängigkeit von den Seitenlängen r, t und v an!

$\sin\delta =$ ____________________

$\tan\varphi =$ ____________________

1.110 **Rechtwinkeliges Dreieck 3**
Gegeben ist das nebenstehend abgebildete rechtwinkelige Dreieck EFG.

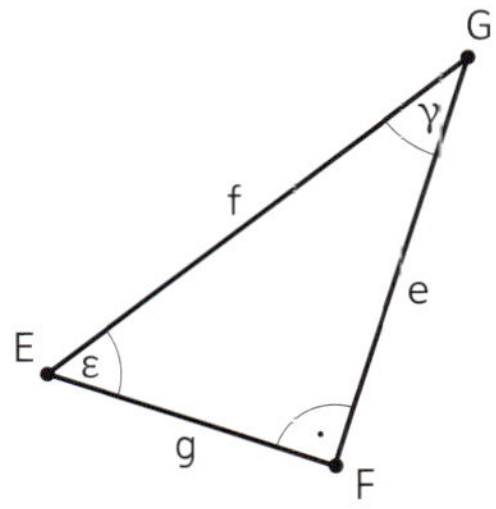

Aufgabenstellung:
Kreuzen Sie an, welche beiden Gleichungen auf dieses Dreieck zutreffen!

$g \cdot \tan\varepsilon = e$	☐
$e \cdot \cos\gamma = f$	☐
$f \cdot \tan\gamma = g$	☐
$e \cdot \cos\varepsilon = g$	☐
$f \cdot \sin\gamma = g$	☐

1.111 **Rechtwinkeliges Dreieck 4**
Gegeben ist das nebenstehend abgebildete rechtwinkelige Dreieck ABC.

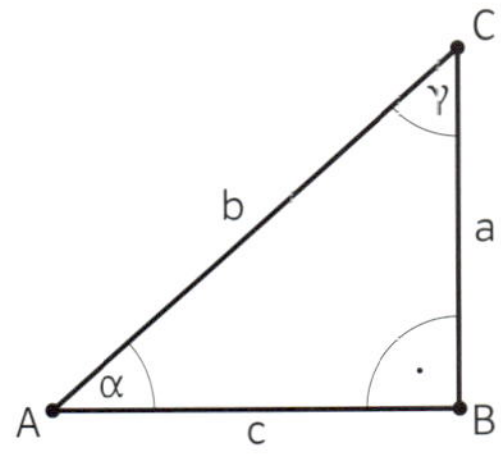

Aufgabenstellung:
Kreuzen Sie an, mit welchen der angegebenen Bestimmungsstücke des Dreiecks die Seitenlänge b berechnet werden kann!

Länge der Seite a und Länge der Seite c	☐
Länge der Seite c und Winkelmaß γ	☐
Länge der Seite a und Winkelmaß α	☐
Länge der Seite a und Winkelmaß γ	☐
Winkelmaß α und Winkelmaß γ	☐

1.112 Computerspiel

Bei einem Computerspiel wird ein Vektor als Pfeil der Länge 1 vom Ursprung O aus dargestellt. Dieser Pfeil stellt eine Laserpistole dar, deren Richtung so zu wählen ist, dass ein vorgegebenes Ziel getroffen wird.

Aufgabenstellung:

Geben Sie das Maß des Winkels φ an, den der Pfeil mit der positiven 1. Achse einschließen muss, wenn sich das Ziel im Punkt (4 | 6) befindet!

$\varphi \approx$ ______________________________

1.113 Überfahrt mit einer Fähre

Eine Fähre F überquert einen Fluss von einem Punkt A zum direkt gegenüberliegenden Punkt B. Die Fähre hat eine Eigengeschwindigkeit v_e von 3 m/s. Da die Fließgeschwindigkeit v_f des Flusses 2 m/s beträgt, muss die Fähre sich um den Winkel α schräg zur Richtung von A nach B stellen.

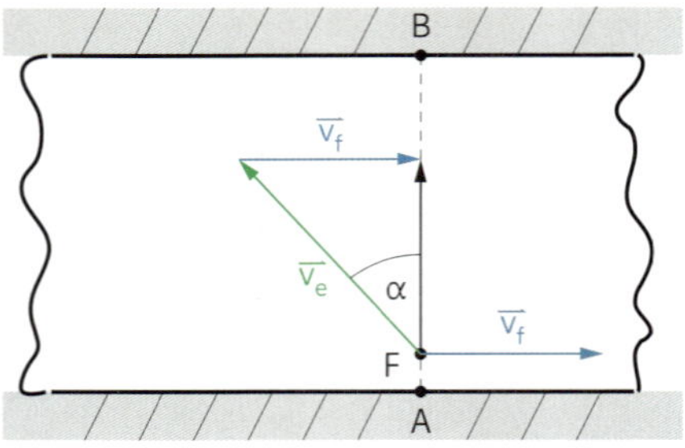

Aufgabenstellung:

Berechnen Sie α auf eine Nachkommastelle gerundet!

$\alpha \approx$ ______________________________

1.114 Steigungswinkel einer Straße

Weist eine Straße zB im Mittel 8 % Steigung auf, dann bedeutet dies: Legt man auf dieser Straße eine Strecke zurück, die einer Horizontalentfernung von 100 m entspricht, so gewinnt man durchschnittlich 8 m an Höhe. Jeder Steigung von p % entspricht ein bestimmter Steigungswinkel (Neigungswinkel) α.

Aufgabenstellung:

Stellen Sie eine Formel auf, die den Zusammenhang zwischen p und α angibt!

1.115 Schattenlänge

Ein x Meter großer Spieler steht auf dem Rasen eines Fußballstadions. Er wird von einem Flutlichtscheinwerfer unter einem Winkelmaß φ gegen die Horizontale angestrahlt.

Aufgabenstellung:

Stellen Sie eine Formel zur Berechnung der Länge s des Schattens auf, den der Fußballspieler auf den Rasen wirft!

1.116 Vogelhäuschen

Das Dach eines Vogelhäuschens soll so gebastelt werden, dass sein Querschnitt ein gleichschenkeliges Dreieck ist, das genau 40 cm hoch ist und am Giebel einen Winkel von $\varphi = 100°$ aufweist.

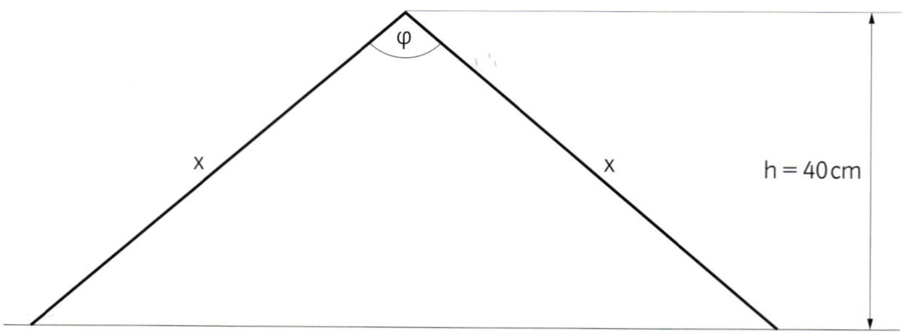

Aufgabenstellung:

Berechnen Sie die Länge x einer der Dachlatten!

1.117 **Trapez**
Gegeben ist das folgende gleichschenkelige Trapez.

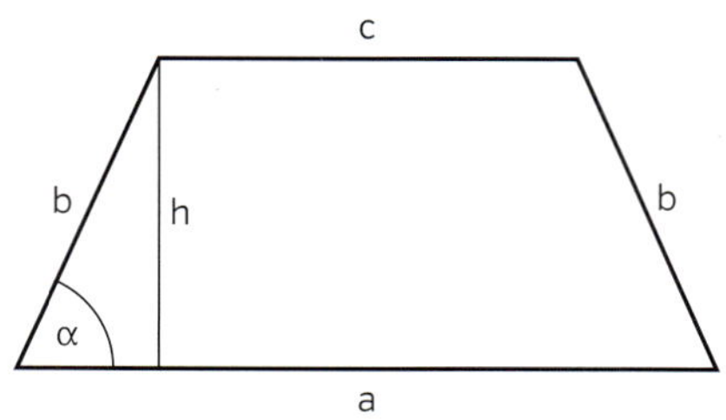

Aufgabenstellung:
Kreuzen Sie die beiden richtigen Formeln für a an!

$a = c + 2 \cdot b \cdot \sin\alpha$	☐
$a = c + 2 \cdot b \cdot \cos\alpha$	☐
$a = c + 2 \cdot b \cdot \tan\alpha$	☐
$a = c + b \cdot \cos\alpha + h \cdot \tan\alpha$	☐
$a = c + b \cdot \cos\alpha + \frac{h}{\tan\alpha}$	☐

1.118 **Flächeninhaltsformel**
In einem Formelheft findet sich für die Berechnung des Flächeninhalts A eines Parallelogramms die folgende Formel:
$A = a \cdot b \cdot \sin\alpha$.

Aufgabenstellung:
Ergänzen Sie durch Ankreuzen den folgenden Text so, dass eine korrekte Aussage entsteht!

Diese Formel kann auch bei ____①____ eingesetzt werden, da ____②____.

①	
Dreiecken	☐
Rechtecken	☐
Trapezen	☐

②	
$\sin\alpha = \frac{\sin\gamma}{2}$	☐
$\sin 180° = 0$	☐
$\sin 90° = 1$	☐

■ AG 4.2 **Definitionen von Sinus und Cosinus für Winkel größer als 90° kennen und einsetzen können.**

1.119 **Sinus und Cosinus**
Gegeben sind Bedingungen für ein Winkelmaß α.

Aufgabenstellung:
Ordnen Sie jeder Bedingung in der linken Tabelle ein passendes Winkelmaß α aus der rechten Tabelle zu!

$\sin\alpha < 0$ und $\cos\alpha > 0$	
$\sin\alpha > 0$ und $\cos\alpha = 0$	
$\sin\alpha = -1$ und $\cos\alpha = 0$	
$\sin\alpha > 0$ und $\cos\alpha < 0$	
$\sin\alpha = 0{,}5$ und $\cos\alpha > 0$	

A	270°
B	45°
C	30°
D	106°
E	90°
F	358°

2 Typ 1
Funktionale Abhängigkeiten

Funktionsbegriff, reelle Funktionen, Darstellungsformen und Eigenschaften

■ FA 1.1 Für gegebene Zusammenhänge entscheiden können, ob man sie als Funktionen betrachten kann.

2.01 Funktionsbegriff

Gegeben ist eine Funktion $f: A \to B \mid x \mapsto y$.

Aufgabenstellung:

Kreuzen Sie die beiden zutreffenden Aussagen an!

Jedem $x \in A$ entspricht genau ein $y \in B$.	☐
Jedem $y \in B$ entspricht genau ein $x \in A$.	☐
Einem $y \in B$ können mehrere $x \in A$ entsprechen.	☐
Einem $x \in A$ können mehrere $y \in B$ entsprechen.	☐
Jedem $y \in B$ entspricht mindestens ein $x \in A$.	☐

2.02 Graph einer reellen Funktion

Gegeben sind die untenstehenden Diagramme.

Aufgabenstellung:

Kreuzen Sie jene beiden Diagramme an, die den Graphen einer reellen Funktion darstellen können!

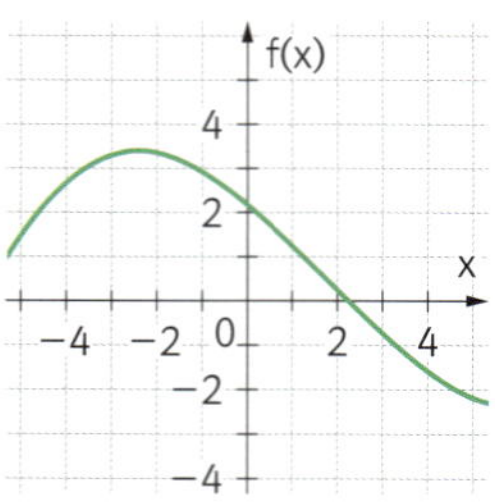

☐

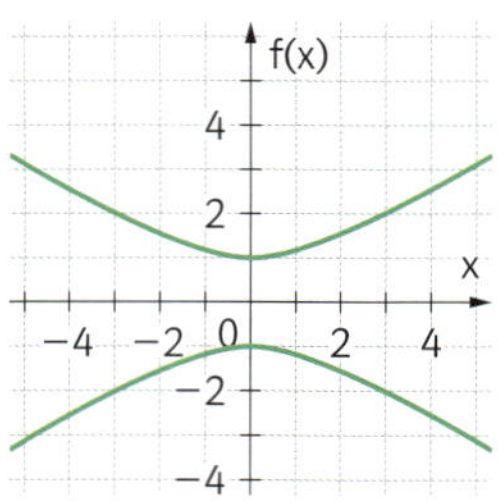

☐

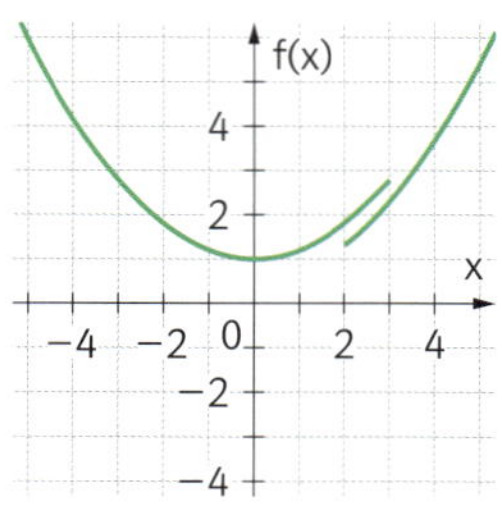

☐

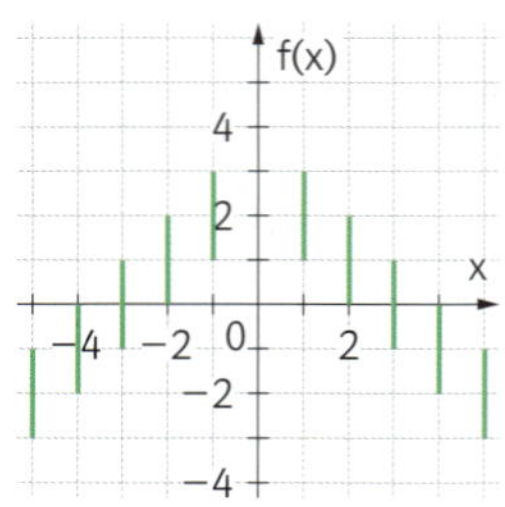

☐

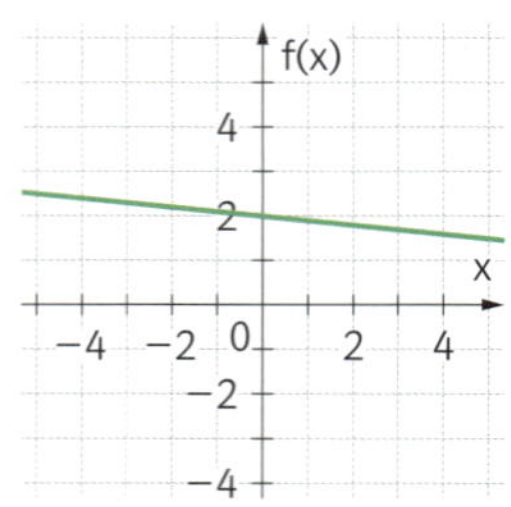

☐

■ FA 1.2 Formeln als Darstellung von Funktionen interpretieren und dem Funktionstyp zuordnen können.

2.03 Aufsuchen eines Graphen

Gegeben ist die Formel $p = \frac{3 \cdot q \cdot r^2}{s}$ mit $p, q, r, s \in \mathbb{R}^+$. Aus dieser Formel können verschiedene funktionale Zusammenhänge herausgelesen werden.

Aufgabenstellung:

Welcher der abgebildeten Funktionsgraphen passt jeweils zu folgendem funktionalen Zusammenhang?

$p = f(q)$, wobei r und s konstant sind: Graph _____

$s = g(r)$, wobei p und q konstant sind: Graph _____

$p = h(s)$, wobei r und q konstant sind: Graph _____

A

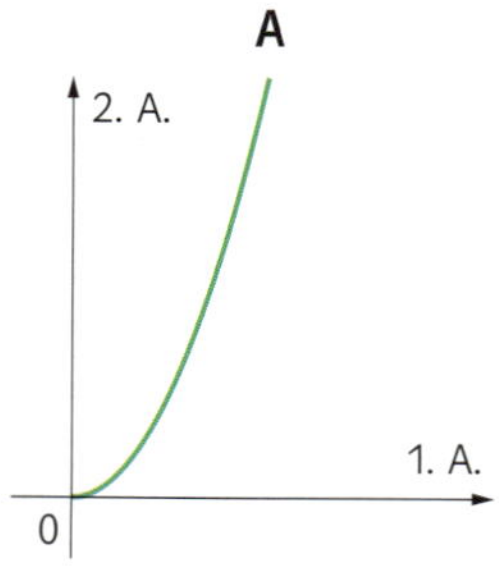

B

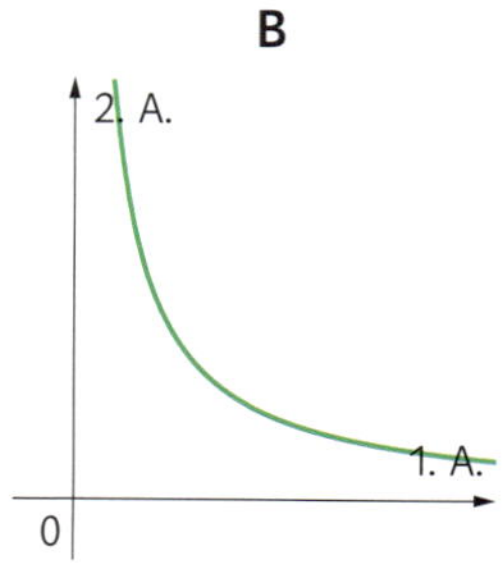

C

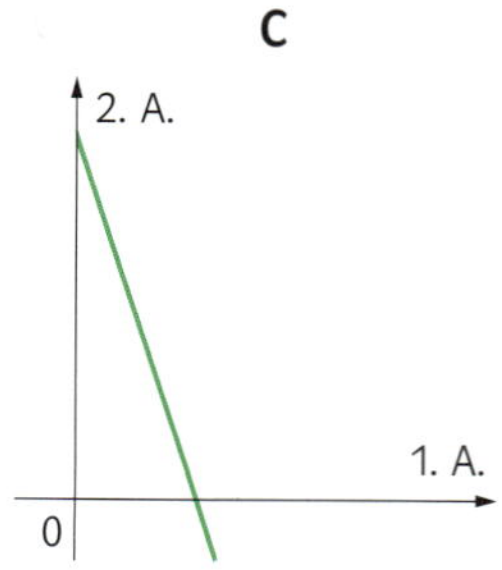

D

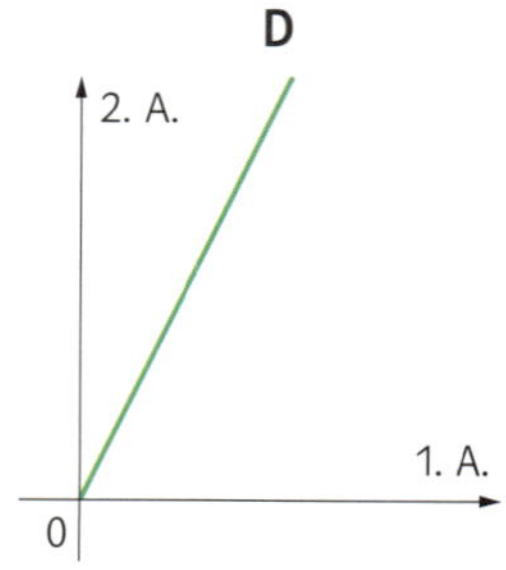

■ FA 1.3 **Zwischen tabellarischen und grafischen Darstellungen funktionaler Zusammenhänge wechseln können.**

2.04 Ausfüllen einer Tabelle

Gegeben ist der Graph einer Funktion f.

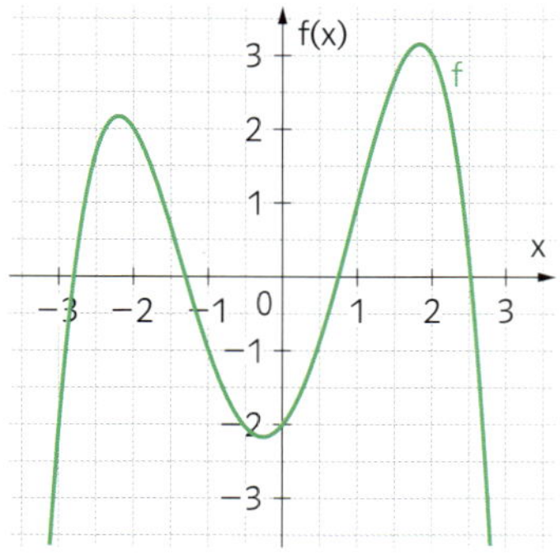

x	f(x)
−3	
−2	
−1	
0	
1	
2	

Aufgabenstellung:

Füllen Sie anhand des gegebenen Funktionsgraphen die Wertetabelle aus!

■ FA 1.4 **Aus Tabellen, Graphen und Gleichungen von Funktionen Werte(paare) ermitteln und im Kontext deuten können.**

2.05 Funktionswerte ermitteln

Gegeben ist die Funktion f: x ↦ f(x). Der Graph von f hat bei $x_0 = 2$ einen Punkt mit der 1. Achse gemeinsam.

Aufgabenstellung:

Kreuzen Sie an, welche zwei der folgenden Aussagen zutreffen müssen!

$f(0) = 2$	☐
$f(2) = 0$	☐
$f(x) = 0{,}5 \cdot (x - 2)^2$	☐
$f(x) = 2$	☐
2 ist Nullstelle von f.	☐

2.06 Funktionswerte vergleichen

Gegeben sind die nebenstehenden Graphen der Funktionen f, g, h und p.

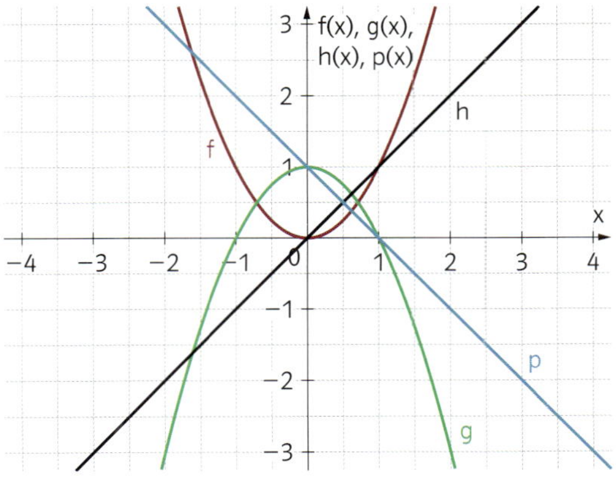

Aufgabenstellung:

Kreuzen Sie die beiden zutreffenden Aussagen an!

$f(0) = g(0) = h(0)$	☐
$p(0{,}5) > h(0{,}5)$	☐
$g(x) > 0$ für $-1 \leq x \leq 1$	☐
$h(1) = f(1)$	☐
$h(-1{,}5) > -2$	☐

2.07 Definitionsbereich einer Funktion

Gegeben sind fünf reelle Funktionen f_1, f_2, f_3, f_4 und f_5.

Aufgabenstellung:

Ermitteln Sie zu diesen Funktionen jeweils den größtmöglichen Definitionsbereich D!

$f_1: x \mapsto \frac{1}{5}x$	$f_2: x \mapsto -\sqrt{4x}$	$f_3: x \mapsto {}^{10}\log x$	$f_4: x \mapsto -\frac{2}{3x^2}$	$f_5: x \mapsto 2^{-3x}$
D =	D =	D =	D =	D =

■ FA 1.5 Eigenschaften von Funktionen erkennen, benennen, im Kontext deuten und zum Erstellen von Funktionsgraphen einsetzen können: Monotonie, Monotoniewechsel (lokale Extrema), Wendepunkte, Periodizität, Achsensymmetrie, asymptotisches Verhalten, Schnittpunkte mit den Achsen

2.08 Monotonie

Gegeben ist ein Ausschnitt des Graphen einer Funktion $f: x \mapsto f(x)$.

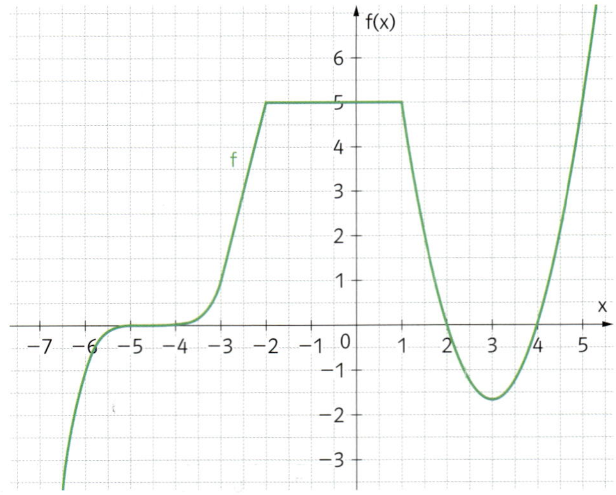

Aufgabenstellung:
Kreuzen Sie die beiden korrekten Aussagen an!

Die Funktion f ist im Intervall [−6; −3] streng monoton steigend.	☐
Die Funktion f ist im Intervall [−1; 1] konstant.	☐
Die Funktion f ist im Intervall [0; 2] monoton fallend.	☐
Die Funktion f ist im Intervall [1; 4] streng monoton fallend.	☐
Die Funktion f ist im Intervall [4; 5] nicht monoton.	☐

2.09 Funktionsdarstellungen

Fünf der folgenden sechs Darstellungen beschreiben ein und dieselbe Funktion, eine passt jedoch nicht dazu.

Aufgabenstellung:
Kreuzen Sie an, welche Darstellung nicht dazupasst!

- Jeder Zahl $x \in \mathbb{R}^*$ wird das Doppelte ihres Kehrwerts zugeordnet. ☐
- $f: x \mapsto \frac{2}{x}, x \in \mathbb{R}^*$ ☐
- ☐

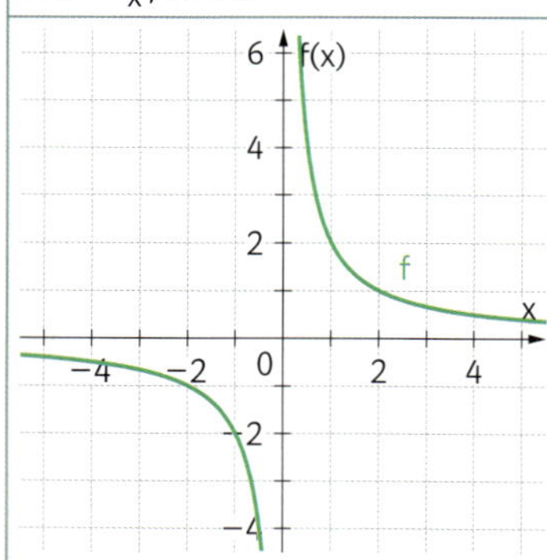

- $f: x \cdot y = 2, x \in \mathbb{R}^*$ ☐
- ☐

x	f(x)
−2	−1
−1	−2
0	0
1	2
2	1

- $f(x) = 2x^{-1}, x \in \mathbb{R}^*$ ☐

2.10 Funktionsgraphen zeichnen

Eine Funktion f: ℝ → ℝ hat folgende Eigenschaften:
- Der Graph von f ist symmetrisch bezüglich der 2. Achse.
- Es gilt $0 \leq f(x) \leq 3$ für alle $x \in \mathbb{R}$.
- f besitzt genau eine Nullstelle, die in [−7; 7] liegt.
- f besitzt genau drei lokale Extremstellen, die in [−7; 7] liegen.
- f besitzt genau vier Wendestellen, die in [−7; 7] liegen.
- Die x-Achse ist Asymptote des Graphen von f.

Aufgabenstellung:
Skizzieren Sie einen möglichen Verlauf des Graphen von f im folgenden Koordinatensystem!

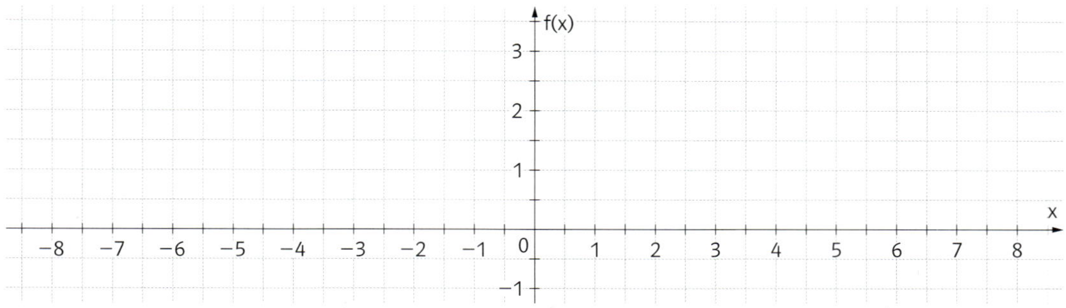

2.11 Eigenschaften einer Funktion

Gegeben ist ein Ausschnitt des Graphen einer Funktion $f: \mathbb{R} \to \mathbb{R} \mid x \mapsto f(x)$.

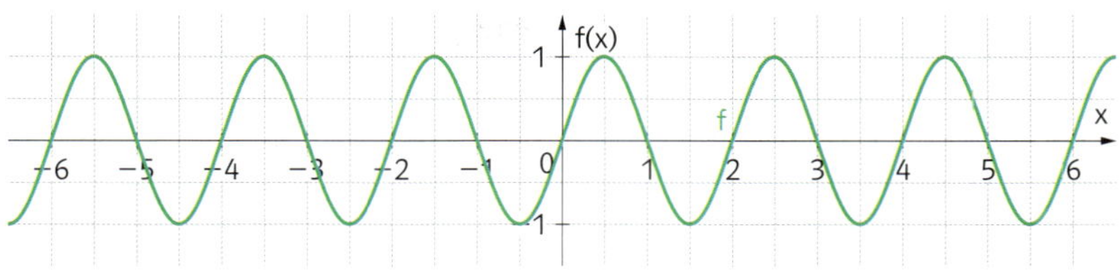

Aufgabenstellung:
Kreuzen Sie die zutreffenden Aussagen an!

Der Graph von f ist symmetrisch bezüglich der 2. Achse.	☐
Jede Nullstelle von f ist eine Wendestelle von f.	☐
Jede Nullstelle von f liegt in der Mitte zwischen zwei lokalen Extremstellen von f.	☐
f ist periodisch.	☐
Die kleinste Periode von f ist 4.	☐

■ FA 1.6 Schnittpunkte zweier Funktionsgraphen grafisch und rechnerisch ermitteln und im Kontext interpretieren können.

2.12 Beleuchtungskosten

In der Abbildung werden die Kosten einer Glühbirne und einer Energiesparlampe durch folgende Daten verglichen:

	Kaufpreis (in €)	Stromkosten pro Monat (in €)
Glühbirne	1,20	0,80
Energiesparlampe	5,10	0,15

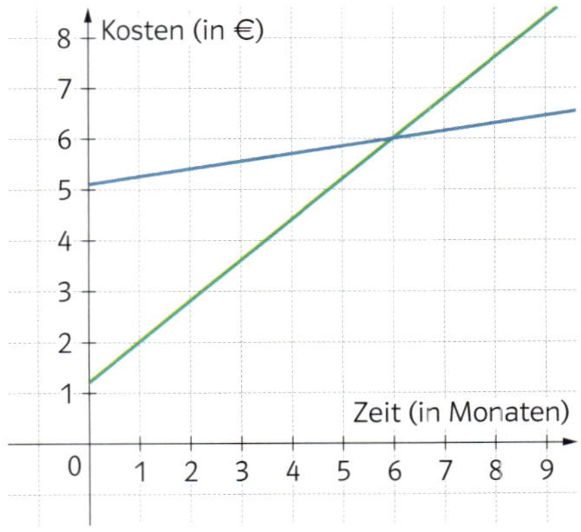

Aufgabenstellung:
Beschriften Sie die Graphen mit g (für Kosten der Glühbirne) bzw. e (für Kosten der Energiesparlampe) und interpretieren Sie den Verlauf und den Schnittpunkt der beiden Graphen!

2.13 Schnittpunkte ermitteln

Gegeben sind die Funktionen f: $x \mapsto \frac{x^2}{2} - 1$ und g: $x \mapsto x - 1$.

Aufgabenstellung:

Ermitteln Sie grafisch die Schnittpunkte der beiden Funktionsgraphen und kontrollieren Sie die Ergebnisse durch Rechnung!

grafische Lösung:

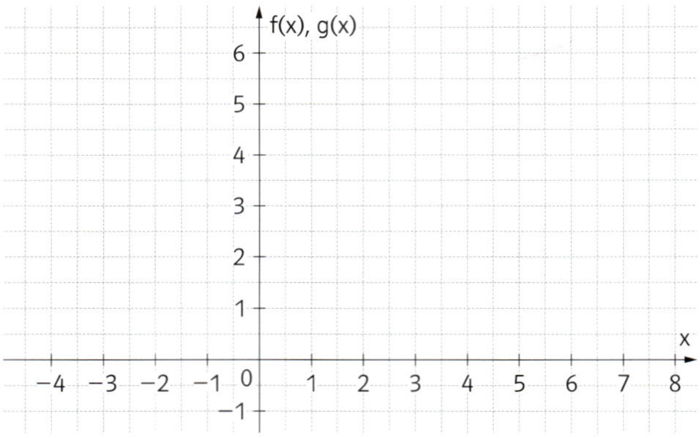

rechnerische Kontrolle:

■ FA 1.7 **Funktionen als mathematische Modelle verstehen und damit verständig arbeiten können.**

2.14 Gleichschenkelig-rechtwinkeliges Dreieck

Dem Flächeninhalt A eines gleichschenkelig-rechtwinkeligen Dreiecks kann die Kathetenlänge l dieses Dreiecks eindeutig zugeordnet werden.

Aufgabenstellung:

Geben Sie eine Termdarstellung der Funktion l: $A \mapsto l(A)$ an und zeichnen Sie den Graphen dieser Funktion im Intervall]0; 5]!

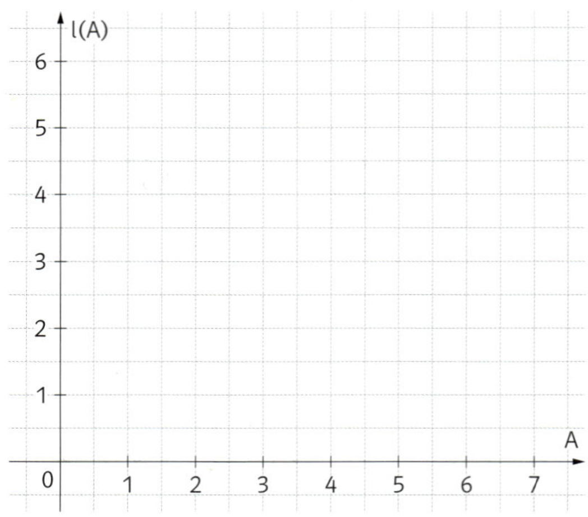

2.15 Beschreibung von Sachverhalten durch Funktionen

Manchen Sachverhalten liegen Funktionen zugrunde.

Aufgabenstellung:

Kreuzen Sie an, welche Sachverhalte stets durch eine Funktion beschrieben werden können!

An einem Tag wird die Uhrzeit in Abhängigkeit vom Pegelstand eines Flusses angegeben.	☐
An einem Ort wird von 0 Uhr bis 24 Uhr die seit Mitternacht gefallene Regenmenge (in l/m^2) gemessen.	☐
Während eines Arbeitstages wird die Lautstärke einer Maschine in Abhängigkeit von der Uhrzeit gemessen.	☐
Für eine lotrecht nach oben geschossene Gewehrkugel wird die Zeit in Abhängigkeit von der Höhe angegeben.	☐
Die Körpergröße eines Kindes wird in Abhängigkeit vom Alter aufgezeichnet.	☐

2.16 Anwendung einer rekursiv gegebenen Funktion

Eine Funktion $N: t \to N(t)$ ist rekursiv so angegeben: $N(t+1) = q \cdot N(t)$ mit $N(0) = 1000$

Aufgabenstellung:

Geben Sie für jeden der folgenden Werte von q einen außermathematischen Prozess an, für den die Funktion N ein mathematisches Modell sein könnte!

$q = 1{,}03$: ______________________________

$q = 0{,}96$: ______________________________

2.17 Lungentumore

Die folgende Abbildung gibt die Zahlen der Neuerkrankungen bei Lungentumoren getrennt nach Männern und Frauen gemäß dem österreichischen Krebsregister an.

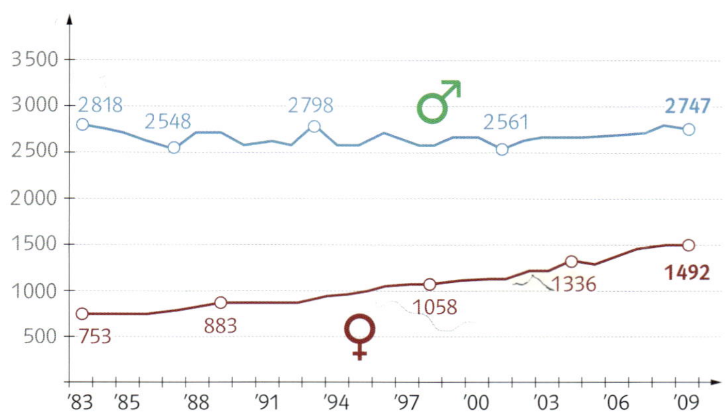

Quelle: Statistik Austria, Österr. Krebsregister

Aufgabenstellung:

Kreuzen Sie die beiden korrekten Aussagen an!

Die Zahl der Neuerkrankungen bei Männern schwankt seit 1983 um einen Wert von ca. 2600.	☐
Die Zahl der Neuerkrankungen bei Männern und Frauen steigt seit 1983 exponentiell an.	☐
Die Zahl der Neuerkrankungen bei Männern und Frauen steigt seit 1983 annähernd linear an.	☐
Die Zahl der Neuerkrankungen bei Männern im Jahr 2009 ist im Vergleich zu 1983 gesunken.	☐
Die Zahl der Neuerkrankungen bei Frauen ist seit 2003 nie mehr gesunken.	☐

■ FA 1.8 **Durch Gleichungen (Formeln) gegebene Funktionen mit mehreren Veränderlichen im Kontext deuten können, Funktionswerte ermitteln können.**

2.18 Zentripetalkraft

Ein Auto der Masse m (in Kilogramm) fährt mit der Geschwindigkeit v (in m/s) entlang einer kreisförmigen Kurve mit dem Radius r (in Meter). Für die dabei auftretende Zentripetalkraft Z (in Newton) gilt:

$Z(m, v, r) = \frac{m \cdot v^2}{r}$

Aufgabenstellung:

Berechnen Sie Z(800, 22, 50) und deuten Sie das Ergebnis!

Z(800, 22, 50) = __________ N . Dies bedeutet: ______________________________

____

____

2.19 Proportionalitäten

Gegeben sind fünf Formeln. **A:** $a = \frac{bc^2}{de}$ **B:** $a = \frac{dc}{be^2}$ **C:** $a = \frac{5b^2}{ce}$ **D:** $a = \frac{bc}{4d^2e}$ **E:** $a = \frac{be}{dc^2}$

Aufgabenstellung:

Tragen Sie ein, aus welcher Formel A, B, C, D bzw. E sich jeweils die angegebene Proportionalität ablesen lässt!

________ a ist direkt proportional zu c und indirekt proportional zu e.
________ a ist direkt proportional zu b und indirekt proportional zu c^2.
________ a ist direkt proportional zu d und indirekt proportional zu b.
________ a ist direkt proportional zu b^2 und indirekt proportional zu e.
________ a ist direkt proportional zu c^2 und indirekt proportional zu d.

2.20 Body-Mass-Index

Der Body-Mass-Index BMI hängt von der Körpermasse m (in kg) und der Körpergröße h (in m) ab:
$BMI = \frac{m}{h^2}$

Eine erwachsene Person gilt als untergewichtig, wenn $BMI < 18,5$, als normalgewichtig, wenn $18,5 \leq BMI \leq 25,0$ und als übergewichtig, wenn $BMI > 25,0$ ist.

Aufgabenstellung:

Kreuzen Sie die zutreffenden Aussagen an!

Eine 1,60 m große und 45 kg schwere Person ist untergewichtig.	☐
Eine 1,50 m große normalgewichtige Person wiegt zwischen 43 kg und 53 kg.	☐
Wird die Körpermasse durch Abmagerung bei gleichbleibender Körpergröße um 10 % reduziert, so wird auch der BMI um 10 % reduziert.	☐
Nimmt die Körpergröße bei gleichbleibender Körpermasse um 5 % zu, so nimmt der BMI ungefähr um ein Zehntel ab .	☐
Nehmen die Körpermasse und die Körpergröße beide um den gleichen Prozentsatz zu, so bleibt der BMI unverändert.	☐

■ FA 1.9 **Einen Überblick über die wichtigsten Typen mathematischer Funktionen geben, deren Eigenschaften vergleichen können.**

2.21 Tabelle und Funktionstyp

In den Tabellen sind von fünf Funktionen f_1, f_2, f_3, f_4 und f_5 einige Werte angegeben.

x	$f_1(x)$
−3	7
−2	5
−1	3
0	1
1	−1
2	−3
3	−5

x	$f_2(x)$
−3	0,0625
−2	0,125
−1	0,25
0	0,5
1	1
2	2
3	4

x	$f_3(x)$
−3	4,5
−2	2
−1	0,5
0	0
1	0,5
2	2
3	4,5

x	$f_4(x)$
−3	−9
−2	−6
−1	−3
0	0
1	3
2	6
3	9

x	$f_5(x)$
−3	$-\frac{1}{3}$
−2	$-\frac{1}{2}$
−1	−1
0	–
1	1
2	$\frac{1}{2}$
3	$\frac{1}{3}$

Aufgabenstellung:

Kreuzen Sie die richtigen Aussagen an!

f_1 kann eine direkte Proportionalitätsfunktion sein.	☐
f_2 kann eine Exponentialfunktion sein.	☐
f_3 kann keine Potenzfunktion sein.	☐
f_4 kann eine lineare Funktion sein.	☐
f_5 kann eine indirekte Proportionalitätsfunktion sein.	☐

2.22 **Graph und Funktionstyp**
Gegeben sind drei Funktionsgraphen.

Aufgabenstellung:
Schreiben Sie unter jeden Graphen, von welchem Typ die dargestellte Funktion ist!

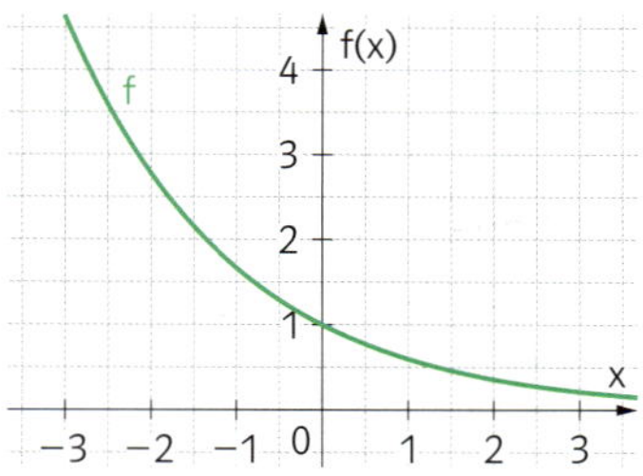

Typ: ______________________

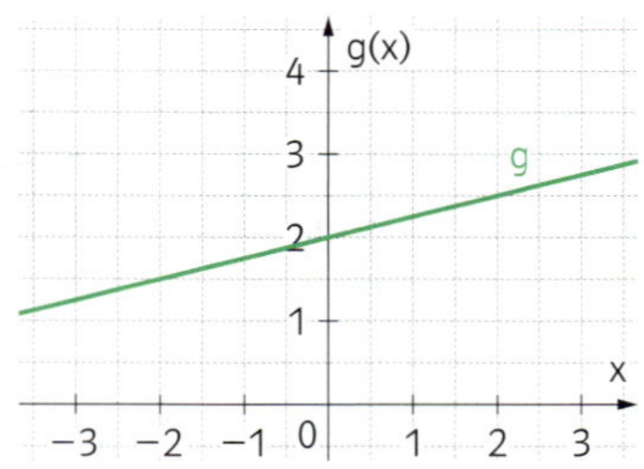

Typ: ______________________

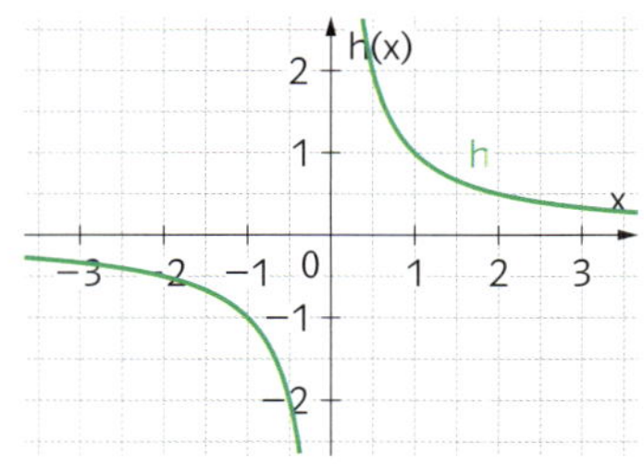

Typ: ______________________

2.23 **Termdarstellung und Funktionstyp**
Gegeben sind vier Termdarstellungen reeller Funktionen.

Aufgabenstellung:
Ordnen Sie jeder Termdarstellung einen passenden Funktionstyp zu!

$g(x) = -2 \cdot 7^x$	D
$h(x) = -2 \cdot \sqrt[7]{x}$	A
$p(x) = \cos(0{,}5 \cdot x)$	B
$q(x) = -2x + x^7$	

A	Polynomfunktion
B	Winkelfunktion
C	Potenzfunktion
D	Exponentialfunktion

2.24 **Graph und Termdarstellung 1**
Gegeben sind vier Graphen.

A

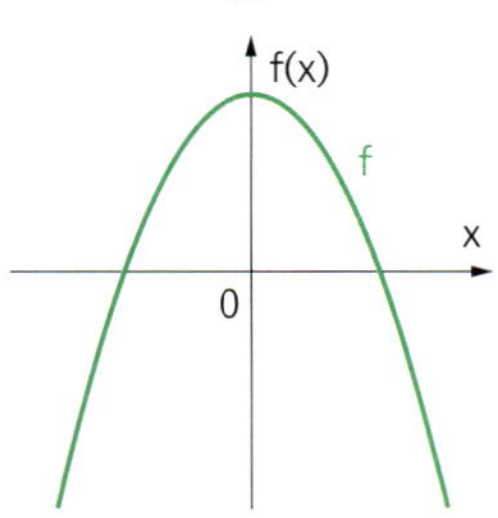

B

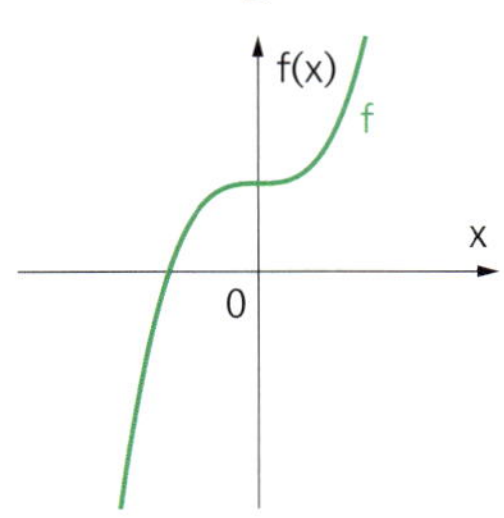

C

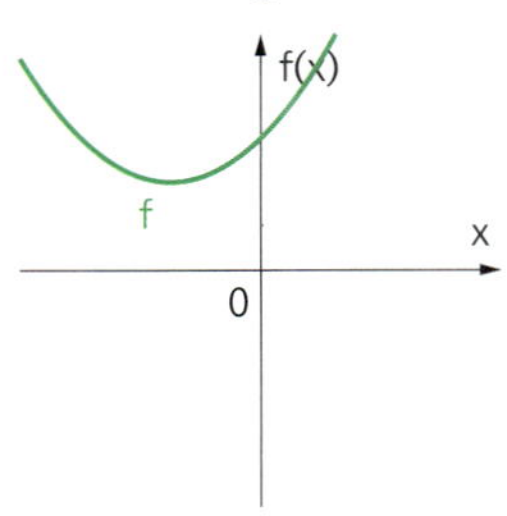

D

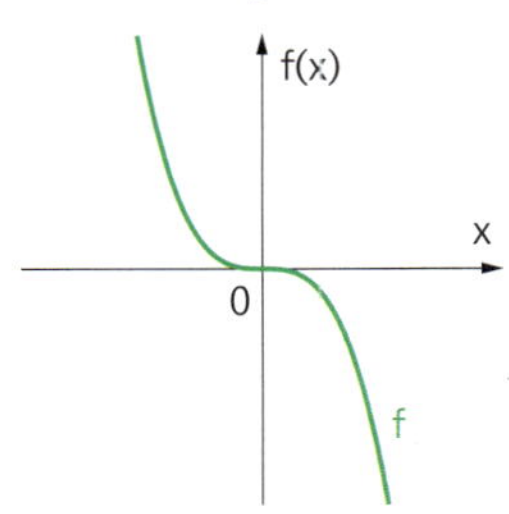

Aufgabenstellung:
Ordnen Sie jedem Graphen eine passende Termdarstellung mit $a, b, c > 0$ zu!

_______ $f(x) = -ax^3$ _______ $f(x) = ax^3 + b$ _______ $f(x) = ax^3 - b$

_______ $f(x) = ax^2 + b$ _______ $f(x) = -ax^2 + b$ _______ $f(x) = a \cdot (x + b)^2 + c$

2.25 **Graph und Termdarstellung 2**
Der Graph der Funktion $f: \mathbb{R}_0^+ \to \mathbb{R}$ ist in einem Koordinatensystem dargestellt, dessen 2. Achse eine logarithmische Skala aufweist.

Aufgabenstellung:
Kreuzen Sie die korrekte Termdarstellung von f an!

$f(x) = 10000 \cdot x$	☐
$f(x) = 10 \cdot x$	☐
$f(x) = {}^{10}\log x$	☐
$f(x) = \frac{10}{x}$	☐
$f(x) = 10^x$	☐
$f(x) = x^{10}$	☐

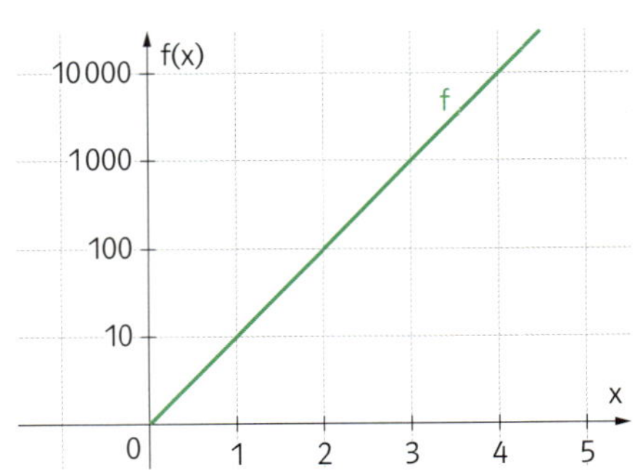

2.26 Eigenschaften von Funktionstypen

Gegeben sind zwei Funktionstypen.

Aufgabenstellung:

Ordnen Sie durch Ankreuzen jedem Funktionstyp in der linken Tabelle die zutreffende Eigenschaft aus der rechten Tabelle zu!

$f(x) = a \cdot x + c \ \ (a, c \in \mathbb{R})$	C
$f(x) = c \cdot a^x \ \ (c \in \mathbb{R}^*, a \in \mathbb{R}^+)$	D

A	$f(x + 1) = f(x) + c$
B	$f(x + 1) = c \cdot f(x)$
C	$f(x + 1) = f(x) + a$
D	$f(x + 1) = a \cdot f(x)$

2.27 Eigenschaften spezieller Funktionen 1

Gegeben sind fünf Funktionen f_1, f_2, f_3, f_4 und f_5 jeweils in ihrem größtmöglichen Definitionsbereich.

Aufgabenstellung:

Ordnen Sie jeder Funktion durch Ankreuzen die passenden Eigenschaften zu!

	$f_1(x) = x + 3$	[illegible]	$f_3(x) = \sqrt{x}$	$f_4(x) = e^{-x}$	$f_5(x) = \sin(2x)$
in ganz $\mathbb{R}$ definiert	☐	☐	☐	☐	☐
periodisch	☐	☐	☐	☐	☐
streng monoton steigend in $\mathbb{R}^+$	☐	☐	☐	☐	☐
streng monoton fallend in $\mathbb{R}^+$	☐	☐	☐	☐	☐
nur positive Funktionswerte	☐	☐	☐	☐	☐

2.28 Eigenschaften spezieller Funktionen 2

Gegeben sind drei Funktionsgleichungen.

Aufgabenstellung:

Ordnen Sie den gegebenen Funktionsgleichungen durch Ankreuzen die zutreffenden Aussagen zu!

	$y = \frac{2}{x}$	$y = \frac{2}{x^2}$	$y = 2x + 3$
Wird x um 1 vermehrt, wächst y um 2.	☐	☐	☐
Wird x um 1 vermehrt, wächst y um 3.	☐	☐	☐
Wird x verdoppelt, verdoppelt sich y.	☐	☐	☐
Wird x verdoppelt, halbiert sich y.	☐	☐	☐
Wird x verdoppelt, wird y geviertelt.	☐	☐	☐
Wird x um 2 vermindert, vermindert sich y um 4.	☐	☐	☐
Wird x halbiert, vervierfacht sich y.	☐	☐	☐
Zwischen x und y besteht ein linearer Zusammenhang.	☐	☐	☐

Lineare Funktion $f(x) = k \cdot x + d$

■ FA 2.1 **Verbal, tabellarisch, grafisch oder durch eine Gleichung (Formel) gegebene lineare Zusammenhänge als lineare Funktionen erkennen bzw. betrachten können; zwischen diesen Darstellungsformen wechseln können.**

2.29 Lineare Funktion 1

Gegeben sind lineare Funktionen f mit $f(x) = k \cdot x + d \ (k, d \in \mathbb{R})$.

Aufgabenstellung:

Gibt es eine lineare Funktion dieser Form, die keine Nullstelle hat? Begründen Sie die Antwort!

2.30 Lineare Funktion 2

Gegeben ist ein Ausschnitt der Wertetabelle einer reellen Funktion f.

x	f(x)
−1	−3
2	3
6	10

Aufgabenstellung:

Kann es sich bei f um eine lineare Funktion handeln? Begründen Sie die Antwort!

2.31 Lineare Funktion 3

Eine lineare Funktion f mit $f(x) = k \cdot x + d$ ist durch die Angabe von k und d festgelegt.

Aufgabenstellung:

Zeichnen Sie den Graphen einer linearen Funktion f mit $-3 < k < -1$ und $d > 1$ in das Koordinatensystem ein!

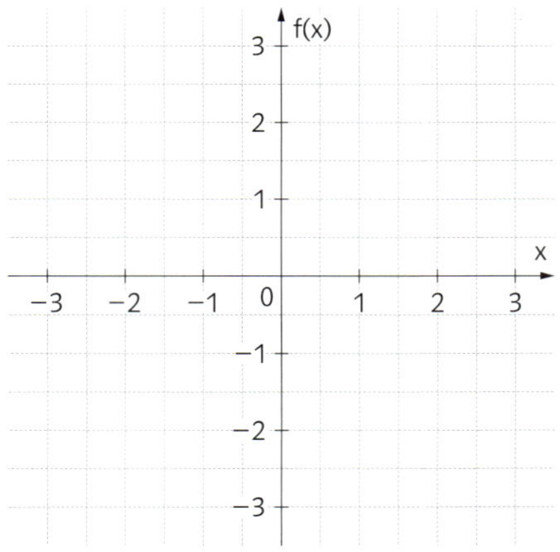

■ FA 2.2 **Aus Tabellen, Graphen und Gleichungen linearer Funktionen Werte(paare) sowie die Parameter k und d ermitteln und im Kontext deuten können.**

2.32 Termdarstellung gesucht

Gegeben ist der Graph einer Funktion f mit $f(x) = k \cdot x + d$ und $k, d \in \mathbb{R}$.

Aufgabenstellung:

Lesen Sie k und d ab und geben Sie eine Termdarstellung der Funktion f an!

f(x) = ____________________

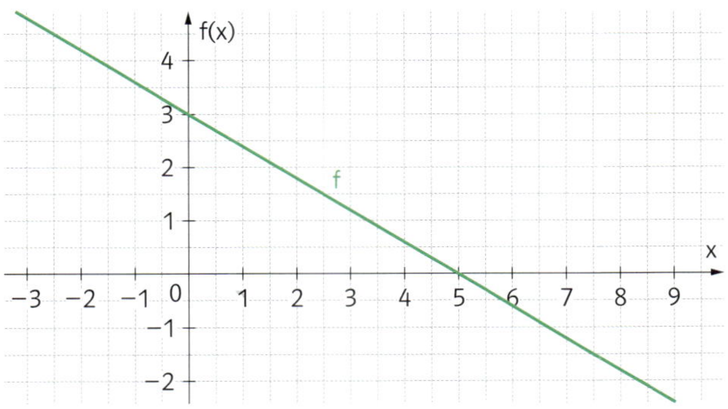

2.33 Geraden

Die Abbildung zeigt drei Geraden mit folgenden Gleichungen:

g_1: $y = k_1 \cdot x + d_1$

g_2: $y = k_2 \cdot x + d_2$

g_3: $y = k_3 \cdot x + d_3$

Aufgabenstellung:

Kreuzen Sie die beiden zutreffenden Aussagen an!

$k_1 = d_1$	☐
$d_1 = d_2$	☐
$k_1 = k_3$	☐
$k_2 = -\frac{1}{k_1}$	☐
$d_3 > d_2$	☐

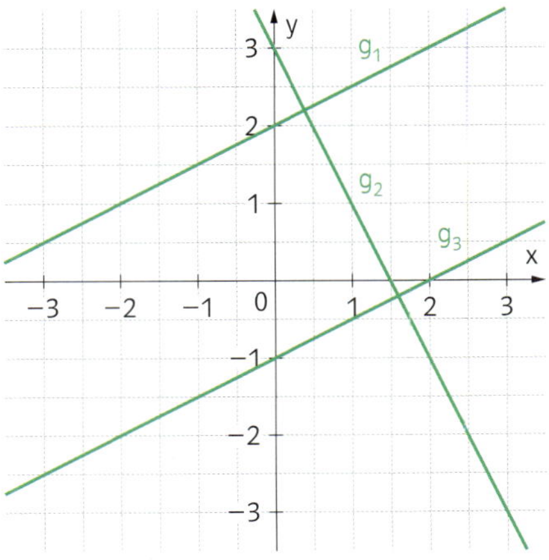

2.34 Steigungsdreiecke

Gegeben sind Ausschnitte der Graphen von vier linearen Funktionen f_1, f_2, f_3 und f_4.

Aufgabenstellung:

Entnehmen Sie anhand der eingezeichneten Steigungsdreiecke die Steigungen k_1, k_2, k_3 und k_4 der Graphen!

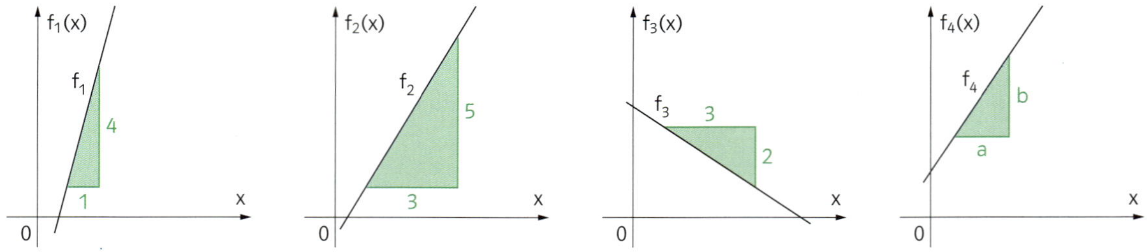

$k_1 =$ ________ $k_2 =$ ________ $k_3 =$ ________ $k_4 =$ ________

2.35 Lineare Funktionen mit vorgegebener Steigung

Gegeben sind fünf lineare Funktionen in unterschiedlichen Darstellungen.

Aufgabenstellung:

Kreuzen Sie jene beiden Funktionsdarstellungen an, bei denen die Steigung den Wert 3 hat!

$f_1: x \mapsto 3 \cdot (x + 5)$ ☐

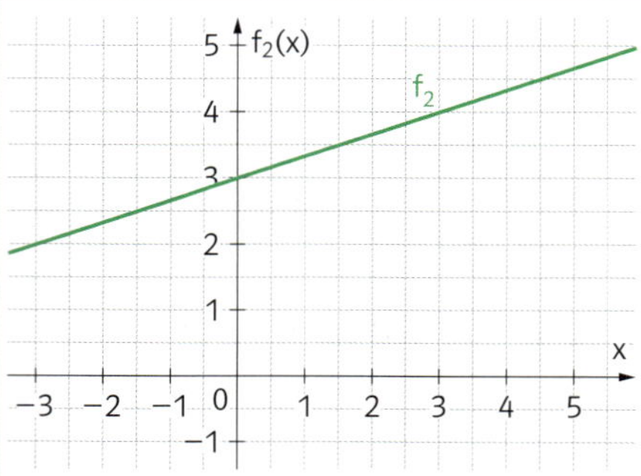

☐

x	$f_3(x)$
−4	−16
−1	−7
1	−1
5	11

☐

$f_4(x) = 3 - 4x$ ☐

x	$f_5(x)$
−1	4
0	6
2	10
5	16

☐

2.36 Implizite Funktionsgleichung

Eine Funktion kann durch eine Funktionsgleichung angegeben werden.

Aufgabenstellung:

Kreuzen Sie an, welche Gleichungen eine Funktion $f: \mathbb{R} \to \mathbb{R}$ mit $x \mapsto y$ festlegen!

$2x - 3y = 1$	$2x^2 - 3y = 1$	$2x - 3y^2 = 1$	$5(x + y) = 1$	$x(5 + y) = 1$
☐	☐	☐	☐	☐

■ FA 2.3 **Die Wirkung der Parameter k und d kennen und die Parameter in unterschiedlichen Kontexten deuten können.**

2.37 Graphen linearer Funktionen

Gegeben sind die Graphen der Funktionen f und g mit $f(x) = k \cdot x + d$ und $g(x) = m \cdot x + b$.

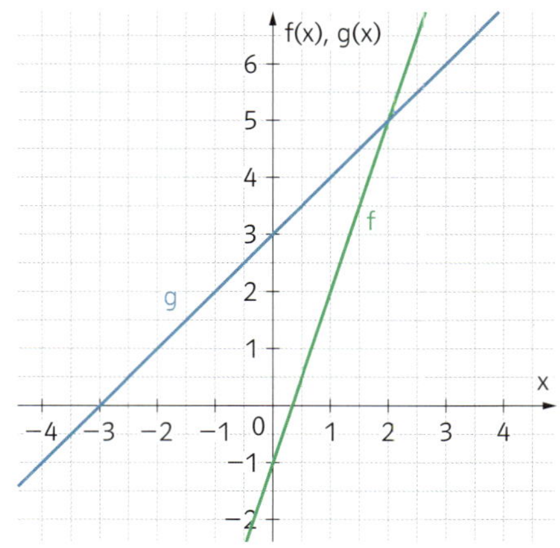

Aufgabenstellung:

Kreuzen Sie an, was zutrifft!

$d = 3$	☐
$m = 1$	☐
$b < d$	☐
$k = b$	☐
$m < k$	☐

2.38 Punkte auf dem Graphen einer linearen Funktion

Gegeben ist die Funktion f mit $f(x) = -x + 1$. Auf dem Graphen der Funktion liegen die Punkte $P = (p_1 \mid p_2)$ und $Q = (q_1 \mid q_2)$.

Aufgabenstellung:

Ergänzen Sie durch Ankreuzen den folgenden Text so, dass eine korrekte Aussage entsteht!

Ist $p_1 < q_1$, dann ist ______①______, da ______②______.

①	
$p_2 < q_2$	☐
$p_2 = q_2$	☐
$p_2 > q_2$	☒

②	
f streng monoton fallend ist und somit für $p_1 < q_1$ gilt: $f(p_1) > f(q_1)$	☒
f streng monoton steigend ist und somit für $p_1 < q_1$ gilt: $f(p_1) < f(q_1)$	☐
f konstant ist und somit für $p_1 < q_1$ gilt: $f(p_1) = f(q_1)$	☐

2.39 Veränderung von k und d

Der Graph einer linearen Funktion f mit $f(x) = k \cdot x + d$ wird verändert.

Aufgabenstellung:

Ordnen Sie jeder Veränderung des Graphen von f zu, was dabei mit k und d passiert!

Der Graph von f wird in Richtung der positiven 2. Achse verschoben.	
Der Graph von f dreht sich entgegen dem Uhrzeigersinn und der Schnittpunkt mit der 2. Achse verschiebt sich in Richtung der positiven 2. Achse.	
Der Graph von f dreht sich entgegen dem Uhrzeigersinn um den Punkt $(0 \mid d)$.	

A	d wächst und k bleibt gleich.
B	k wächst und d bleibt gleich.
C	k wächst und d nimmt ab.
D	k und d wachsen beide.

2.40 Füllen eines Aquariums

Ein Aquarium wird mit Wasser gefüllt. Für das Volumen V (in Liter) des zum Zeitpunkt t (in Minuten) im Aquarium befindlichen Wassers gilt: $V(t) = k \cdot t + d$ mit $k, d \in \mathbb{R}^+$

Aufgabenstellung:

Geben Sie an, welche inhaltliche Bedeutung die Parameter k und d haben!

k bedeutet: ______________________________

d bedeutet: ______________________________

■ FA 2.4 Charakteristische Eigenschaften kennen und im Kontext deuten können: $f(x+1) = f(x) + k$; $\frac{f(z) - f(x)}{z - x} = k$

2.41 Eigenschaften linearer Funktionen 1

Gegeben ist eine lineare Funktion f mit $f(x) = k \cdot x + d$ ($k, d \in \mathbb{R}$).

Aufgabenstellung:

Kreuzen Sie jene beiden Gleichungen an, die für alle $k, d \in \mathbb{R}$ und alle $x \in \mathbb{R}$ zutreffen!

$f(0) = 0$	☐
$f(1) = k$	☐
$\frac{f(4) - f(2)}{2} = k$	☐
$f(x - 1) = f(x) - k$	☐
$f(3 \cdot x) = 3 \cdot f(x)$	☐

2.42 Eigenschaften linearer Funktionen 2

Gegeben ist eine lineare Funktion f mit $f(x) = k \cdot x + d$ ($k, d \in \mathbb{R}$).

Aufgabenstellung:

Kreuzen Sie jene beiden Gleichungen an, die für alle $k, d \in \mathbb{R}$ und alle $x, y \in \mathbb{R}$ zutreffen!

$f(0) = d$	☐
$f(x + y) = f(x) + f(y)$	☐
$f(x + y) = f(x) \cdot f(y)$	☐
$f(x \cdot y) = f(x) \cdot f(y)$	☐
$f(1) = k + d$	☐

■ FA 2.5 Die Angemessenheit einer Beschreibung mittels linearer Funktionen bewerten können.

2.43 Lineare Modellierung

Gegeben sind die folgenden Sachverhalte.

Aufgabenstellung:

Kreuzen Sie an, welche dieser Sachverhalte sich (zumindest annähernd) durch eine lineare Funktion modellieren lassen!

der Flächeninhalt einer Bakterienkultur in einer Kulturschale in Abhängigkeit von der Zeit	☐
der zurückgelegte Weg eines Körpers in Abhängigkeit von der Zeit bei konstanter Geschwindigkeit	☐
die gewonnene Zuckermenge in Abhängigkeit von der Zuckerrübenerntemenge	☐
der Flächeninhalt eines gleichseitigen Dreiecks in Abhängigkeit von der Seitenlänge	☐
das Gewicht eines 2 mm dicken Eisendrahtes in Abhängigkeit von seiner Länge	☐

■ FA 2.6 Direkte Proportionalität als lineare Funktion vom Typ $f(x) = k \cdot x$ beschreiben können.

2.44 Direkte Proportionalität

In Anwendungssituationen sucht man häufig nach direkten Proportionalitäten.

Aufgabenstellung:

Kreuzen Sie an, welche beiden Sachverhalte sich (zumindest annähernd) durch direkte Proportionalitätsfunktionen der Form $f: x \mapsto k \cdot x$ mit $k \in \mathbb{R}^+$ beschreiben lassen!

In einem Treibstofftank sind 10 l Diesel. Pro Minute werden 20 l nachgefüllt. Es sei x die Tankdauer und f(x) das Volumen des Treibstoffs im Tank nach der Tankdauer x.	☐
Die Dichte eines Körpers stellt den Zusammenhang zwischen Volumen und Masse des Körpers her. Es sei x das Volumen und f(x) die Masse des Körpers mit dem Volumen x.	☐
Eine Bank gewährt für ein Kapitalsparbuch bei einmaliger Einlage einen effektiven Zinssatz von 2 %. Es sei x die Verzinsungsdauer in Jahren und f(x) die Höhe des Kapitals nach x Jahren.	☐
Dem Flächeninhalt eines Quadrats wird dessen Seitenlänge zugeordnet. Es sei x der Flächeninhalt und f(x) die dem Flächeninhalt x zugeordnete Seitenlänge.	☐
Vor der Einführung des Euro wurde ein fixer Umrechnungskurs zwischen Schilling und Euro festgelegt. Es sei x der Betrag in Schilling und f(x) der zugehörige Betrag in Euro.	☐

Potenzfunktion $f(x) = a \cdot x^z$ bzw. Funktion $f(x) = a \cdot x^z + b$ mit $z \in Z$ oder $z = \frac{1}{2}$

■ FA 3.1 Verbal, tabellarisch, grafisch oder durch eine Gleichung (Formel) gegebene Zusammenhänge dieser Art als entsprechende Potenzfunktionen erkennen bzw. betrachten können; zwischen diesen Darstellungsformen wechseln können.

2.45 Quadratische Funktionen

Gegeben sind die folgenden Graphen.

A
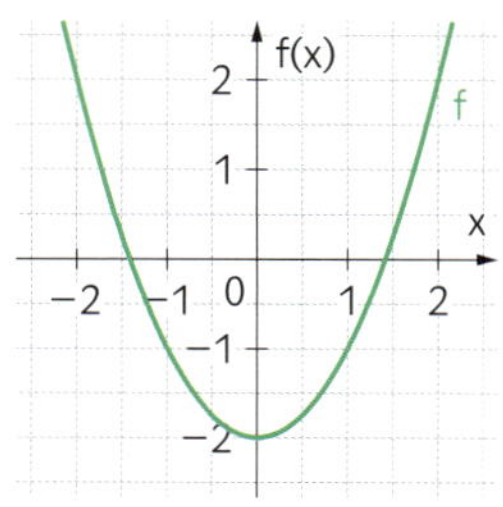

B
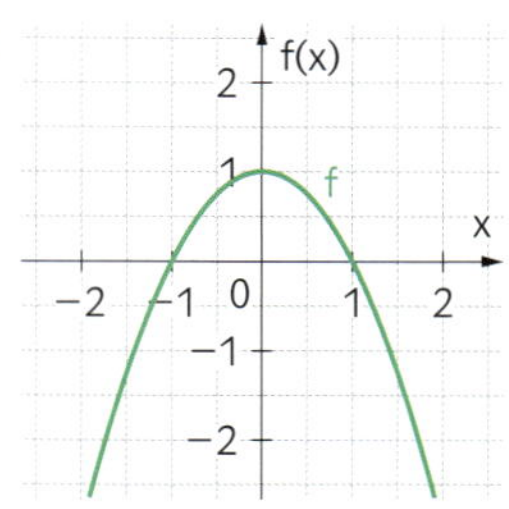

C
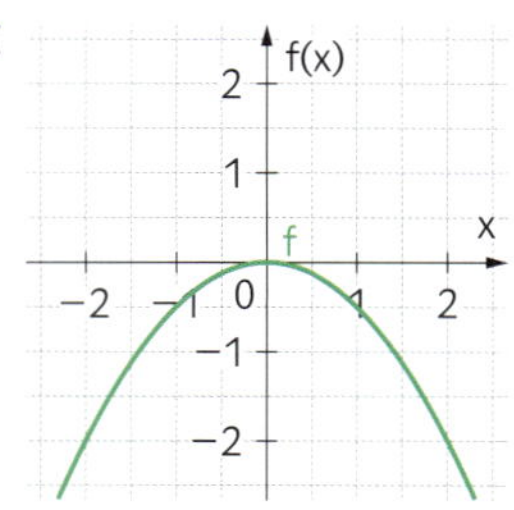

Aufgabenstellung:

Geben Sie an, welcher Graph zu welcher Termdarstellung gehört!

$f(x) = \frac{1}{2}x^2$ $f(x) = x^2 - 2$ $f(x) = -x^2 + 1$ $f(x) = -\frac{1}{2}x^2 + 2$ $f(x) = -\frac{1}{2}x^2$

2.46 Wurzelfunktion

Dem Flächeninhalt A eines Quadrats wird dessen Seitenlänge a zugeordnet.

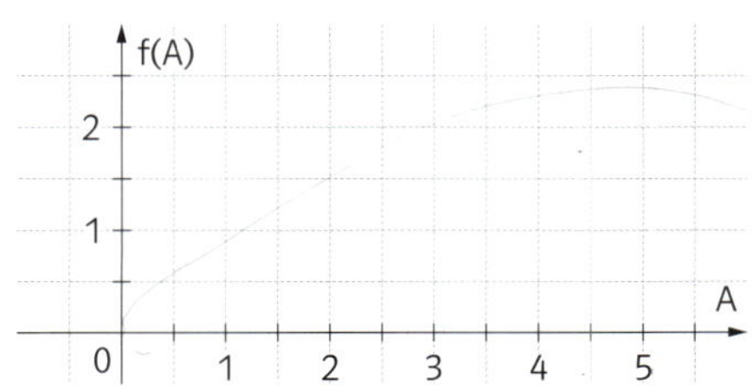

Aufgabenstellung:

Ist die Funktion f: A ↦ a eine Potenzfunktion?
Wenn ja, geben Sie eine Termdarstellung von f an und zeichnen Sie den Graphen im Intervall]0; 4]!

2.47 Nullstellen einer Potenzfunktion

Gegeben sind die Funktionen f mit $f(x) = x^n + 1$ mit $n \in \mathbb{N}$.

Aufgabenstellung:

Kreuzen Sie an, für welche n eine solche Funktion genau eine Nullstelle hat!

☐ $n = 0$ ☐ $n = 1$ ☐ $n = 2$ ☐ $n = 3$ ☐ $n = 4$

2.48 Graph und Termdarstellung

Gegeben sind vier Graphen quadratischer Funktionen f_1, f_2, f_3 und f_4.

Aufgabenstellung:

Fügen Sie in die Termdarstellungen die Indizes so ein, dass sie zum jeweiligen Graphen passen!

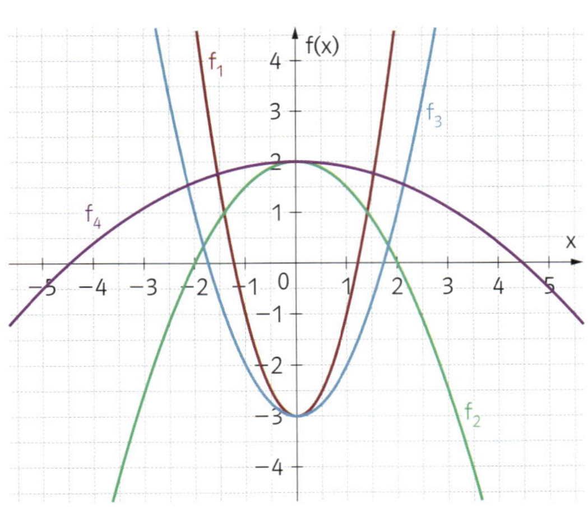

$f\_\_(x) = x^2 - 3$

$f\_\_(x) = 2x^2 - 3$

$f\_\_(x) = -0{,}1x^2 + 2$

$f\_\_(x) = -0{,}5x^2 + 2$

■ FA 3.2 Aus Tabellen, Graphen und Gleichungen von Potenzfunktionen Werte(paare) sowie die Parameter a und b ermitteln und im Kontext deuten können.

2.49 Parameter gesucht 1

Gegeben ist der nebenstehend abgebildete Graph einer Funktion f mit $f(x) = a \cdot x^2 + b$ und $a, b \in \mathbb{R}$.

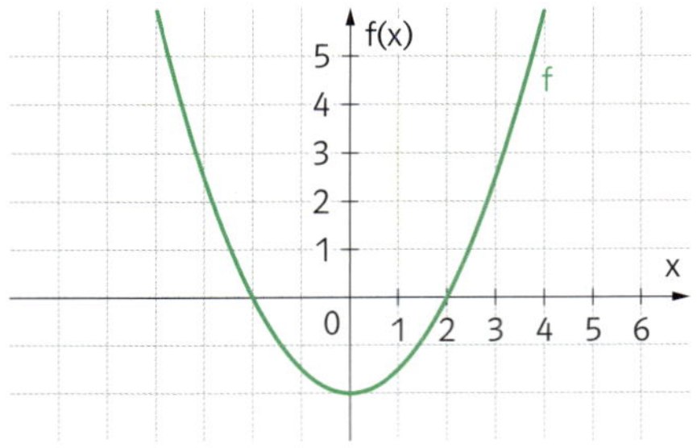

Aufgabenstellung:

Ermitteln Sie die Parameter a und b mit Hilfe des Graphen!

a = ____________ b = ____________

2.50 Parameter gesucht 2

Von einer reellen Funktion f mit $f(x) = a \cdot x^2 + b$ kennt man die Werte in der nebenstehenden Tabelle.

x	f(x)
0	2
1	5

Aufgabenstellung:

Ermitteln Sie die Parameter a und b und geben Sie eine Termdarstellung der Funktion f an!

f(x) = $3 \cdot x^2 + 2$

2.51 Parameter gesucht 3

Gegeben ist der nebenstehend abgebildete Graph einer Funktion f mit $f(x) = a \cdot x^{-2} + b$ ($a, b \in \mathbb{R}$, $x \in \mathbb{R}^*$).

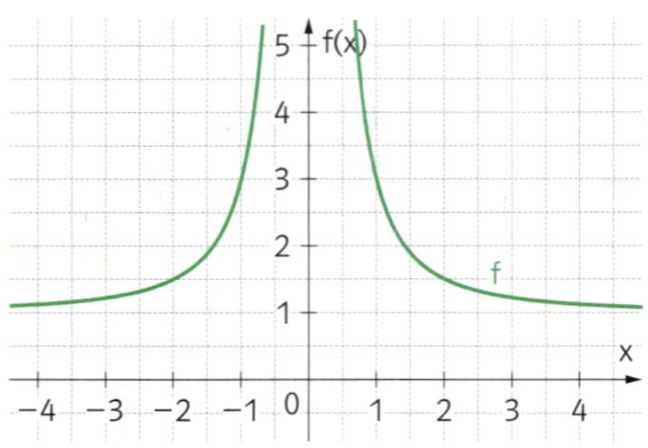

Aufgabenstellung:

Ermitteln Sie die Parameter a und b anhand des Graphen!

a = ____________

b = ____________

■ FA 3.3 Die Wirkung der Parameter a und b kennen und die Parameter im Kontext deuten können.

2.52 Nullstellen einer quadratischen Funktion

Gegeben ist eine Funktion f mit $f(x) = a \cdot x^2 + b$ mit $a, b \in \mathbb{R}$ und $a \neq 0$.

Aufgabenstellung:

Kreuzen Sie alle zutreffenden Aussagen an!

Für $a < 0$ und $b = 0$ hat f genau eine reelle Nullstelle.	☐
Für $a < 0$ und $b < 0$ hat f keine reelle Nullstelle.	☐
Für $a > 0$ und $b > 0$ hat f genau zwei reelle Nullstellen.	☐
Für $a > 0$ und $b = 0$ hat f genau eine reelle Nullstelle.	☐
Für $a > 0$ und $b < 0$ hat f genau zwei reelle Nullstellen.	☐

2.53 Graphen zweier quadratischer Funktionen

In der Abbildung ist der Graph einer Funktion f mit $f(x) = a \cdot x^2 + b$ mit $a, b \in \mathbb{R}^*$ dargestellt.
Für eine zweite Funktion g gilt $g(x) = c \cdot x^2 + d$ mit $c, d \in \mathbb{R}^*$, $c < a$ und $d > b$.

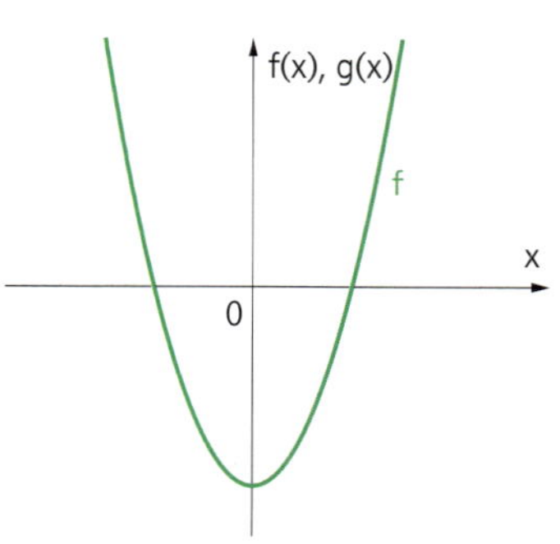

Aufgabenstellung:

Zeichnen Sie einen möglichen Verlauf des Graphen von g in die Abbildung ein!

■ FA 3.4 Indirekte Proportionalität als Potenzfunktion vom Typ $f(x) = \frac{a}{x} = a \cdot x^{-1}$ beschreiben können.

2.54 Open Air

Für ein Open Air wird eine Band engagiert, die für ihren Auftritt 5000€ verlangt. Dieser Betrag wird gleichmäßig auf die n Besucher aufgeteilt. Es sei B(n) der Betrag, den jeder der n Besucher zahlen muss.

Aufgabenstellung:

Geben Sie eine Formel für B(n) an und stellen Sie fest, ob B(n) zu n direkt oder indirekt proportional ist!

$B(n) = \frac{5000}{n}$ B(n) ist zu n indirekt proportional.

2.55 Direkte und indirekte Proportionalität

Gegeben sind zwei zueinander proportionale Größen x und y.

Aufgabenstellung:

Ordnen Sie jeder Art der Proportionalität zu, was mit y bei Verdopplung von x passiert!

y ist zu x direkt proportional.	
y ist zu x indirekt proportional.	
y ist zum Quadrat von x direkt proportional.	
y ist zum Quadrat von x indirekt proportional	

A	Wird x verdoppelt, wird y geviertelt.
B	Wird x verdoppelt, vervierfacht sich y.
C	Wird x verdoppelt, wird y halbiert.
D	Wird x verdoppelt, verdoppelt sich y.
E	Wird x verdoppelt, bleibt y gleich.

Polynomfunktion $f(x) = \sum_{i=0}^{n} a_i \cdot x^i$ mit $n \in \mathbb{N}$

■ FA 4.1 Typische Verläufe von Graphen in Abhängigkeit vom Grad der Polynomfunktion (er)kennen.

2.56 Grad einer Polynomfunktion

Der typische Verlauf einer Polynomfunktion hängt von deren Grad ab.

Aufgabenstellung:

Skizzieren Sie in den folgenden Koordinatensystemen jeweils einen typischen Verlauf einer Polynomfunktion vom angegebenen Grad!

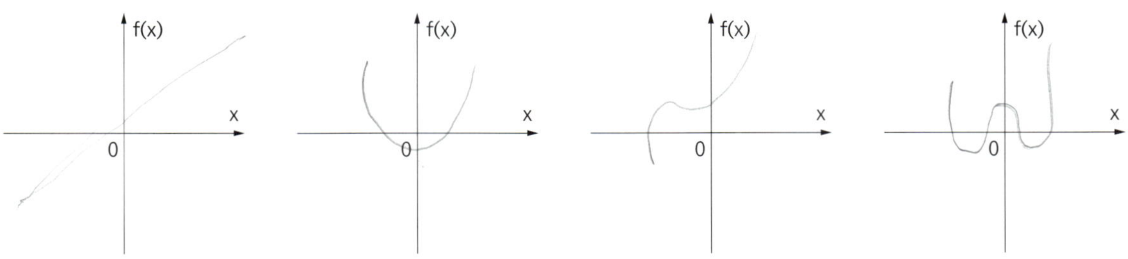

Grad 1 Grad 2 Grad 3 Grad 4

2.57 Graph einer Polynomfunktion

Gegeben ist eine Polynomfunktion f vom Grad n mit $n > 2$.

Aufgabenstellung:

Kreuzen Sie die beiden zutreffenden Aussagen an!

Der Graph von f ist durch n Punkte festgelegt.	☐
Der Graph von f hat höchstens n Nullstellen.	☐
Der Graph von f hat höchstens $n - 2$ lokale Extremstellen.	☐
Der Graph von f hat höchstens $n - 2$ Wendestellen.	☐
Der Graph von f hat sicher eine lokale Minimumstelle.	☐

■ FA 4.2 Zwischen tabellarischen und grafischen Darstellungen von Zusammenhängen dieser Art wechseln können.

2.58 Tabelle und Graph

Gegeben sind vier Ausschnitte von Wertetabellen sowie vier Graphen von Funktionen.

Aufgabenstellung:

Ordnen Sie jedem Graphen die passende Tabelle zu!

A

x	$f_1(x)$
−1	−1
0	0
1	1

B

x	$f_2(x)$
−1	1
0	1
1	1

C

x	$f_3(x)$
−1	−1
0	1
1	−1

D

x	$f_4(x)$
−1	1
0	0
1	−1

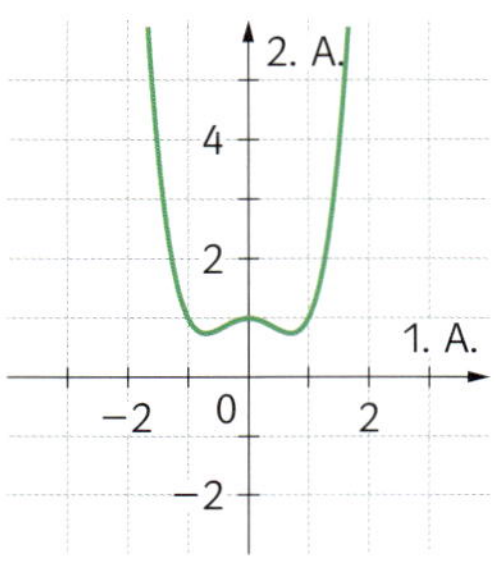

Tabelle: ______

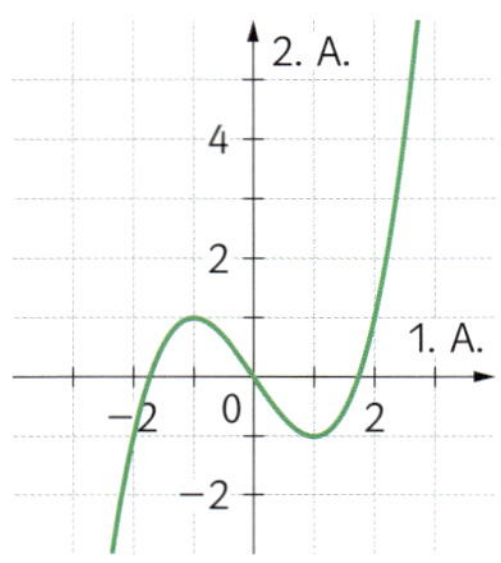

Tabelle: ______

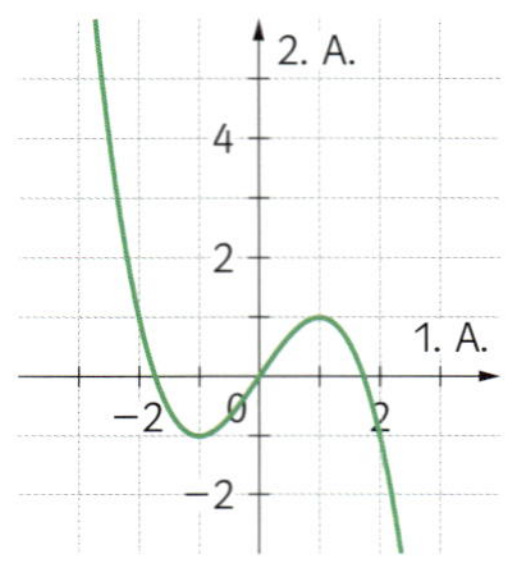

Tabelle: ______

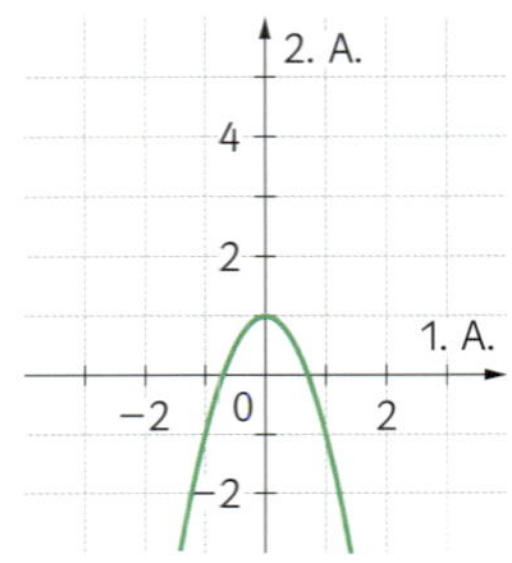

Tabelle: ______

■ FA 4.3 Aus Tabellen, Graphen und Gleichungen von Polynomfunktionen Funktionswerte, aus Tabellen und Graphen sowie aus einer quadratischen Funktionsgleichung Argumentwerte ermitteln können.

2.59 Funktionswerte ermitteln

Gegeben ist der nebenstehend abgebildete Graph einer Polynomfunktion $f: x \mapsto f(x)$.

Aufgabenstellung:

Geben Sie an, für welche x aus dem dargestellten Bereich $f(x-1) = 3$ gilt!

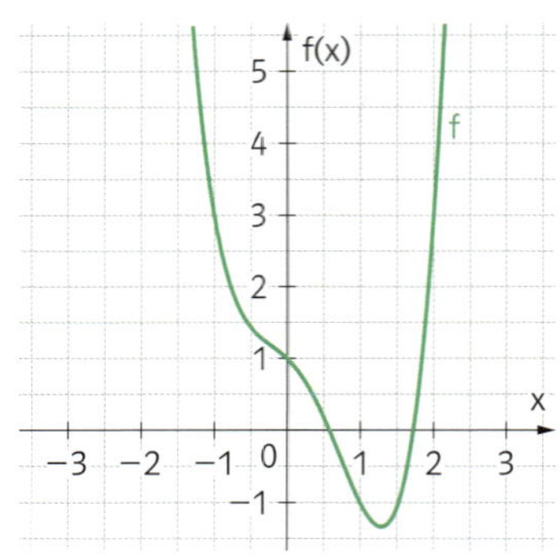

2.60 Speerwurf

In der Abbildung ist die Flughöhe h(x) eines Speers (gemessen an seiner Spitze) in Abhängigkeit von der Horizontalentfernung x vom Abwurfort dargestellt. Die Flughöhe kann näherungsweise durch die Gleichung

$h(x) = -0{,}02 \cdot x^2 + 0{,}8 \cdot x + 1{,}8$ beschrieben werden.

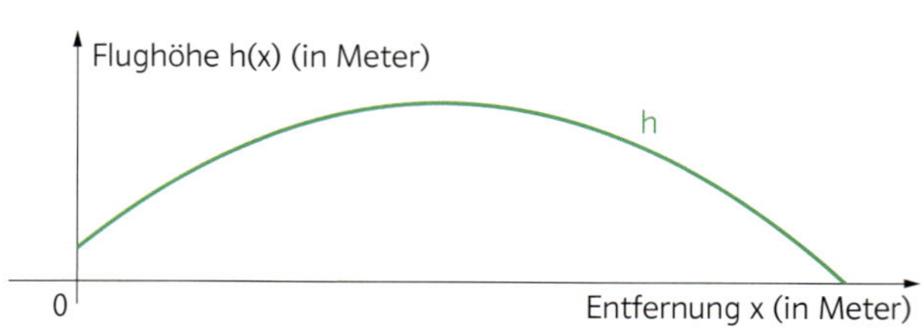

Aufgabenstellung:

Geben Sie an, was h(0) bedeutet und wie weit der Speer ungefähr fliegt! Runden Sie auf Dezimeter!

h(0) bedeutet: ______________________________

Der Speer fliegt ca. __________ m weit.

■ FA 4.4 Den Zusammenhang zwischen dem Grad der Polynomfunktion und der Anzahl der Null-, Extrem- und Wendestellen wissen.

2.61 Polynomfunktion vom Grad 3

Gegeben ist eine Polynomfunktion f mit $f(x) = a \cdot x^3 + b \cdot x^2 + c$ (mit $a, b, c \in \mathbb{R}$ und $a \neq 0$).

Aufgabenstellung:

Kreuzen Sie die beiden Aussagen an, die für jede Polynomfunktion dieser Art zutreffen!

f besitzt 3 Nullstellen.	☐
f besitzt eine lokale Minimumstelle und eine lokale Maximumstelle.	☐
f besitzt 1 Wendestelle.	☐
f besitzt keine lokale Extremstelle oder 2 lokale Extremstellen.	☐
f besitzt mehr lokale Extremstellen als Wendestellen.	☐

2.62 Polynomfunktionen ohne Nullstellen

Gegeben sind fünf Polynomfunktionen f_1, f_2, f_3, f_4 und f_5.

Aufgabenstellung:

Kreuzen Sie an, welche beiden Funktionen keine Nullstelle haben!

f_1 mit $f_1(x) = x^2 + 5$	☐
f_2 mit $f_2(x) = -x^3 + 1$	☐
f_3 mit $f_3(x) = x - 2$	☐
f_4 mit $f_4(x) = -x^2 + 4$	☐
f_5 mit $f_5(x) = x^4 + 3$	☐

Exponentialfunktion $f(x) = c \cdot a^x$ bzw. $f(x) = c \cdot e^{\lambda \cdot x}$ mit $c, a \in \mathbb{R}^+, \lambda \in \mathbb{R}$

■ FA 5.1 Verbal, tabellarisch, grafisch oder durch eine Gleichung (Formel) gegebene exponentielle Zusammenhänge als Exponentialfunktionen erkennen bzw. betrachten können; zwischen diesen Darstellungsformen wechseln können.

2.63 Parameter einer Exponentialfunktion

Gegeben ist der Graph einer Exponentialfunktion f mit $f(x) = c \cdot a^x$ (mit $c, a \in \mathbb{R}^+$).

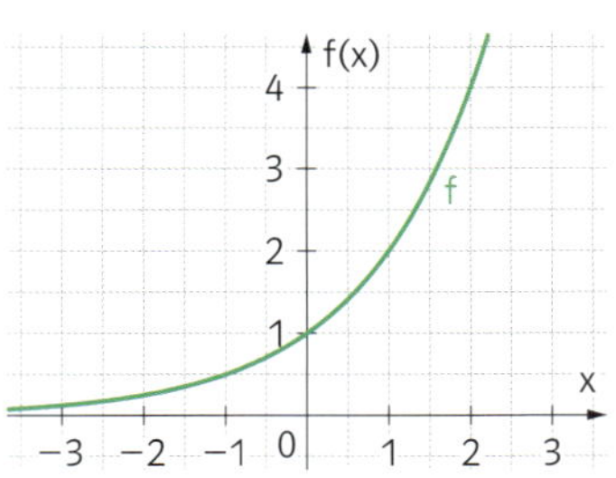

Aufgabenstellung:

Ermitteln Sie die Werte der Parameter c und a!

c = ____________ a = ____________

2.64 Gleichung einer Exponentialfunktion

In der Tabelle sind einige Werte einer Exponentialfunktion f mit $f(x) = c \cdot a^x$ ($c, a \in \mathbb{R}^+$) angegeben.

x	f(x)
−1	0,5
0	2
1	8
2	32

Aufgabenstellung:

Geben Sie eine Gleichung dieser Funktion an: y = ____________

2.65 Bakterienwachstum

Der Flächeninhalt A(t) einer Bakterienkultur nimmt mit der Zeit t (in Stunden) exponentiell zu. Am Anfang beträgt er ca. $2\,cm^2$. Pro Stunde vergrößert er sich um ca. 5,5 %.

Aufgabenstellung:

Drücken Sie A(t) durch t aus und berechnen Sie A(24)! A(t) = ____________ A(24) ≈ ____________

2.66 Abnahme einer Giftmenge

Ein Gewässer wurde mit einem Gift verseucht, das annähernd exponentiell abgebaut wird.
Für die nach t Jahren noch vorhandene Giftmenge N(t) (in mg/l) gilt näherungsweise: $N(t) = 6 \cdot 0{,}5^t$.

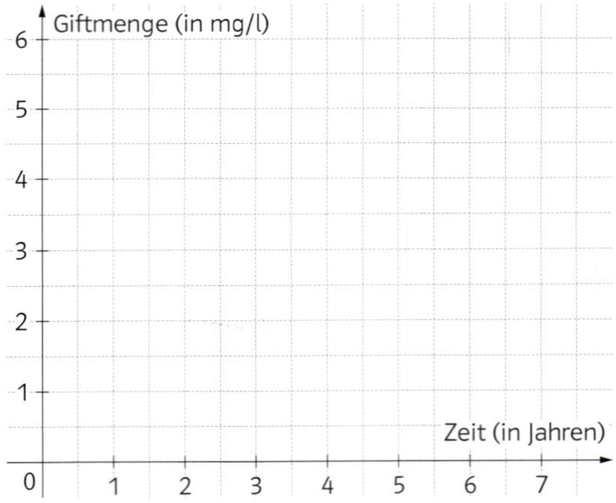

Aufgabenstellung:
Stellen Sie den Abnahmeprozess im Koordinatensystem dar!

2.67 Graph einer Exponentialfunktion

Gegeben sind die folgenden vier Graphen.

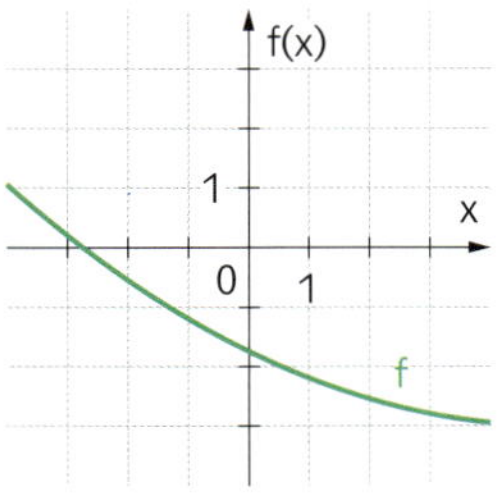

☐

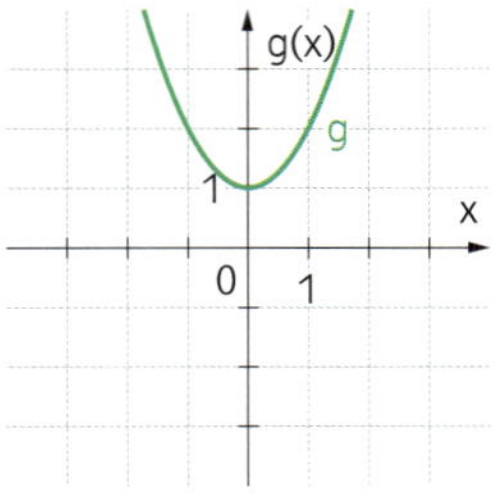

☐

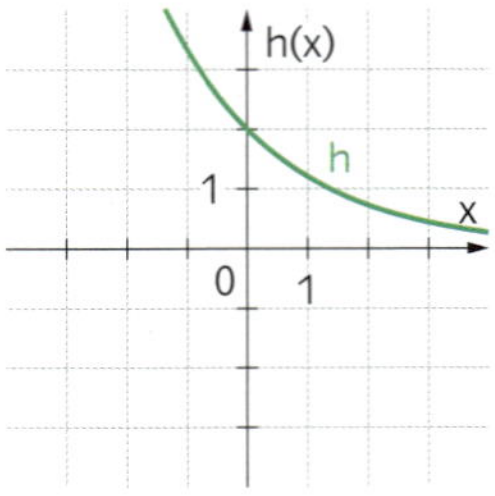

☐

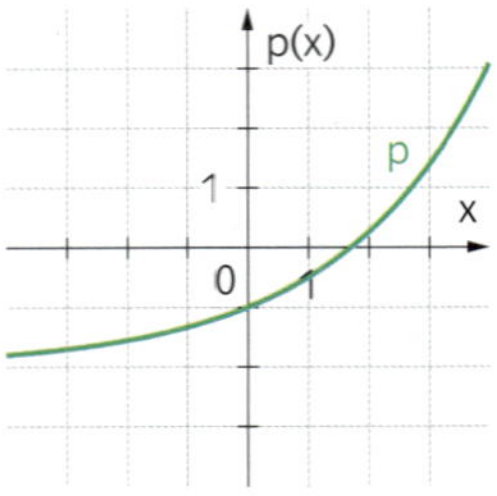

☐

Aufgabenstellung:
Nur einer dieser Graphen kann eine Exponentialfunktion darstellen. Kreuzen Sie diesen an!

■ FA 5.2 **Aus Tabellen, Graphen und Gleichungen von Exponentialfunktionen Werte(paare) ermitteln und im Kontext deuten können.**

2.68 Zinseszinsen

Ein Anfangskapital K_0 wird 5 Jahre lang mit einem jährlichen effektiven Zinssatz von p % angelegt.
Die Tabelle zeigt jeweils den Wert K_n des Kapitals am Ende des n-ten Jahres.

Jahr n	1	2	3	4	5
Kapital (in Euro)	1530,00	1560,60	1591,81	1623,65	1656,12

Aufgabenstellung:
Geben Sie das Anfangskapital K_0 und den Zinssatz p % an!

K_0 = ________________ Zinssatz = ________________ %

2.69 Luftdruck

Der Luftdruck wird in hPa (Hektopascal) gemessen.
Am Meeresniveau liegt er knapp über 1000 hPa.
Darüber nimmt er mit der Höhe exponentiell ab.
Die Abnahme kann dem nebenstehenden Graphen entnommen werden.

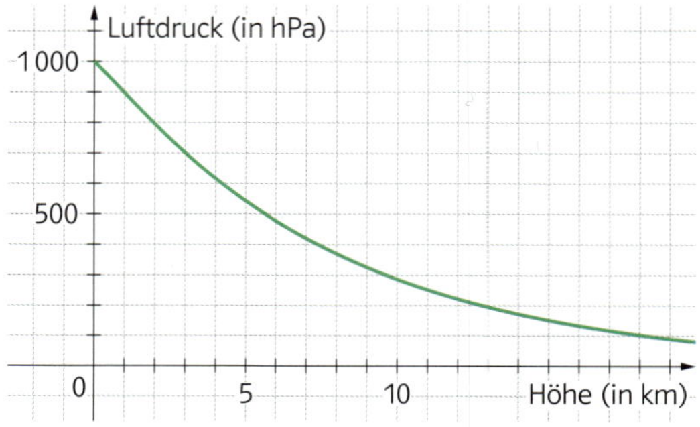

Aufgabenstellung:
Geben Sie an, nach ungefähr wie vielen Kilometern Höhenzunahme der Luftdruck jeweils auf die Hälfte bzw. ein Viertel sinkt!

Nach ungefähr __________ km Höhenzunahme sinkt der Luftdruck auf die Hälfte, nach ungefähr __________ km Höhenzunahme auf ein Viertel.

2.70 **Zerfall einer radioaktiven Materialprobe**

Für die Masse m einer radioaktiven Materialprobe zum Zeitpunkt t gilt: $m(t) = 20 \cdot 0{,}5915^t$ (t in Minuten, m(t) in Gramm).

Aufgabenstellung:

Kreuzen Sie die zutreffenden Aussagen an!

Die Masse der Materialprobe nimmt im Lauf der Zeit ab.	☐
Zum Zeitpunkt $t = 0$ waren 20 g der Materialprobe vorhanden.	☐
Die Masse nimmt pro Minute um 59,15 % ab.	☐
Die Masse ist nach der ersten Stunde kleiner als 10^{-14} g.	☐
Zum Zeitpunkt $t = 2{,}64$ min ist nur mehr ca. ein Viertel der ursprünglichen Masse vorhanden.	☐

■ FA 5.3 **Die Wirkung der Parameter c und a (bzw. λ) kennen und die Parameter in unterschiedlichen Kontexten deuten können.**

2.71 **Graphen zweier Exponentialfunktionen**

Es ist der Graph einer Exponentialfunktion f mit $f(x) = c \cdot a^x$ gezeichnet. Für eine andere Exponentialfunktion g gilt $g(x) = d \cdot b^x$ mit $d > c$ und $b < a$.

Aufgabenstellung:

Zeichnen Sie einen möglichen Verlauf des Graphen von g in die Abbildung ein!

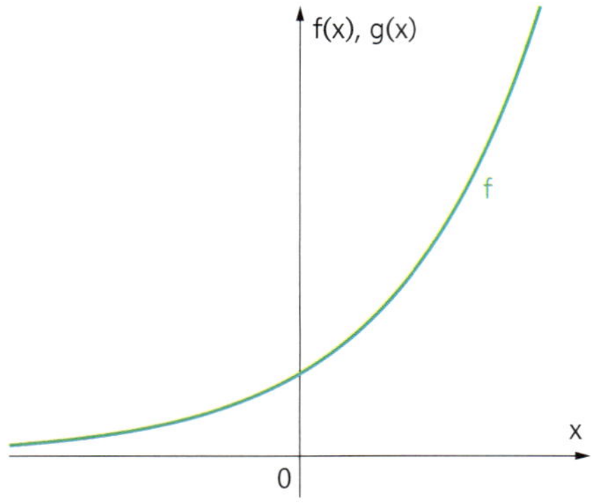

2.72 **Abnahmekonstanten**

In der Abbildung sind drei Funktionen der Form $x \mapsto c \cdot e^{-\lambda x}$ dargestellt.

Aufgabenstellung:

Ergänzen Sie in der Abbildung die Beschriftungen [λ groß], [λ mittel] bzw. [λ klein]!

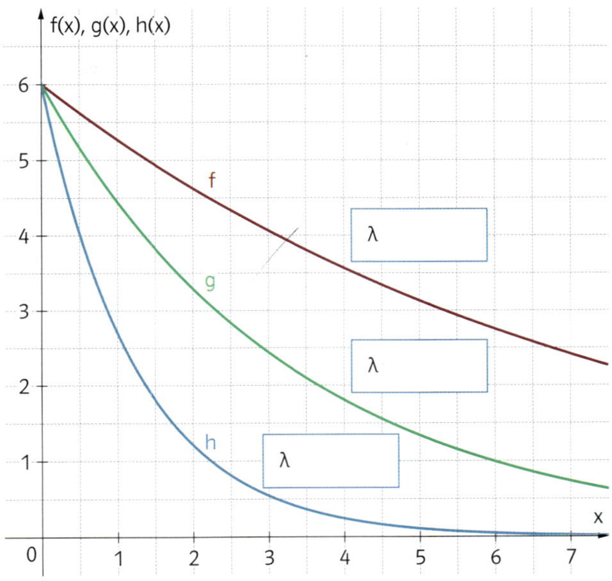

■ FA 5.4 Charakteristische Eigenschaften kennen und im Kontext deuten können: $f(x+1) = a \cdot f(x)$; $(e^x)' = e^x$

2.73 Eigenschaften einer Exponentialfunktion 1

Gegeben ist eine reelle Funktion f mit $f(x) = c \cdot a^x$ $(c > 0, a > 1)$.

Aufgabenstellung:

Kreuzen Sie die zutreffenden Aussagen an!

Die Definitionsmenge von f ist $\mathbb{R}$ und alle Funktionswerte sind positiv.	☐
Es handelt sich um eine monoton fallende Funktion.	☐
Der Funktionswert an der Stelle 0 ist stets c.	☐
$f(x) > 0$ für $x < 0$ und $f(x) < 0$ für $x > 0$.	☐
Die Funktion ist im gesamten Definitionsbereich stetig.	☐

2.74 Eigenschaften einer Exponentialfunktion 2

Gegeben ist eine Exponentialfunktion f mit $f(x) = a^x$.

Aufgabenstellung:

Kreuzen Sie die zutreffenden Aussagen an!

$f(x+1) = f(x) + a$	☐
$f(x+1) = f(x) + f(1)$	☐
$f(x+1) = a \cdot f(x)$	☐
$f(x+h) = a^h \cdot f(x)$ für $h \in \mathbb{R}$	☐
$\frac{f(x+h)}{f(x)} = a^h$ für $h \in \mathbb{R}$	☐

2.75 Eigenschaften einer Exponentialfunktion 3

Gegeben ist eine Exponentialfunktion f mit $f(x) = 10 \cdot e^{-\lambda x}$ und $\lambda > 0$.

Aufgabenstellung:

Kreuzen Sie die zutreffenden Aussagen an!

Die Funktion ist streng monoton fallend.	☐
Der Differenzenquotient ist in gleich großen Intervallen gleich groß.	☐
Der Differentialquotient ist an jeder Stelle gleich dem Funktionswert.	☐
$f'(x) = -10 \cdot \lambda \cdot e^{-\lambda x}$	☐
$f(x+1) = e^{-\lambda} \cdot f(x)$	☐

■ FA 5.5 Die Begriffe Halbwertszeit und Verdopplungszeit kennen, die entsprechenden Werte berechnen und im Kontext deuten können.

2.76 Halbwertszeit

Ein exponentieller Abnahmeprozess wird durch die nebenstehend dargestellte Exponentialfunktion f beschrieben.

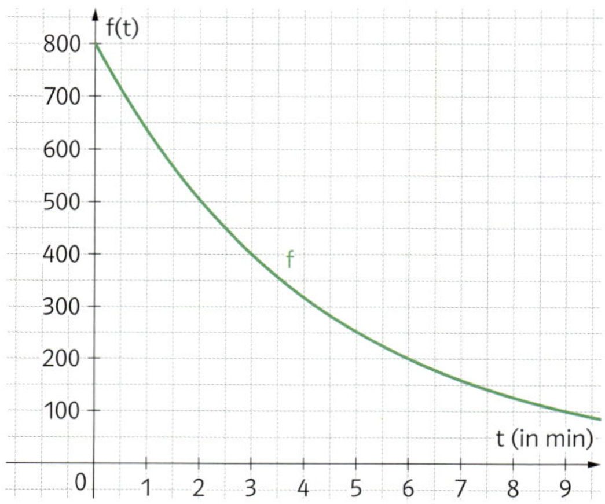

Aufgabenstellung:

Ermitteln Sie anhand des Graphen die Halbwertszeit!

Halbwertszeit = ______ min

2.77 **Verdopplungszeit**

Ein exponentieller Wachstumsprozess wird durch die nebenstehend dargestellte Exponentialfunktion f beschrieben.

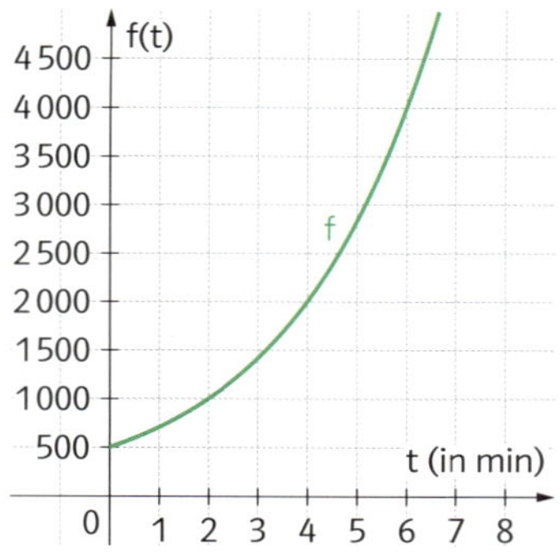

Aufgabenstellung:

Ermitteln Sie anhand des Graphen die Verdopplungszeit!

Verdopplungszeit = ______ min

2.78 **Radioaktiver Zerfall 1**

Gegeben ist eine radioaktive Substanz, von der pro Zeiteinheit 2% zerfallen!

Aufgabenstellung:

Berechnen Sie die Halbwertszeit!

Halbwertszeit ≈ ________ Zeiteinheiten

2.79 **Radioaktiver Zerfall 2**

Gegeben ist der Graph einer Funktion N: $t \mapsto N(t)$, welche den Zerfallsprozess einer radioaktiven Substanz darstellt. Es sei t die Zeit in Sekunden und N(t) die Menge (in Milligramm) der zum Zeitpunkt t noch vorhandenen radioaktiven Substanz.

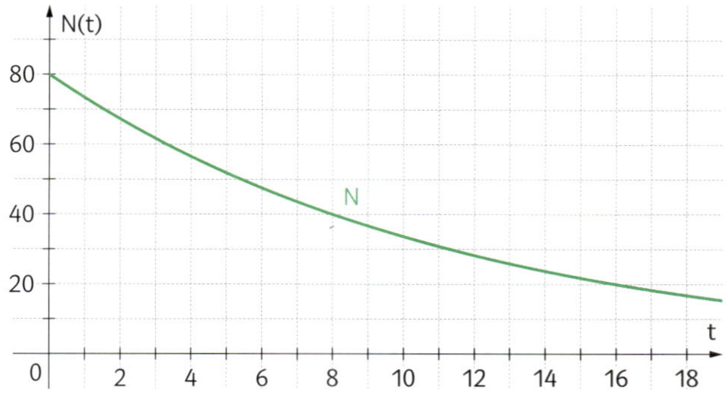

Aufgabenstellung:

Kreuzen Sie die beiden zutreffenden Aussagen an!

Die Halbwertszeit liegt bei 10 Sekunden.	☐
Der Funktionswert an der Stelle t gibt die Menge der zerfallenen radioaktiven Substanz an.	☐
Zu Beginn sind 80 mg der radioaktiven Substanz vorhanden.	☐
In jedem Zeitintervall [t; t + 8] zerfällt die Hälfte der zum Zeitpunkt t vorhandenen Substanz.	☐
Wäre am Anfang mehr Substanz vorhanden, dann wäre die Halbwertszeit größer.	☐

2.80 **Radioaktiver Zerfall 3**

Zum Zeitpunkt $t = 0$ ist N_0 die Anzahl der radioaktiven Kerne, die Halbwertszeit ist mit t_h angegeben.

Aufgabenstellung:

Zeichnen Sie in das Diagramm die Zahl der noch vorhandenen Kerne dieses radioaktiven Elements zu den Zeitpunkten t_h, $2t_h$, $3t_h$ und $4t_h$ ein!

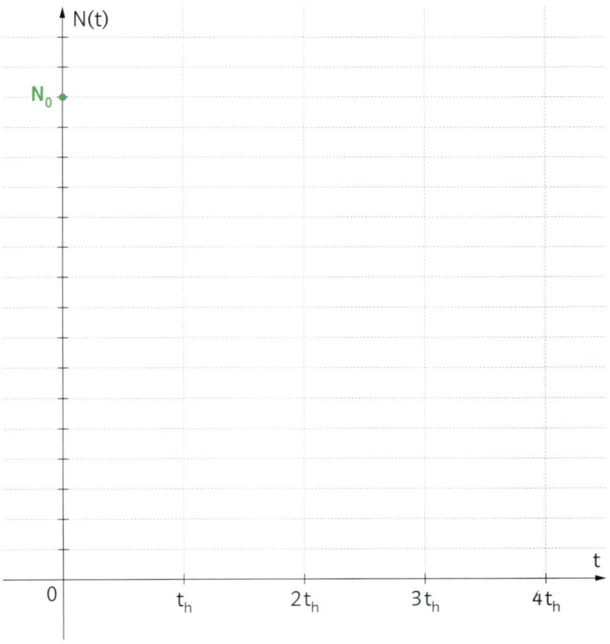

■ FA 5.6 **Die Angemessenheit einer Beschreibung mittels Exponentialfunktionen bewerten können.**

2.81 Heringsbestand

Der früher so preiswerte Hering wird allmählich zu einer teuren Delikatesse. Durch zu intensiven Fischfang haben die Heringsbestände abgenommen. In einem bestimmten Nordseegebiet verringert sich der Bestand jährlich um 20 %. 100 − 20 = 80 % nach 1 Jahr

80 : 100 = 0,8 · 20 = 16 % ≈ 20 % 80 − 16 = 64 % nach 2 Jahr

Aufgabenstellung:

Geben Sie an, ob exponentielle Abnahme vorliegt!

Wenn ja, ermitteln Sie, wie viel Prozent des ursprünglichen Heringsbestandes in diesem Meeresgebiet nach zwei Jahren noch vorhanden sind!

2.82 Exponentieller Wachstumsprozess

Ein Wachstumsprozess kann unter bestimmten Bedingungen näherungsweise durch eine Exponentialfunktion beschrieben werden.

Aufgabenstellung:

Ergänzen Sie durch Ankreuzen den folgenden Text so, dass eine korrekte Aussage entsteht!

Ein Wachstumsprozess mit nichtnegativem Anfangswert kann näherungsweise durch eine Exponentialfunktion beschrieben werden, wenn ___①___ ___②___ ist.

①	
die absolute Änderung pro Zeiteinheit	☐
die relative Änderung pro Zeiteinheit	☐
der Differenzenquotient pro Zeiteinheit	☐

②	
annähend konstant	☐
stets positiv	☐
stets negativ	☐

Sinusfunktion, Cosinusfunktion

■ FA 6.1 **Grafisch oder durch eine Gleichung (Formel) gegebene Zusammenhänge der Art $f(x) = a \cdot \sin(b \cdot x)$ als allgemeine Sinusfunktion erkennen bzw. betrachten können; zwischen diesen Darstellungsformen wechseln können.**

2.83 Allgemeine Sinusfunktion 1

Gegeben ist die reelle Funktion f mit $f(t) = 1{,}5 \cdot \sin(2t)$.

Aufgabenstellung:

Skizzieren Sie den Graphen von f im Koordinatensystem! (Die Nullstellen, lokalen Extremstellen und Wendestellen müssen genau eingezeichnet werden.)

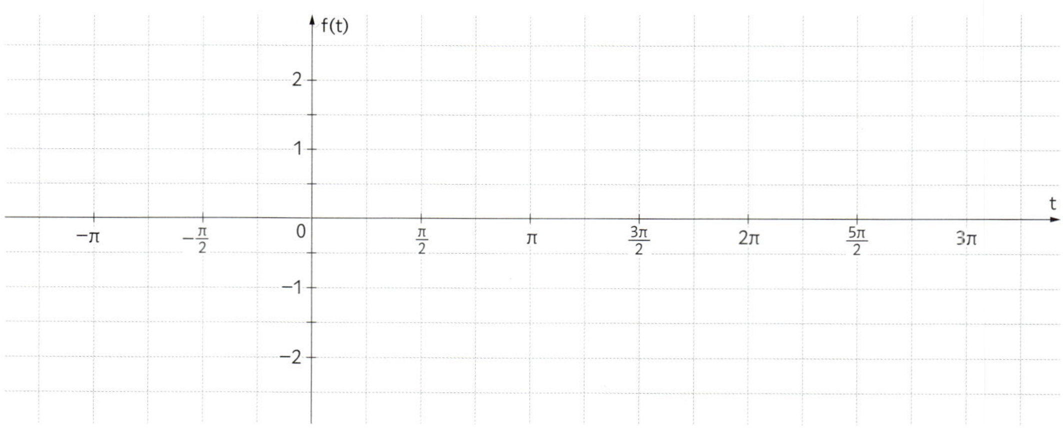

2.84 **Allgemeine Sinusfunktion 2**

Die Abbildung zeigt einen Ausschnitt des Graphen einer Funktion f mit $f(x) = a \cdot \sin(b \cdot x)$.

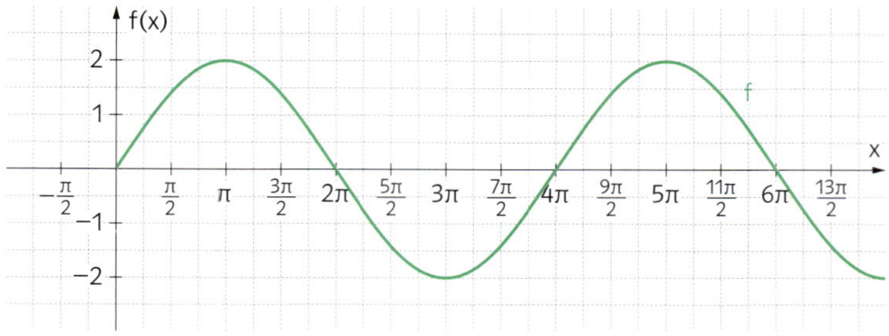

Aufgabenstellung:

Ermitteln Sie a und b! $a =$ ________ $b =$ ________

■ FA 6.2 Aus Graphen und Gleichungen von allgemeinen Sinusfunktionen Werte(paare) ermitteln und im Kontext deuten können.

2.85 **Schwingung eines Federpendels**

Der Graph beschreibt die Elongation s(t) der Schwingung eines Federpendels in Abhängigkeit von der Zeit t (t in s, s(t) in cm).

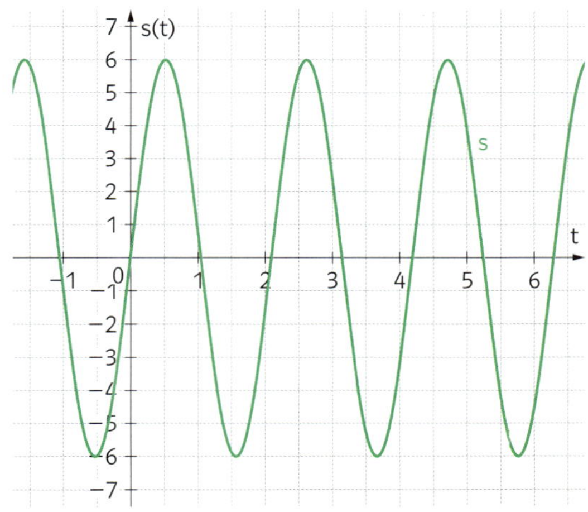

Aufgabenstellung:

Ermitteln Sie anhand des Graphen der Funktion s die Amplitude, die ungefähre Schwingungsdauer und die Elongation der Schwingung zum Zeitpunkt $t = 3$!

Amplitude = ______________________________

Schwingungsdauer ≈ ________________________

Elongation zum Zeitpunkt 3 = ________________

■ FA 6.3 Die Wirkung der Parameter a und b kennen und die Parameter im Kontext deuten können.

2.86 **Graph und Termdarstellung**

Gegeben ist der Graph einer reellen Funktion f.

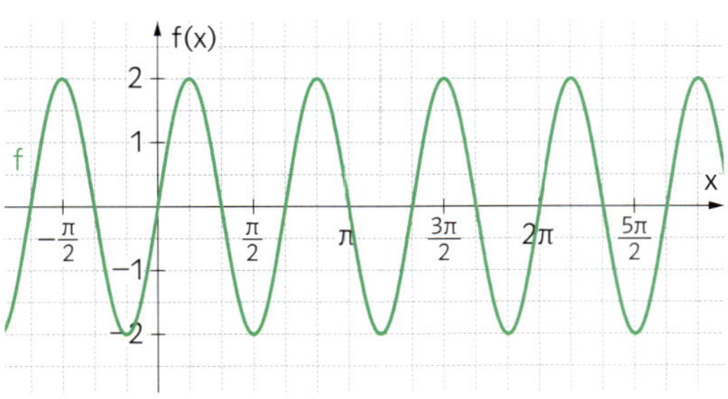

Aufgabenstellung:

Kreuzen Sie an, zu welcher der folgenden Termdarstellungen der Graph passt!

$f(x) = 3 \cdot \sin(2x)$	☐
$f(x) = 2 \cdot \cos(3x)$	☐
$f(x) = 0{,}5 \cdot \sin(3x)$	☐
$f(x) = 2 \cdot \sin(3x)$	☐
$f(x) = 3 \cdot \cos(0{,}5x)$	☐
$f(x) = 3 \cdot \sin(0{,}5x)$	☐

2.87 Verschobene Graphen

Gegeben sind die Graphen zweier reeller Funktionen f und g vom Typ $x \mapsto a \cdot \sin(b \cdot x)$.

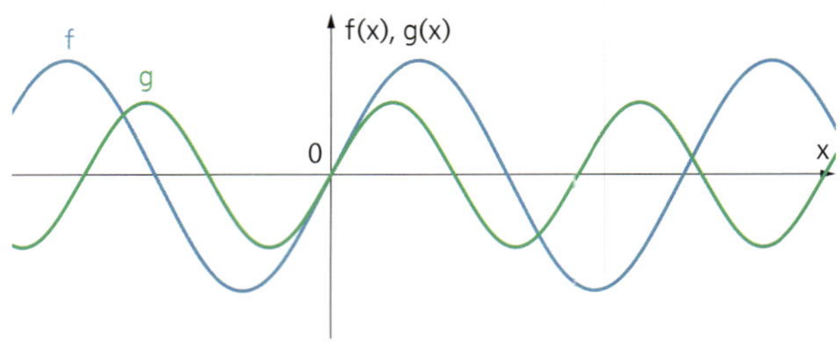

Aufgabenstellung:

Wie müssen a und b geändert werden, damit aus f die Funktion g hervorgeht? Kreuzen Sie die korrekte Antwort an!

a muss vergrößert und b muss verkleinert werden.	☐
a muss gleich bleiben und b muss vergrößert werden.	☐
a muss verkleinert und b muss vergrößert werden.	☐
a muss vergrößert werden und b muss gleich bleiben.	☐
a muss verkleinert und b muss verkleinert werden.	☐
a muss vergrößert und b muss vergrößert werden.	☐

■ FA 6.4 Periodizität als charakteristische Eigenschaft kennen und im Kontext deuten können.

2.88 Sinusfunktion

Gegeben ist die Funktion $f: \mathbb{R} \to \mathbb{R}$ mit $f(x) = \sin(x)$.

Aufgabenstellung:

Kreuzen Sie an, welche Aussagen auf die Funktion f zutreffen!

Es gilt für alle $x \in \mathbb{R}$: $f(-x) = -f(x)$.	☐
Die Funktion f ist periodisch.	☐
Für alle $x \in \mathbb{R}$ gilt: $-1 < f(x) < 1$	☐
Die kleinste Periode der Funktion f ist π.	☐
Es gibt eine positive Zahl p, sodass für alle $x \in \mathbb{R}$ gilt: $f(x + p) = f(x)$	☐

■ FA 6.5 Wissen, dass $\cos(x) = \sin\left(x + \frac{\pi}{2}\right)$.

2.89 Sinus- und Cosinusfunktion

Gegeben ist die Cosinusfunktion f mit $f(x) = 2 \cdot \cos\left(x - \frac{\pi}{2}\right)$.

Aufgabenstellung:

Schreiben Sie die Funktion f als Sinusfunktion an!

$f(x) =$ ______________________________

■ FA 6.6 Wissen, dass gilt: $\sin'(x) = \cos(x)$, $\cos'(x) = -\sin(x)$.

2.90 Cosinusfunktion

Gegeben ist die Funktion $f: \mathbb{R} \to \mathbb{R}$ mit $f(x) = \cos x$.

Aufgabenstellung:

Ergänzen Sie durch Ankreuzen den folgenden Text so, dass eine korrekte Aussage entsteht!

Die Funktion f hat an der Stelle π eine ______①______, da ______②______.

①	
Nullstelle	☐
lokale Extremstelle	☐
Wendestelle	☐

②	
$f'(\pi) = -\sin \pi = 0$	☐
$f(\pi) = 0$	☐
$f''(\pi) = 0$	☐

3 Typ 1
Analysis

Änderungsmaße

■ AN 1.1 Absolute und relative (prozentuelle) Änderungsmaße unterscheiden und angemessen verwenden können.

3.01 **Arbeitslose im Bundesländervergleich**

Die folgende Tabelle gibt die Anzahlen der arbeitslosen Personen von 1990 bis 2012 an.

Jahr	Österreich	B	K	NÖ	OÖ	S	St	T	V	W
1990	165795	5640	13741	26671	22965	7032	27161	11837	3588	47160
1991	185029	5967	14825	29658	25907	7891	30931	12828	4688	52334
1992	193098	5895	15529	30861	26625	8238	32930	12940	5616	54464
1993	222265	6518	17418	35764	31241	9663	37528	14802	7895	61436
1994	214941	6244	16741	34768	29086	8926	36312	14952	7784	60128
1995	215716	6451	17646	34464	27579	9280	36522	15517	7237	61020
1996	230507	7201	19461	36933	29884	10256	37601	16304	7990	64877
1997	233348	7596	18640	37175	28699	10857	36491	16819	8268	68803
1998	237794	7720	18251	37786	27870	10937	37035	16904	7963	73328
1999	221743	7296	17385	35612	26395	10154	33814	15564	7138	68385
2000	194313	6840	15486	31888	22385	9067	29486	13546	5960	59655
2001	203884	7236	15917	34162	22875	9708	30181	14394	5948	63463
2002	232418	7824	17246	38424	26583	11164	33735	15243	7305	74894
2003	240079	7946	17211	39209	25819	11493	34593	15734	8202	79872
2004	243880	7978	16926	40508	26181	11810	33166	16368	8918	82025
2005	252654	8412	17640	42600	28024	11947	35221	17439	9935	81436
2006	239174	7997	17257	40285	25702	10719	33168	16701	9257	78088
2007	222248	7277	16278	37361	22319	9752	31942	16410	8646	72263
2008	212253	7213	16254	35173	21654	9758	30896	16397	8421	66487
2009	260309	8297	21021	43790	30888	12733	39164	20198	11166	73052
2010	250782	7810	20239	43115	29591	11480	34883	19154	10331	74179
2011	246702	7663	20136	41698	26980	11242	32414	18713	8704	79152
2012	260643	8149	20853	44461	28995	11894	35101	19329	8845	83016

Quelle: AKNÖ, Sozialstatistisches Handbuch für Niederösterreich, 2013

Aufgabenstellung:

Kreuzen Sie die zutreffenden Aussagen an!

Von 1995 bis 2005 war die relative Änderung der Zahl der Arbeitslosen in Niederösterreich niedriger als die in Oberösterreich.	☐
Von 2000 bis 2010 betrug die absolute Änderung der Zahl der Arbeitslosen in Niederösterreich 11227.	☐
Von 2006 bis 2010 betrug die mittlere Änderungsrate der Zahl der Arbeitslosen in Österreich 2902.	☐
Die absolute Änderung der Zahl der Arbeitslosen war in Niederösterreich von 1990 bis 1995 höher als von 2000 bis 2005.	☐
Die Zahl der Arbeitslosen in Österreich ist von 1990 bis 2010 um ca. 51% gestiegen.	☐

3.02 Einwohnerzuwachs

Die Einwohnerzahl eines Landes stieg von 13,5 Millionen Menschen im Jahr 2003 auf 16,2 Millionen Menschen im Jahr 2013.

Aufgabenstellung:

Geben Sie die absolute und die relative (prozentuelle) Änderung der Einwohnerzahl in diesem Zeitintervall an!

absolute Änderung in [2003; 2013] = ______________ Millionen

relative Änderung in [2003; 2013] = __________ = __________ %

3.03 Änderungsmaße 1

Gegeben sind verschiedene Aussagen.

Aufgabenstellung:

Kreuzen Sie die beiden Aussagen an, die eine absolute Änderung beschreiben!

Die Anzahl der Zuschauer hat sich verdoppelt.	☐
Die Durchschnittsgeschwindigkeit wurde um 10 km/h erhöht.	☐
Der Preis wurde um 2 % gesenkt.	☐
Der Hochsprungrekord wurde um 2 cm überboten.	☐
Die Ersparnisse sinken jedes Jahr um ein Viertel.	☐

3.04 Änderungsmaße 2

In der Abbildung ist eine Funktion f dargestellt.

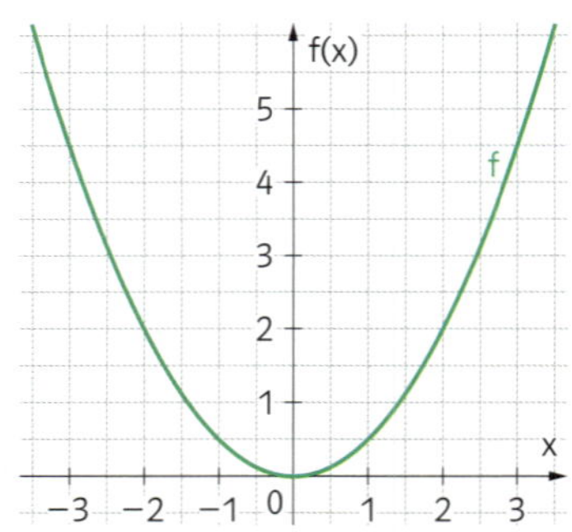

Aufgabenstellung:

Ordnen Sie jedem Änderungsmaß die richtige Zahl zu!

absolute Änderung von f im Intervall [−2; 3]	
relative Änderung von f im Intervall [−2; 3]	
durchschnittliche Änderung (mittlere Änderungsrate) von f im Intervall [−2; 3]	

A	4,5
B	0,5
C	1,25
D	2,5

■ AN 1.2 Den Zusammenhang Differenzenquotient (mittlere Änderungsrate) – Differentialquotient („momentane" Änderungsrate) auf der Grundlage eines intuitiven Grenzwertbegriffs kennen und damit (verbal und auch in formaler Schreibweise) auch kontextbezogen anwenden können.

3.05 Differenzen- und Differentialquotient

Gegeben ist eine differenzierbare reelle Funktion f: $\mathbb{R} \to \mathbb{R}$.

Aufgabenstellung:

Kreuzen Sie die korrekten Aussagen an!

$\frac{f(x_2) - f(x_1)}{x_2 - x_1}$ ist ein Differenzenquotient.	☒
$\lim\limits_{z \to x} \frac{f(z) - f(x)}{z - x}$ ist ein Differentialquotient.	☒
$\lim\limits_{z \to 0} \frac{f(z) - f(x)}{z - x}$ ist ein Differentialquotient.	☐
$f'(x_0) = \frac{f(x_0 + h) - f(x_0)}{h}$	☐
$f'(x) = \lim\limits_{\Delta x \to 0} \frac{\Delta f(x)}{\Delta x}$	☒

3.06 Freier Fall

Es sei s(t) die Länge des beim freien Fall nach t Sekunden zurückgelegten Weges und v(t) die dazugehörige Geschwindigkeit nach t Sekunden.

Aufgabenstellung:
Kreuzen Sie die richtigen Aussagen an!

$s'(t) = \lim\limits_{z \to t} \frac{s(z) - s(t)}{z - t}$	☐
$v'(t) = \lim\limits_{z \to t} \frac{s(z) - s(t)}{z - t}$	☐
$s'(t) = \lim\limits_{z \to t} \frac{v(z) - v(t)}{z - t}$	☐
$v'(t) = \lim\limits_{z \to t} \frac{v(z) - v(t)}{z - t}$	☐
$s'(t) = v(t)$	☐

■ AN 1.3 Den Differenzen- und Differentialquotienten in verschiedenen Kontexten deuten und entsprechende Sachverhalte durch den Differenzen- bzw. Differentialquotienten beschreiben können.

3.07 Änderungen und Änderungsraten

Die Abbildung zeigt den Graphen der Funktion f mit $f(x) = 2 \cdot \sqrt{x}$.

Aufgabenstellung:
Kreuzen Sie die Aussagen an, die auf die Funktion f zutreffen!

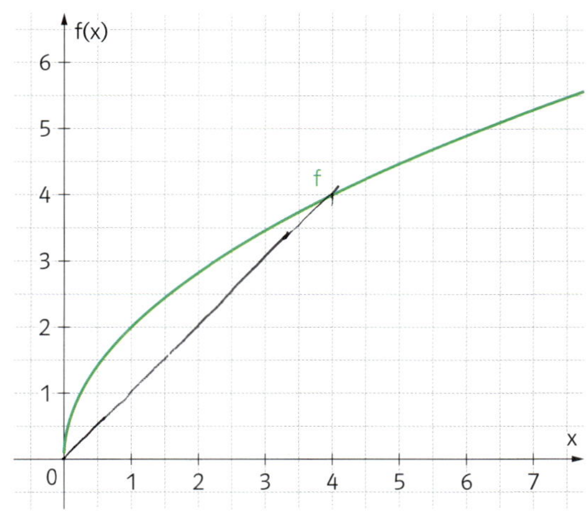

Die mittlere Änderungsrate von f in [0; 4] beträgt 1.	☐
Die (momentane) Änderungsrate von f an der Stelle 1 ist größer als die an der Stelle 4.	☐
Die mittleren Änderungsraten in [0; 1] und [1; 4] sind gleich groß.	☐
Die absoluten Änderungen in [0; 1] und [1; 4] sind gleich groß.	☐
Die Steigung der Sekante in [0; 6] ist größer als 1.	☐

3.08 Geschwindigkeit beim freien Fall

Für den Weg s(t), den ein Körper beim freien Fall im Zeitintervall [0; t] zurücklegt, gilt näherungsweise $s(t) = 5 \cdot t^2$ (t in Sekunden, s in Meter).

Aufgabenstellung:
Berechnen Sie die mittlere Geschwindigkeit des Körpers im Zeitintervall [0; 3] sowie die Momentangeschwindigkeit für t = 3!

3.09 Schiefe Ebene

Eine Kugel rollt eine schiefe Ebene hinunter. Für die Funktion $s: [0; 4] \to \mathbb{R}$, die den zurückgelegten Weg s(t) (in Meter) in Abhängigkeit von der Zeit t (in Sekunden) beschreibt, gilt $s(t) = 0{,}4 \cdot t^2$.

Aufgabenstellung:
Ermitteln Sie den Differenzenquotienten der Funktion s im Intervall [0; 4] sowie den Differentialquotienten von s an der Stelle 4 und deuten Sie die Ergebnisse!

Der Differenzenquotient in [0; 4] beträgt ____________

und gibt die ____ an.

Der Differentialquotient an der Stelle 4 beträgt ______

und gibt die ____ an.

3.10 Vorzeichen des Differenzenquotienten

Gegeben ist eine reelle Funktion, die im Intervall [−1; 3] nicht monoton ist.

Aufgabenstellung:

Skizzieren Sie in den drei Koordinatensystemen jeweils den Graphen einer Funktion f so, dass der Differenzenquotient D im Intervall [−1; 3] die jeweils angegebene Bedingung erfüllt:

D > 0

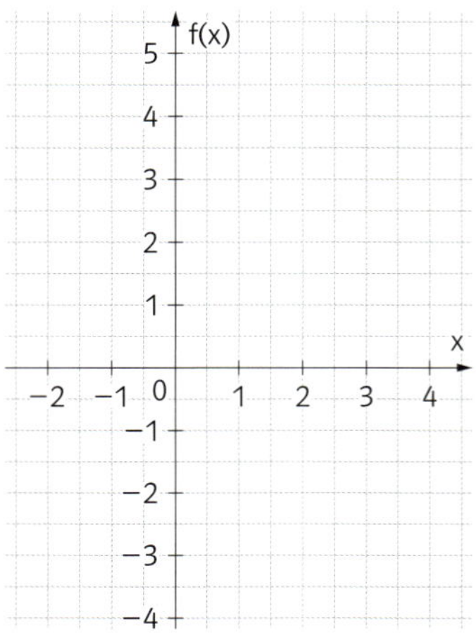

D < 0

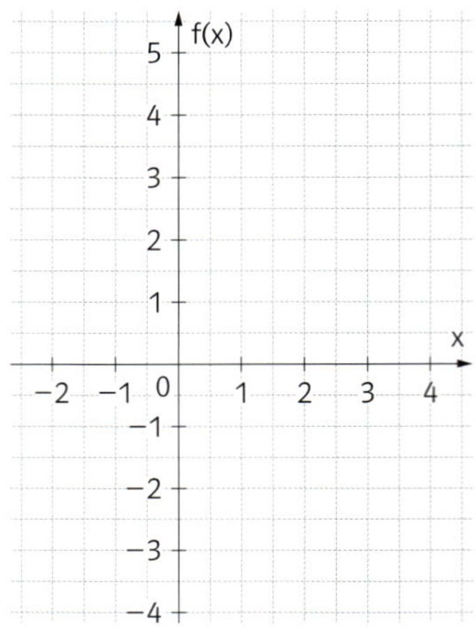

D = 0

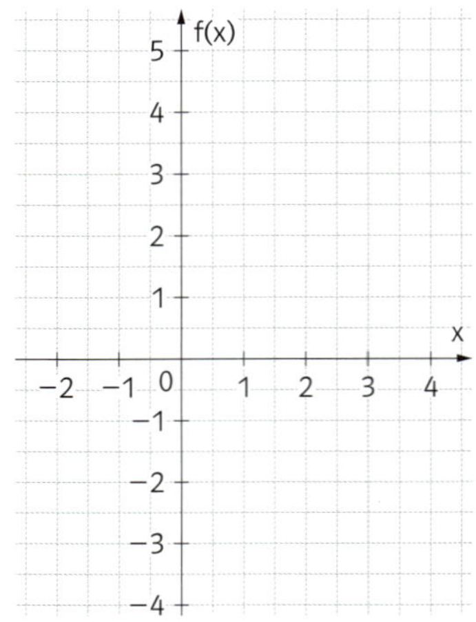

3.11 Lotrechter Wurf

Die Funktion h: [0; 4] → ℝ stellt die Abhängigkeit der Höhe h(t) (in Meter) eines lotrecht nach oben geworfenen Steins vom Zeitpunkt t (in Sekunden) dar.

Aufgabenstellung:

Was bedeutet die Zahl h′(2)? Kreuzen Sie die zutreffende Deutung an!

h′(2) ist der Zeitpunkt, an dem der Stein die Höhe von zwei Metern erreicht hat.	☐
h′(2) ist die mittlere Geschwindigkeit des Steins im Zeitintervall [0; 2].	☐
h′(2) ist die Geschwindigkeit des Steins nach genau zwei Sekunden.	☐
h′(2) ist die Höhe des Steins nach genau zwei Sekunden.	☐
h′(2) ist die größte Höhe, die der Stein erreicht.	☐
h′(2) ist die Beschleunigung des Steins zum Zeitpunkt 2.	☐

3.12 Beschleunigung ablesen

Gegeben ist ein Zeit-Geschwindigkeits-Diagramm (t in Meter, v(t) in m/s).

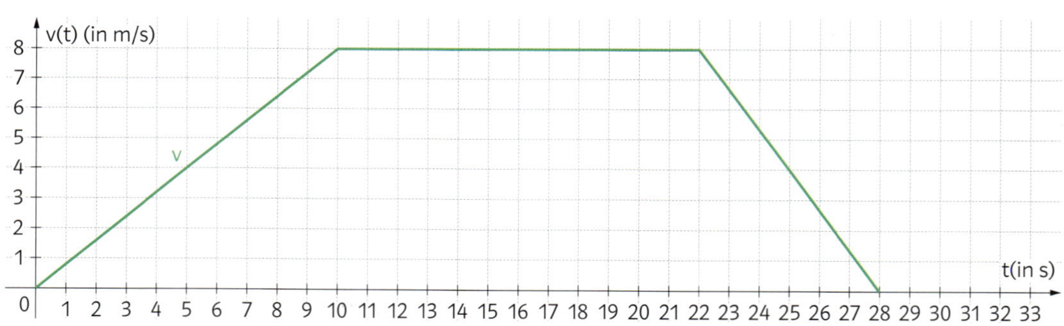

Aufgabenstellung:

Entnehmen Sie dem Graphen der Funktion v, wie groß die mittlere Beschleunigung im Zeitintervall [0; 10] bzw. [10; 20] ist!

mittlere Beschleunigung in [0; 10] = 0,8 m/s^2

mittlere Beschleunigung in [10; 20] = 0 m/s^2

3.13 Tennisbälle

Zwei Tennisspielerinnen spielen jeweils einen Tennisball zurück.
Im folgenden Koordinatensystem stellen die beiden Graphen jeweils die Höhe h des Balls in Abhängigkeit von seiner Horizontalentfernung s vom Ort des Returns (Rückschlags) dar.

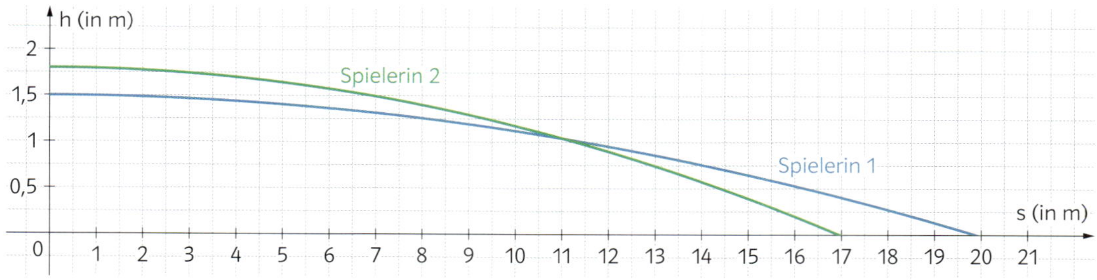

Aufgabenstellung:
Kreuzen Sie die beiden zutreffenden Aussagen an!

Beide Tennisbälle werden mit der gleichen Horizontalgeschwindigkeit abgespielt.	☐
Die Tennisbälle beider Spielerinnen erreichen ca. 11 Sekunden nach dem Return dieselbe Höhe.	☐
Der Tennisball der Spielerin 1 schlägt nach ca. 20 Sekunden auf dem Boden auf.	☐
Die Tennisbälle beider Spielerinnen erreichen ca. 11 Meter nach dem Return dieselbe Höhe.	☒
Der Tennisball der Spielerin 2 schlägt nach ca. 17 Metern auf dem Boden auf.	☒

■ AN 1.4 Das systemdynamische Verhalten von Größen durch Differenzengleichungen beschreiben bzw. diese im Kontext deuten können.

3.14 Vogelpopulationen

In einer bestimmten Region leben zwei Vogelpopulationen, die einander im Bestand wechselseitig beeinflussen. Bei der Bestandsaufnahme am Ende des ersten Beobachtungsjahres umfasst die eine Population $V_1(1) = 120$ Tiere, die andere Population $V_2(1) = 80$ Tiere. Für die Entwicklung der Bestände der beiden Populationen haben Forscher folgendes Modell entwickelt, bei dem $V_1(n)$ und $V_2(n)$ die Bestände am Ende des n-ten Bobachtungsjahres angeben:

$$V_1(n+1) = 1{,}2 \cdot V_1(n) - 0{,}5 \cdot V_2(n)$$
$$V_2(n+1) = 0{,}9 \cdot V_2(n) + 0{,}2 \cdot V_1(n)$$

Aufgabenstellung:
Ermitteln Sie den Bestand beider Vogelpopulationen am Ende des dritten Jahres!
(Runden Sie, wenn nötig, auf eine ganze Zahl!)

3.15 Wildtierpopulation

In einem ökologischen System sei x_n der Bestand einer Wildtierart nach n Jahren ($n \in \mathbb{N}$). Die Wildtierart kann nicht unbeschränkt wachsen. Wir nehmen an, dass in diesem System höchstens K Wildtiere dieser Art leben können.
Zur Beschreibung der Populationsentwicklung kann man folgendes Modell verwenden:

$$x_{n+1} = x_n + r \cdot (K - x_n), \text{ wobei r konstant mit } 0 < r < 1 \text{ ist.}$$

Die Differenz $K - x_n$ bezeichnet man als Freiraum zum Zeitpunkt n.

Aufgabenstellung:
Kreuzen Sie die auf dieses Modell zutreffenden Aussagen an!

Die Gleichung ist eine lineare Differenzengleichung, dh. von der Form $x_{n+1} = a \cdot x_n + b$.	☐
Der Zuwachs pro Jahr ist direkt proportional zum momentanen Bestand.	☐
Der Zuwachs pro Jahr ist direkt proportional zum Freiraum.	☐
Mit zunehmender Zeit wird der jährliche Zuwachs immer kleiner.	☐
Mit dieser Gleichung kann man zu jedem Zeitpunkt $t \in \mathbb{R}^+$ den Bestand berechnen.	☐

3.16 Rekursive Darstellung einer Größe

Die Veränderung einer Größe x_n (mit $n \in \mathbb{N}$) kann rekursiv durch einen Anfangswert x_0 und eine Rekursionsgleichung (Differenzengleichung) beschrieben werden.

Aufgabenstellung:

Kreuzen Sie die zutreffende Aussage an!

$x_0 = 10 \wedge x_n = 0{,}2 \cdot x_{n-1}$	$\Rightarrow$	x_n nimmt mit wachsendem n zu.	☐
$x_0 = 10 \wedge x_n = x_{n-1}^{0{,}2}$	$\Rightarrow$	x_n nimmt mit wachsendem n ab.	☐
$x_0 = 10 \wedge x_n = 0{,}2 \cdot x_{n-1} + 0{,}1$	$\Rightarrow$	x_n nimmt mit wachsendem n linear ab.	☐
$x_0 = 10 \wedge x_n = \frac{x_{n-1}}{0{,}2}$	$\Rightarrow$	x_n nimmt mit wachsendem n ab.	☐
$x_0 = 10 \wedge x_n = x_{n-1} + 10$	$\Rightarrow$	x_n wird bei jedem Schritt verdoppelt.	☐
$x_0 = 10 \wedge x_n = 0{,}9 \cdot x_{n-1}$	$\Rightarrow$	$x_n > 10$ für $n > 0$.	☐

Regeln für das Differenzieren

■ AN 2.1 Einfache Regeln des Differenzierens kennen und anwenden können: Potenzregel, Summenregel, Regeln für $[k \cdot f(x)]'$ und $[f(k \cdot x)]'$ (vgl. Funktionale Abhängigkeiten).

3.17 Ableitung einer Polynomfunktion

Zur Ermittlung der ersten Ableitung einer Polynomfunktion verwendet man Ableitungsregeln.

Aufgabenstellung:

Vervollständigen Sie die Aussage so, dass sie korrekt ist!

Für die Funktion f mit f(x) = ____①____ ist f′(x) = ____②____.

①	
$-x^3 + 2x^2 - x + 8$	☐
$x^3 + 2x^2 - x + 8$	☐
$-x^3 - 2x^2 - x - 8$	☐

②	
$-3x^2 - 4x + 8$	☐
$-3x^2 - 4x + 1$	☐
$3x^2 + 4x - 1$	☐

3.18 Vorzeichen von Ableitungen

Gegeben ist die Funktion f mit $f(x) = 10 - x^2$.

Aufgabenstellung:

Kreuzen Sie die beiden zutreffenden Aussagen an!

$f(x) > 0$ für alle $x \in \mathbb{R}$.	☐
$f(x) < 0$ für alle $x \in \mathbb{R}^-$.	☐
$f'(x) < 0$ für alle $x \in \mathbb{R}^+$.	☐
$f''(x) < 0$ für alle $x \in \mathbb{R}$.	☐
$f'''(x) < 0$ für alle $x \in \mathbb{R}$.	☐

3.19 Ableitungen verschiedener Funktionen

Gegeben ist die Funktion f mit $f(x) = x^2$.

Aufgabenstellung:

Ordnen Sie jeder Funktion g die richtige Ableitung g′ zu!

$g(x) = f(2x)$	B
$g(x) = f\left(\frac{x}{2}\right)$	C
$g(x) = \frac{f(x)}{2}$	A

A	$g'(x) = x$
B	$g'(x) = 8x$
C	$g'(x) = \frac{x}{2}$

3.20 Ableitungen von Exponentialfunktionen
Gegeben sind fünf reelle Funktionen.

Aufgabenstellung:
Ordnen Sie jeder Funktion die richtige erste Ableitung zu!

$f(x) = e^x$	
$f(x) = e^{-x}$	
$f(x) = e^{\frac{x}{2}}$	
$f(x) = -e^{-2x}$	
$f(x) = -\frac{1}{2} \cdot e^{-2x}$	

A	$f'(x) = 2 \cdot e^{\frac{x}{2}}$
B	$f'(x) = \frac{1}{2} \cdot e^{\frac{x}{2}}$
C	$f'(x) = 2 \cdot e^{-2x}$
D	$f'(x) = e^x$
E	$f'(x) = e^{-2x}$
F	$f'(x) = -e^{-x}$

3.21 Ableitungen von Winkelfunktionen
Gegeben sind fünf reelle Funktionen.

Aufgabenstellung:
Ordnen Sie jeder Funktion die richtige erste Ableitung zu!

$f(x) = \cos(2x)$	
$f(x) = 2 \cdot \sin(2x)$	
$f(x) = -2 \cdot \cos(2x)$	
$f(x) = 2 \cdot \cos(2x)$	
$f(x) = -2 \cdot \sin(2x)$	

A	$f'(x) = 4 \cdot \cos(2x)$
B	$f'(x) = -2 \cdot \cos(2x)$
C	$f'(x) = -4 \cdot \sin(2x)$
D	$f'(x) = -2 \cdot \sin(2x)$
E	$f'(x) = -4 \cdot \cos(2x)$
F	$f'(x) = 4 \cdot \sin(2x)$

3.22 Zweite Ableitungen
Gegeben sind vier reelle Funktionen.

Aufgabenstellung:
Ordnen Sie jeder Funktion die richtige zweite Ableitung zu!

$f(x) = x^{-1} - \sin(x)$	
$f(x) = x + \cos(x)$	
$f(x) = 0{,}5 \cdot \sin(2x)$	
$f(x) = 2 \cdot \sin(0{,}5x)$	

A	$f''(x) = -\cos(x)$
B	$f''(x) = \sin(x) + 2x^{-3}$
C	$f''(x) = -0{,}5 \cdot \sin(0{,}5x)$
D	$f''(x) = -2 \cdot \sin(2x)$
E	$f''(x) = -2 \cdot \cos(2x)$

Ableitungsfunktion und Stammfunktion

■ AN 3.1 Die Begriffe Ableitungsfunktion und Stammfunktion kennen und zur Beschreibung von Funktionen einsetzen können.

3.23 Beschleunigung eines Fahrzeugs
Ein Fahrzeug beschleunigt aus dem Stand acht Sekunden lang mit 1,3 m/s^2.

Aufgabenstellung:
Welche Geschwindigkeit (in m/s) erreicht es und wie lang ist die Beschleunigungsstecke (in Meter)?

Geschwindigkeit = ______________ m/s

Länge der Beschleunigungsstrecke = ______________ m

3.24 **Integrieren und Differenzieren**

Gegeben ist die Funktion f mit $f(x) = 2x^3 - 7x^2 + 4x + 5$. Mit einem CAS-Programm wurde diese Funktion zunächst abgeleitet und dann wieder integriert.

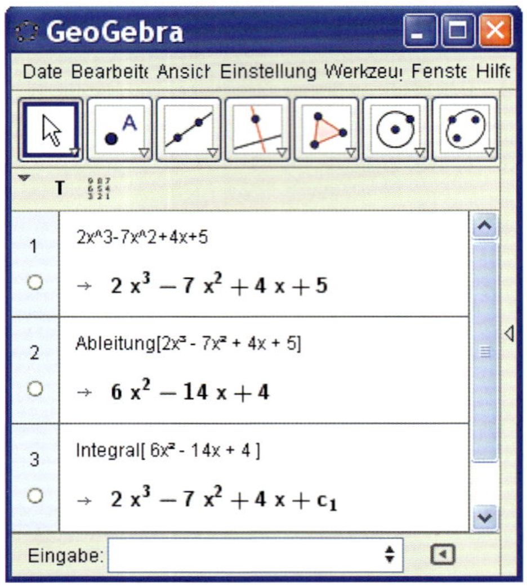

Aufgabenstellung:

Erklären Sie, warum das Ergebnis nicht mit der ursprünglichen Angabe übereinstimmt, obwohl es doch heißt, Differenzieren und Integrieren sind Umkehroperationen voneinander!

3.25 **Aussagen über Stammfunktionen**

Gegeben sind eine Funktion f, die Ableitungsfunktion f′ von f und eine Stammfunktion F von f.

Aufgabenstellung:

Kreuzen Sie die zutreffenden Aussagen an!

$\int_a^b f(x)\,dx = F(b) - F(a)$	☐
$\int_a^b f'(x)\,dx = f(b) - f(a)$	☐
F ist sicher vom gleichen Typ wie f.	☐
Wenn $G'(x) = f(x)$ für alle $x \in \mathbb{R}$, dann ist $G(x) = F(x) + c$ (mit $c \in \mathbb{R}$).	☐
Die Funktion $c \cdot F$ ist eine Stammfunktion von $c \cdot f$.	☐

■ AN 3.2 **Den Zusammenhang zwischen Funktion und Ableitungsfunktion (bzw. Funktion und Stammfunktion) in deren grafischer Darstellung erkennen und beschreiben können.**

3.26 **Ableitungsfunktion einer linearen Funktion**

In der Abbildung ist der Graph einer linearen Funktion f dargestellt.

Aufgabenstellung:

Zeichnen Sie den Graphen der Ableitungsfunktion f′ ein!

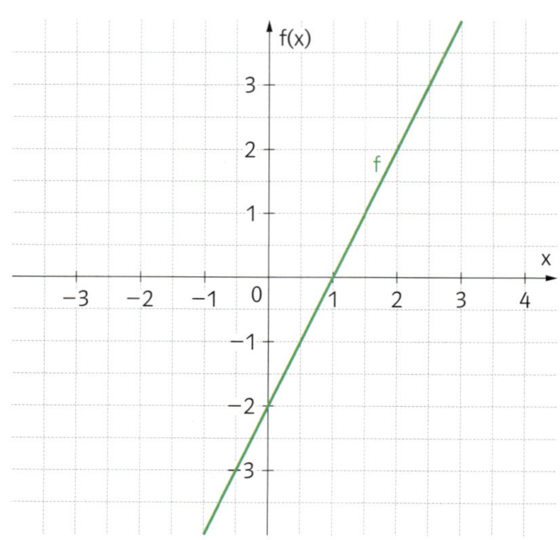

3.27 Ableitungsfunktion einer Polynomfunktion vom Grad 2

Gegeben ist der nebenstehende Graph einer Polynomfunktion f vom Grad 2.

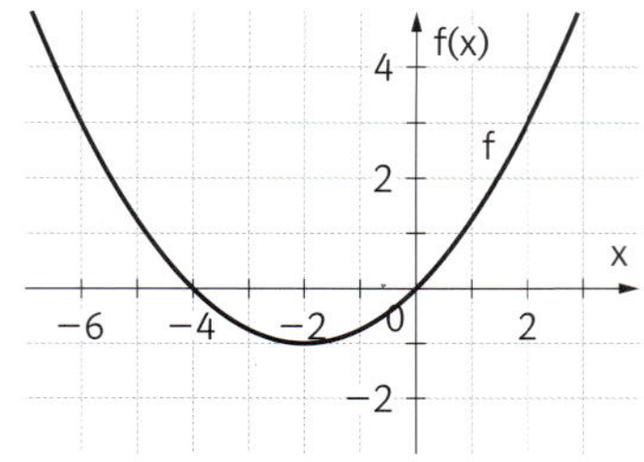

Aufgabenstellung:

Kreuzen Sie an, in welcher der Abbildungen A bis F der Graph der 1. Ableitung von f dargestellt ist!

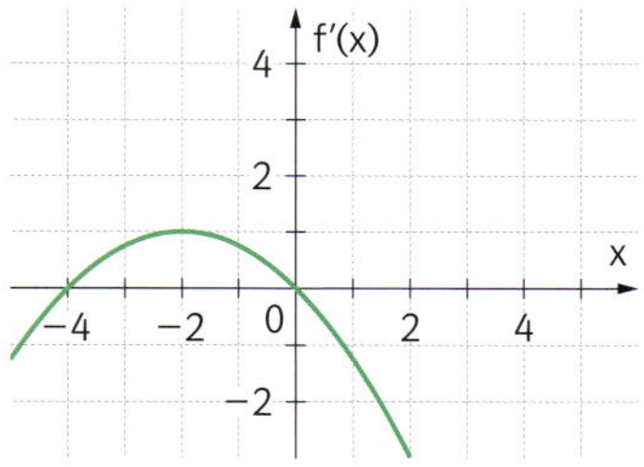

A ☐

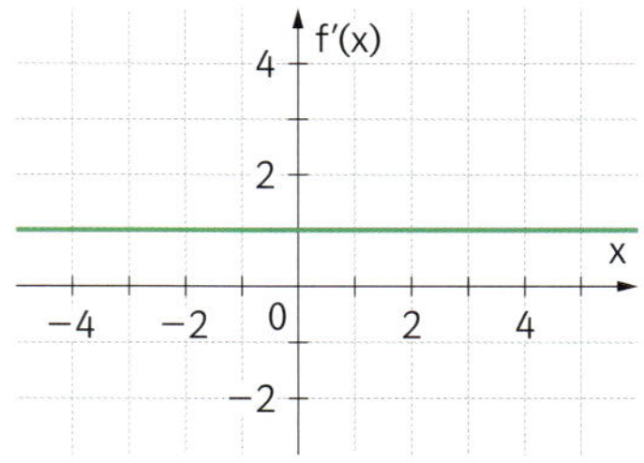

C ☐

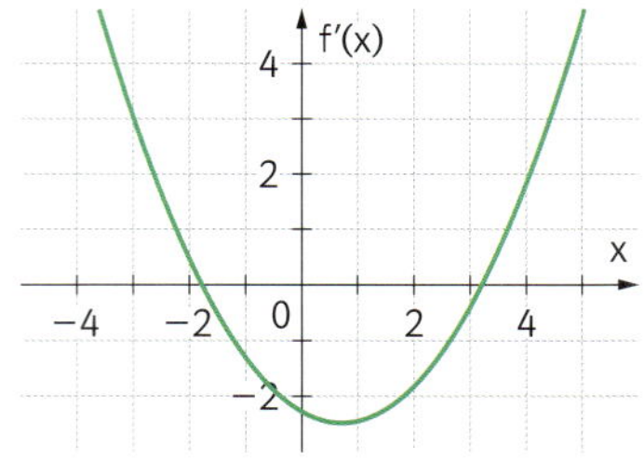

E ☐

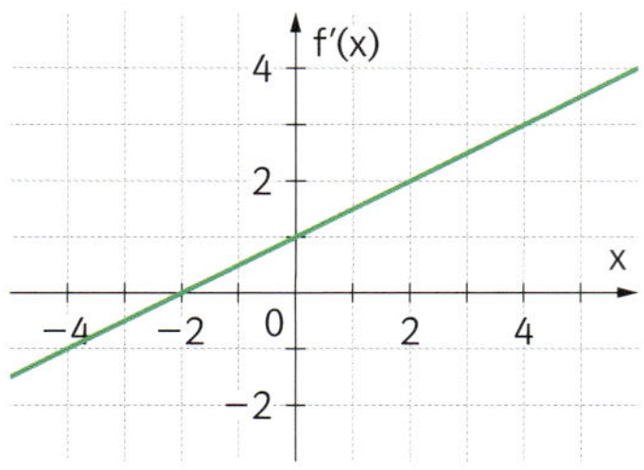

B ☒

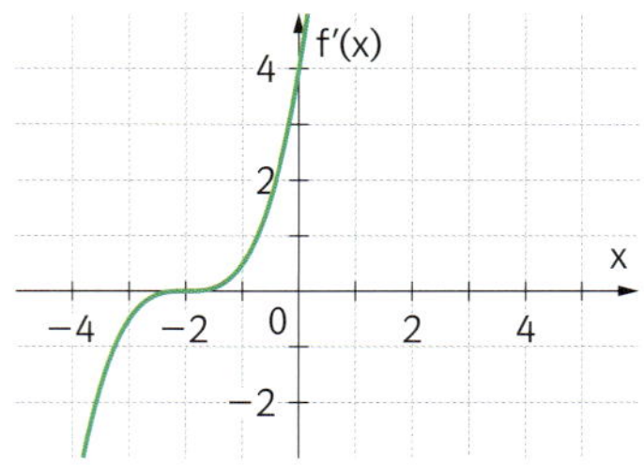

D ☐

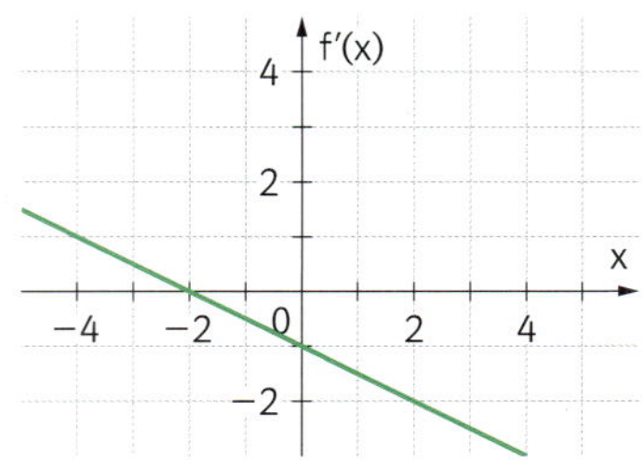

F ☐

3.28 Ableitungsfunktion einer Polynomfunktion vom Grad 3

Gegeben ist der nebenstehende Graph einer Polynomfunktion f vom Grad 3.

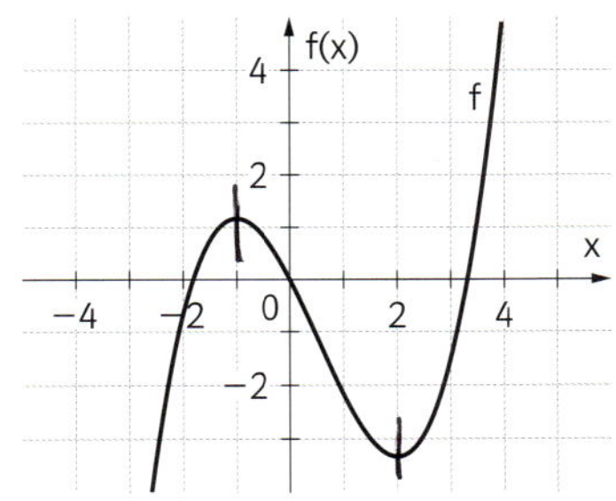

Aufgabenstellung:

Kreuzen Sie an, in welcher der Abbildungen A bis F der Graph der 1. Ableitung von f dargestellt ist!

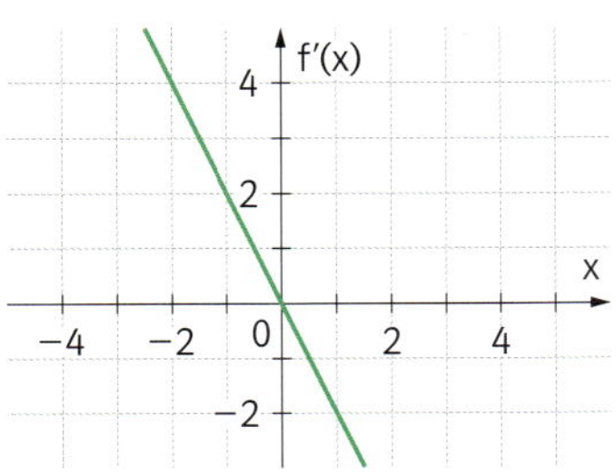

A ☐

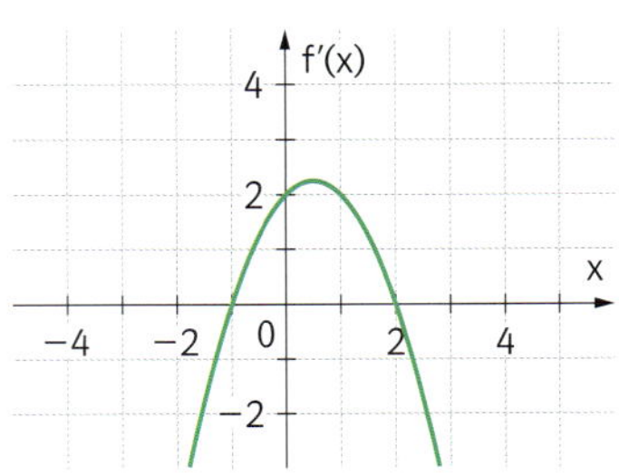

C ☐

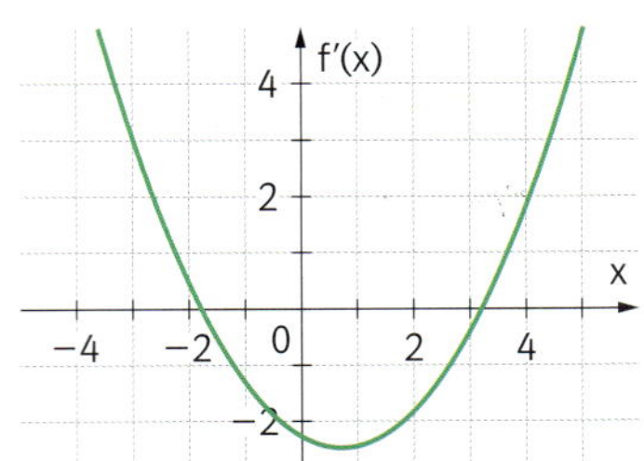

E ☐

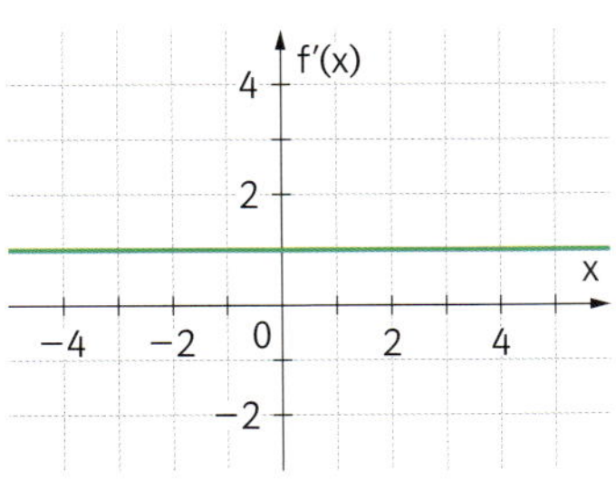

B ☐

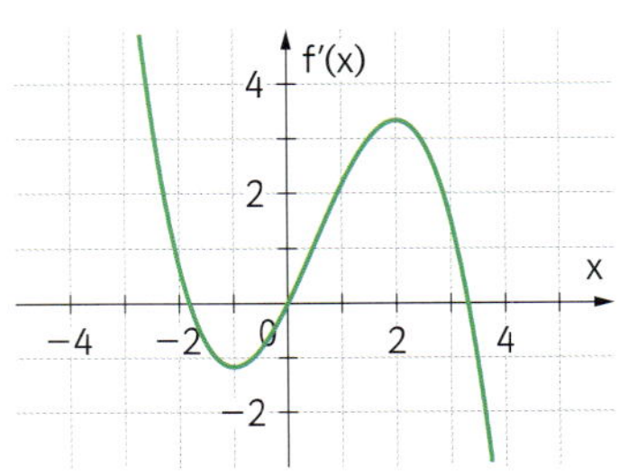

D ☐

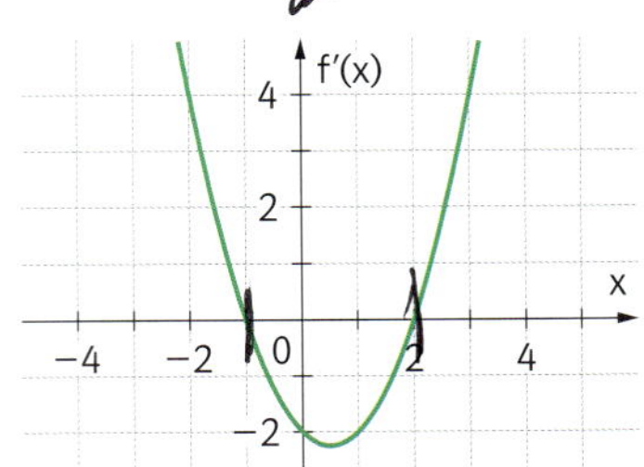

F ☒

3.29 **Ableitungsfunktion einer periodischen Funktion**

Gegeben ist der nebenstehende Graph einer Funktion f.

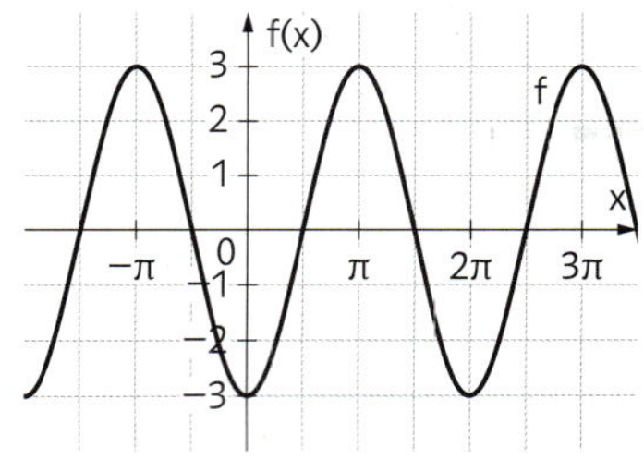

Aufgabenstellung:

Kreuzen Sie an, in welcher der Abbildungen A bis F der Graph der 1. Ableitung von f dargestellt ist!

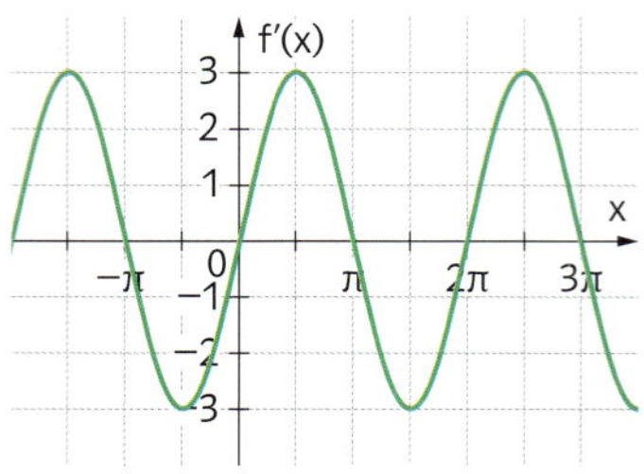

A ☐

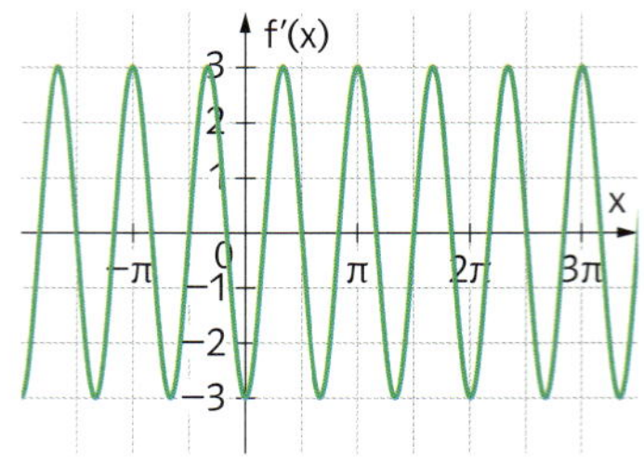

C ☐

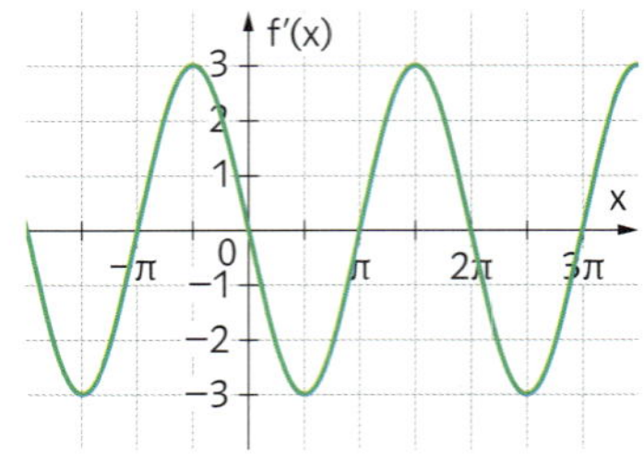

E ☐

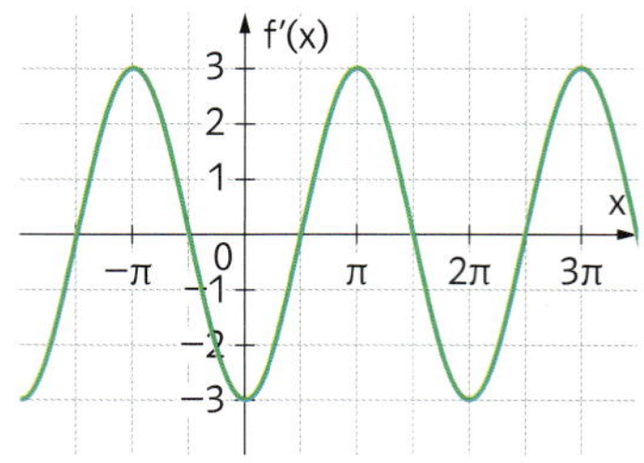

B ☐

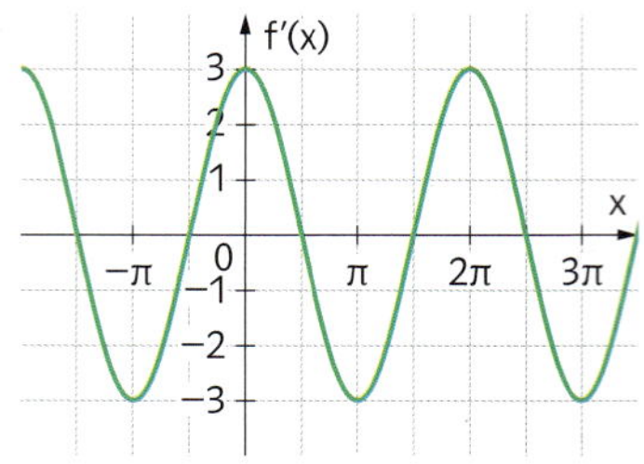

D ☐

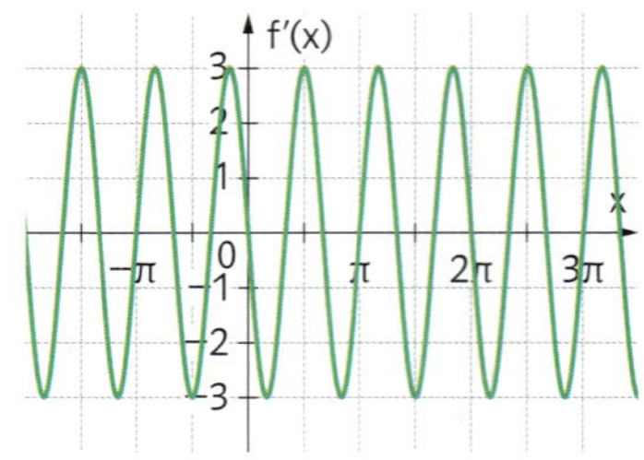

F ☐

3.30 **Funktionen mit gleicher Ableitungsfunktion**

In der Abbildung ist der Graph einer Polynomfunktion f gezeichnet.

Aufgabenstellung:

Zeichnen Sie in das nebenstehende Koordinatensystem den Graphen einer von f verschiedenen Funktion g ein, die dieselbe Ableitungsfunktion wie f hat!

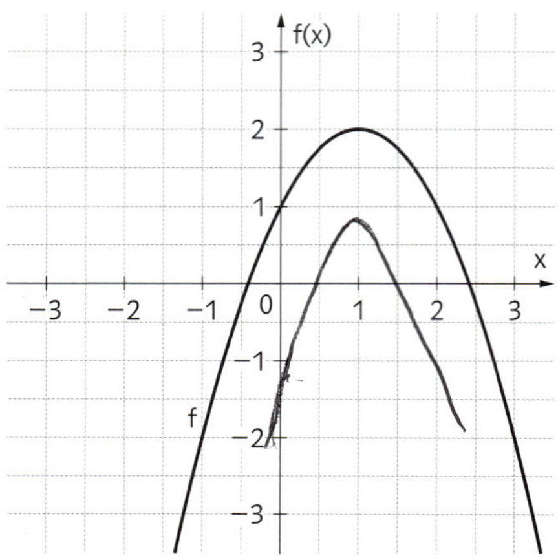

3.31 **Lokale Extremstellen einer Funktion bei gegebener Ableitungsfunktion**

In der Abbildung ist der Graph der 1. Ableitung f′ einer Polynomfunktion f dargestellt.

Aufgabenstellung:

Ermitteln Sie die lokale Maximumstelle und die lokale Minimumstelle von f im dargestellten Bereich!

lokale Maximumstelle von f: +1

lokale Minimumstelle von f: −1

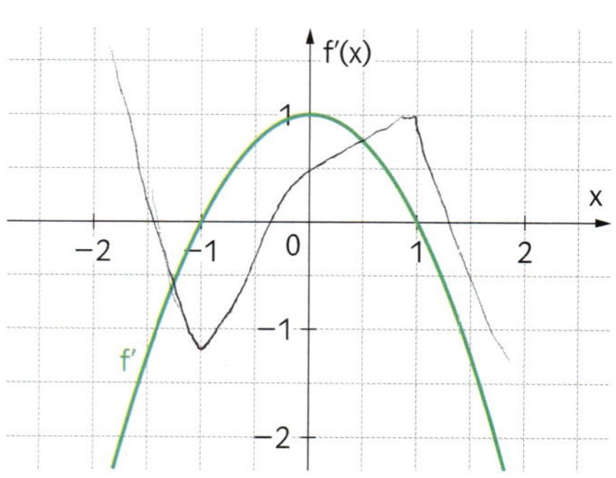

3.32 Eigenschaften der ersten und zweiten Ableitungsfunktion

Gegeben ist der Graph einer Polynomfunktion f vom Grad 3.

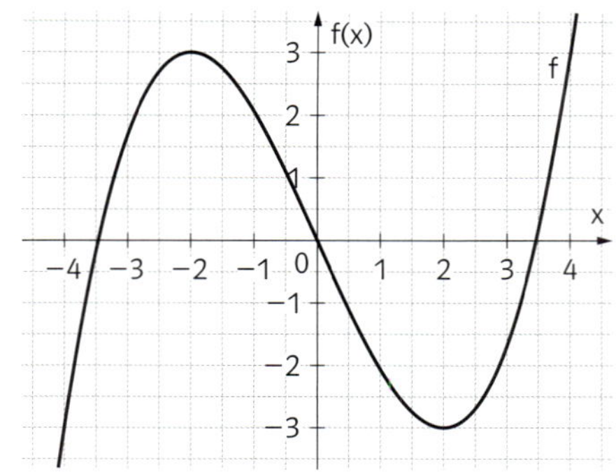

Aufgabenstellung:

Kreuzen Sie die beiden zutreffenden Aussagen an!

f″ ist in [−4; 4] streng monoton fallend.	☐
$f'(0) = 0$	☐
f′ ist in $\mathbb{R}^+$ streng monoton steigend.	☐
$f''(x) < 0$ für $x > 0$	☐
$f'(-2) = 0$	☐

3.33 Steigungen einer Funktion bei gegebener Ableitungsfunktion

Gegeben ist der Graph der Ableitungsfunktion f′ einer Funktion f.

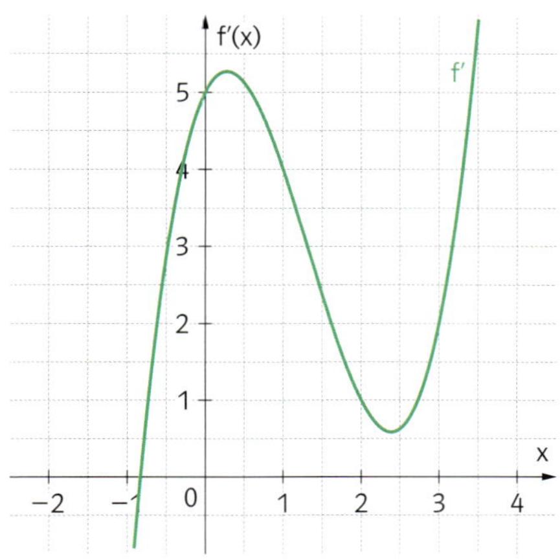

Aufgabenstellung:

Geben Sie anhand des Graphen von f′ jeweils die Steigung der Funktion f an der Stelle 1 und an der Stelle 3 an!

Steigung von f an der Stelle 1 = ________

Steigung von f an der Stelle 3 = ________

3.34 Skizzieren eines Funktionsgraphen bei gegebener Ableitungsfunktion

Im linken Koordinatensystem ist der Graph der Ableitungsfunktion f′ einer Funktion f dargestellt.

Aufgabenstellung:

Skizzieren Sie im rechten Koordinatensystem den Graphen der Funktion f unter der Voraussetzung $f(0) = -1$!

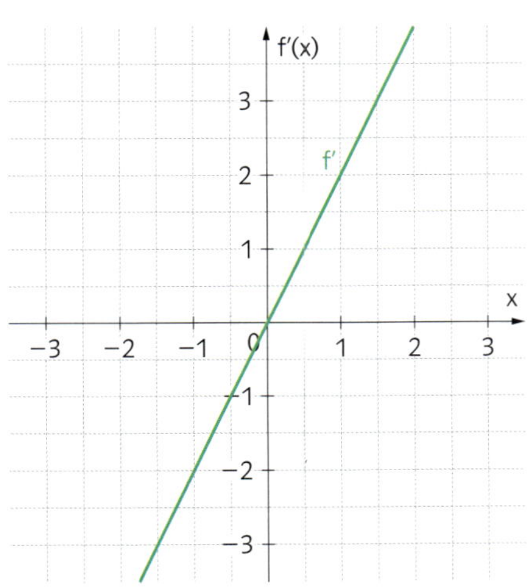

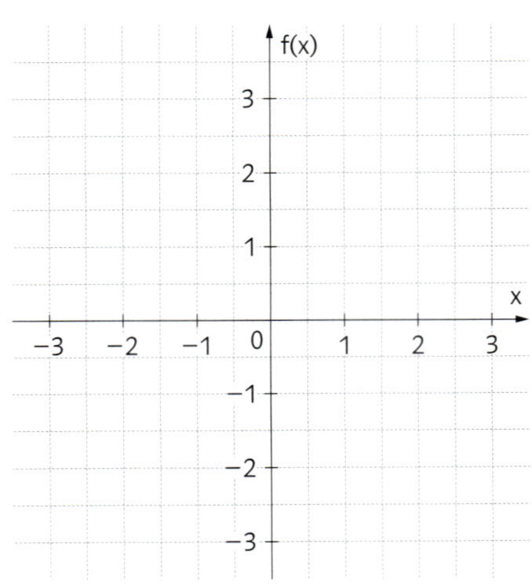

3.35 Lokale Extremstellen und Wendestellen einer Funktion bei gegebenen Ableitungsfunktionen

Gegeben sind die Graphen der 1. und der 2. Ableitung von ein und derselben Funktion f.

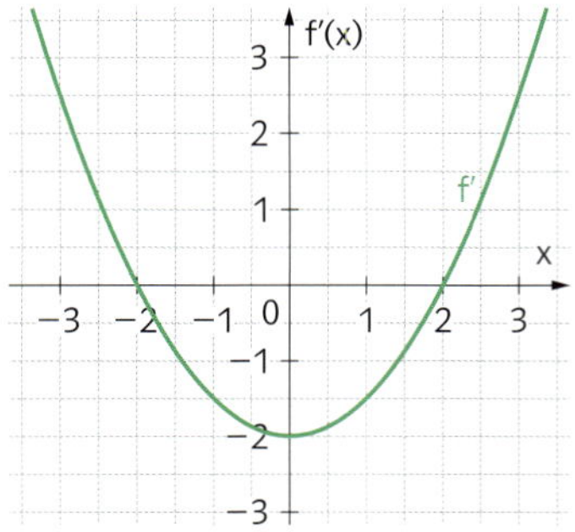

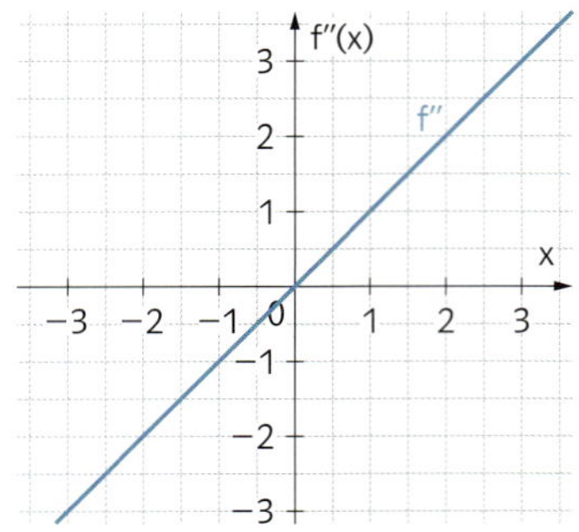

Aufgabenstellung:

Ermitteln Sie die lokale Maximumstelle, die lokale Minimumstelle und die Wendestelle der Funktion f im dargestellten Bereich!

lokale Maximumstelle: −2 lokale Minimumstelle: +2 Wendestelle: 0

3.36 Eigenschaften einer Funktion und ihrer Ableitungsfunktion bei gegebener zweiter Ableitung

Gegeben ist der Graph der zweiten Ableitungsfunktion f'' einer reellen Funktion f.

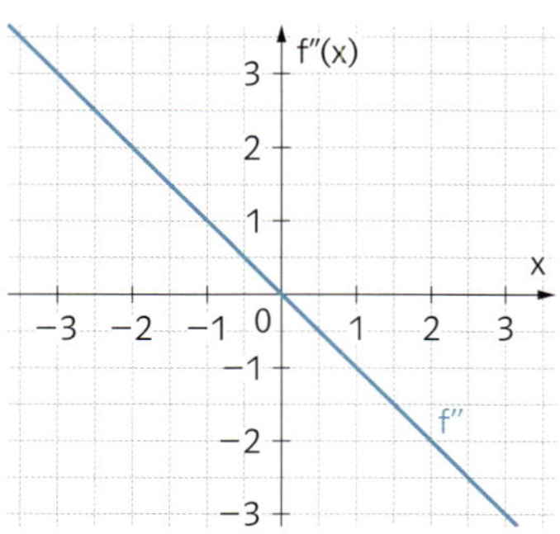

Aufgabenstellung:

Kreuzen Sie alle zutreffenden Aussagen an!

f' hat an der Stelle 0 eine lokale Extremstelle.	☒
f' ist in $]-\infty; 0]$ streng monoton fallend.	☐
f ist in ganz $\mathbb{R}$ rechtsgekrümmt (negativ gekrümmt).	☐
f hat an der Stelle 0 eine Wendestelle.	☒
f ist eine Polynomfunktion vom Grad 3.	☒

3.37 Stammfunktion einer Polynomfunktion

Die Abbildung zeigt den Graphen einer Polynomfunktion f.

Aufgabenstellung:

Skizzieren Sie im abgebildeten Koordinatensystem den ungefähren Verlauf des Graphen einer Stammfunktion F von f!

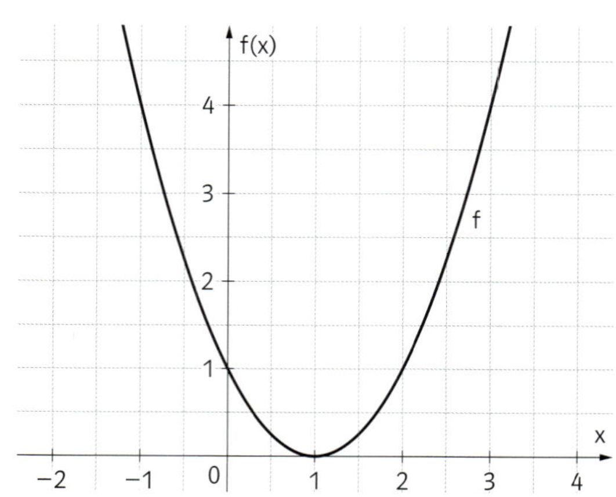

3.38 Stammfunktionen

Gegeben ist der Graph einer Funktion f.

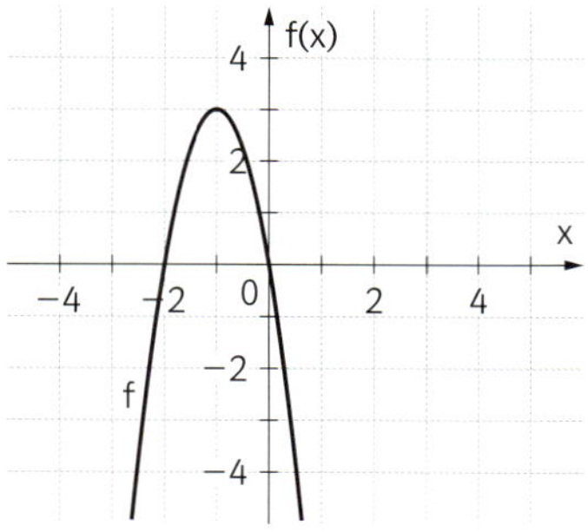

Aufgabenstellung:

Kreuzen Sie an, in welchen der Abbildungen A bis E der Graph einer Stammfunktion von f dargestellt ist!

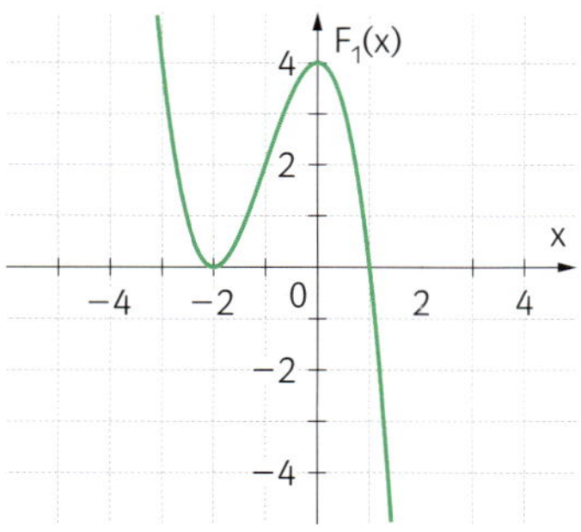

A ☐

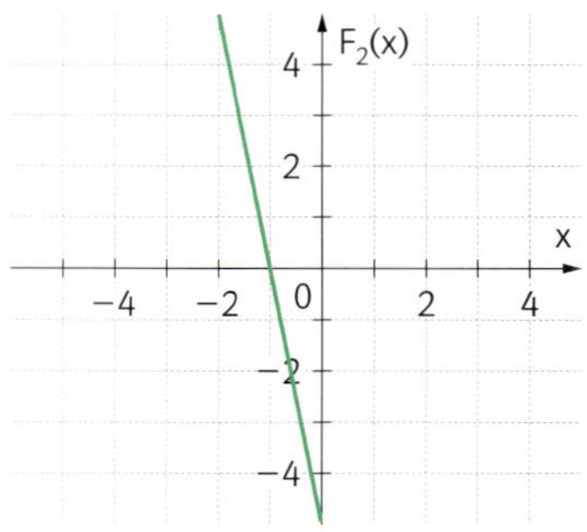

B ☐

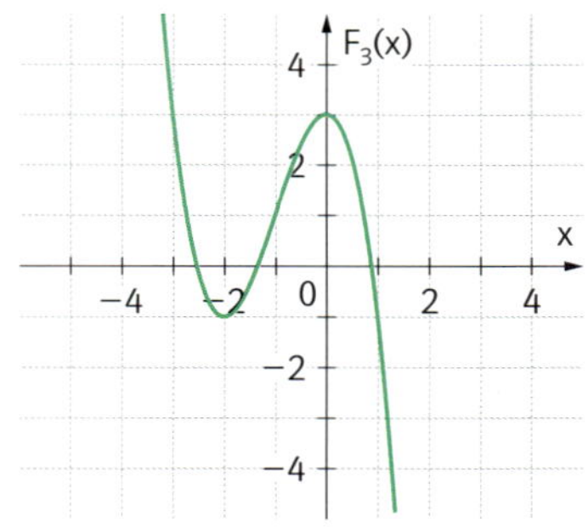

C ☐

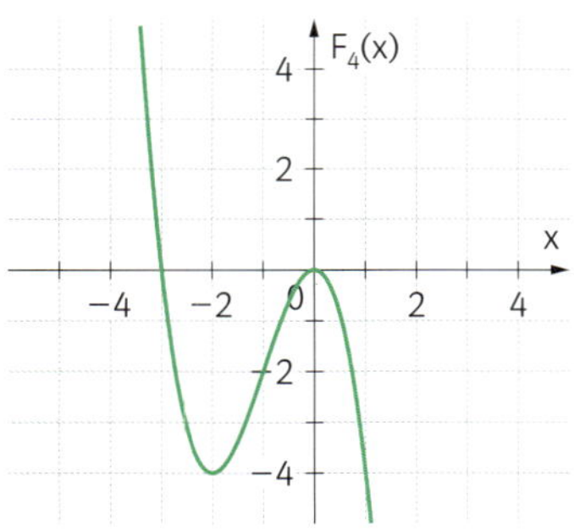

D ☐

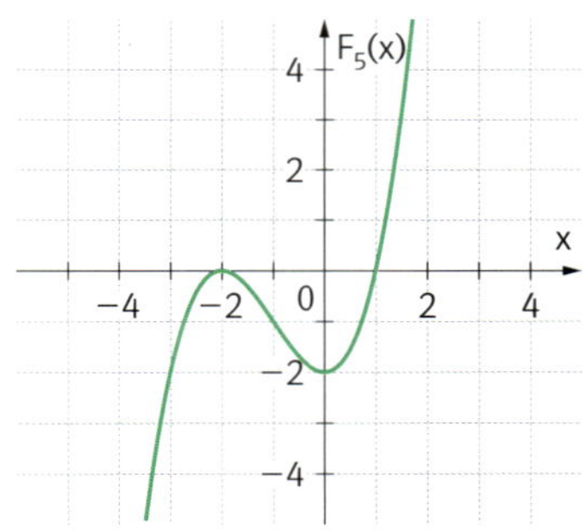

E ☐

■ AN 3.3 **Eigenschaften von Funktionen mit Hilfe der Ableitung(sfunktion) beschreiben können: Monotonie, lokale Extrema, Links- und Rechtskrümmung, Wendestellen.**

3.39 Eigenschaften einer Funktion

Gegeben ist eine zweimal differenzierbare Funktion $f: \mathbb{R} \to \mathbb{R}$ und eine Stelle $p \in \mathbb{R}$.

Aufgabenstellung:

Kreuzen Sie die zutreffenden Aussagen an!

Wenn p eine lokale Extremstelle von f ist, dann ist $f'(p) = 0$.	☐
Wenn p eine Wendestelle von f ist, dann ist $f''(p) = 0$.	☐
Wenn $f'(p) = 0$ ist, dann ist p eine lokale Extremstelle von f.	☐
Wenn $f''(x) < 0$ für alle $x \in \mathbb{R}$ ist, dann ist f linksgekrümmt in $\mathbb{R}$.	☐
Wenn $f'(x) > 0$ für alle $x \in \mathbb{R}$ ist, dann ist f streng monoton steigend in $\mathbb{R}$.	☐

3.40 **Lokale Minimumstelle**

Die Stelle x_0 ist eine lokale Minimumstelle der zweimal differenzierbaren Funktion $f: \mathbb{R} \to \mathbb{R}$.

Aufgabenstellung:

Kreuzen Sie die beiden zutreffenden Aussagen an!

$f'(x_0) = 0$	☒
$f''(x_0) = 0$	☐
$f'(x) > 0$ für $x < x_0$ und $f'(x) < 0$ für $x > x_0$.	☐
f wechselt an der Stelle x_0 das Krümmungsverhalten.	☐
f wechselt an der Stelle x_0 das Monotonieverhalten.	☒

3.41 **Eigenschaften von f und f″**

In der Abbildung ist der Graph der Ableitungsfunktion f′ einer zweimal differenzierbaren Funktion f dargestellt.

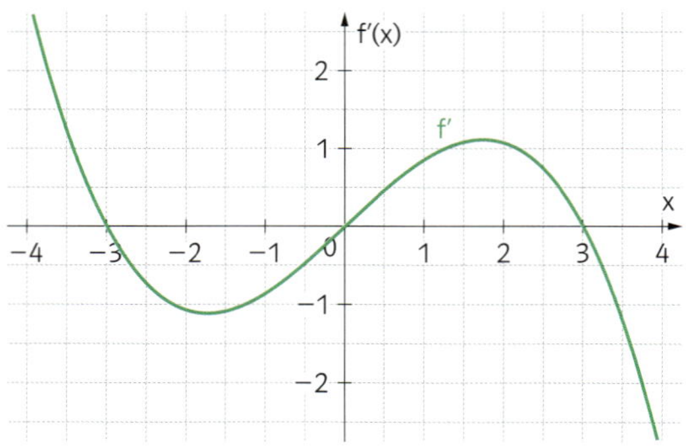

Aufgabenstellung:

Kreuzen Sie die zutreffenden Aussagen an!

Die Funktion f ist im Intervall [0; 3] streng monoton steigend.	☐
Die Funktion f besitzt im Intervall [−4; 4] drei lokale Extremstellen.	☐
Die Funktion f besitzt im Intervall [−4; 4] zwei Wendestellen.	☐
Die Stelle 0 ist eine lokale Maximumstelle von f.	☐
Die Funktion f″ besitzt im Intervall [−4; 4] keine Wendestelle.	☐

3.42 **Krümmung**

Gegeben ist der Graph einer reellen Funktion f, der genau drei Wendepunkte W_1, W_2 und W_3 besitzt.

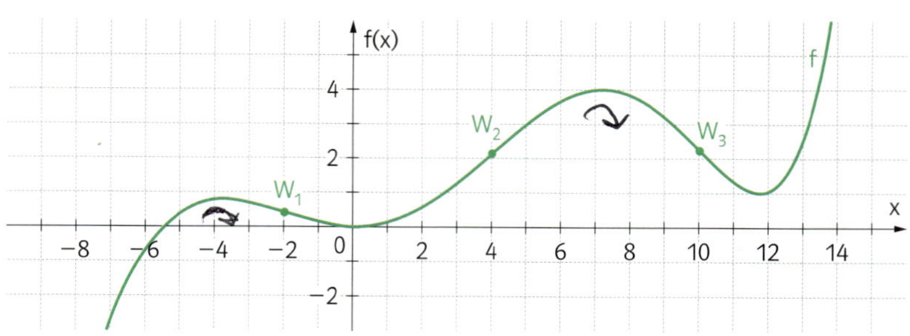

Aufgabenstellung:

Kreuzen Sie die beiden Intervalle an, in denen f rechtsgekrümmt (negativ gekrümmt) ist!

]−∞; −2]	☒
[−2; 4]	☐
[4; 10]	☒
[0; 10]	☐
[10; ∞[	☐

3.43 Nullstellen, lokale Extremstellen und Wendestellen

Gegeben ist eine Polynomfunktion f vom Grad 3.

Aufgabenstellung:

Geben Sie für die folgenden Stellen jeweils die größtmögliche Anzahl an, die f besitzen kann!

Nullstellen: 3 lokale Extremstellen: 2 Wendestellen: 1

nur in der Mitte zw. Hügeln

3.44 Punkte auf dem Graphen einer Funktion

Gegeben sind zwei Punkte $P = (p \mid f(p))$ und $Q = (q \mid f(q))$ auf dem Graphen einer quadratischen Funktion f. Für die lokale Maximumstelle h dieser Funktion gilt: $p < h < q$

Aufgabenstellung:

Kreuzen Sie die beiden Aussagen an, die sicher zutreffen!

$f(p) < f(q)$	☐
$f(h) > f(p)$	☐
$f(p) = f(q)$	☐
$f(h) > 0$	☐
$f(q) < f(h)$	☐

3.45 Monotonie einer Funktion

Gegeben ist die reelle Funktion f mit $f(x) = x^3 - x^2$.

Aufgabenstellung:

Ergänzen Sie durch Ankreuzen den folgenden Text so, dass eine korrekte Aussage entsteht!

Die Funktion f ist im Intervall $\left[0; \frac{2}{3}\right]$ ___①___, da ___②___.

①	
streng monoton steigend	☐
streng monoton fallend	☐
nicht monoton	☐

②	
es ein $x \in \left[0; \frac{2}{3}\right]$ mit $f'(x) > 0$ gibt	☐
$f'(x) > 0$ für alle $x \in \left]0; \frac{2}{3}\right[$	☐
$f'(x) < 0$ für alle $x \in \left]0; \frac{2}{3}\right[$	☐

3.46 Achsenberührung

Der Graph einer Polynomfunktion f berührt die 1. Achse an der Stelle 3.

Aufgabenstellung:

Kreuzen Sie die beiden Aussagen an, die für f erfüllt sein müssen!

$f''(3) = 0$	☐
$f'(3) = 0$	☐
$f(3) = 0$	☐
$f(3) < 0$	☐
$f'(3) > 0$	☐

3.47 Eigenschaften einer Funktion

Gegeben ist die reelle Funktion f mit $f(x) = a \cdot x^3 + b$ mit $a, b \in \mathbb{R}$ und $a > 0$.

Aufgabenstellung:

Kreuzen Sie die beiden Aussagen an, die auf die Funktion f zutreffen!

Der Punkt $P = (0 \mid b)$ liegt auf dem Graphen von f.	☐
Für die Wendestelle p der Funktion f gilt: $p > 0$	☐
Die Funktion f hat mindestens zwei lokale Extremstellen.	☐
Im gesamten Definitionsbereich gilt: $f'(x) < 0$	☐
Die Funktion f hat genau eine Nullstelle.	☐

3.48 Lokale Extremstellen und Wendestellen

Gegeben ist die reelle Funktion f mit $f(x) = -3x^2 + 12$.

Aufgabenstellung:

Ergänzen Sie durch Ankreuzen den folgenden Text so, dass eine korrekte Aussage entsteht!

Die Funktion f hat bei $x = 0$ eine ______①______, da ______②______.

①	
lokale Minimumstelle	☐
lokale Maximumstelle	☐
Wendestelle	☐

②	
$f'(0) = 0$ und $f''(0) = 0$	☐
$f'(0) = 0$ und $f''(0) > 0$	☐
$f'(0) = 0$ und $f''(0) < 0$	☐

3.49 Anzahl der Wendestellen

Gegeben ist die quadratische Funktion f mit $f(x) = a \cdot x^2 + b \cdot x + c$ mit $a, b, c \in \mathbb{R}$ und $a \neq 0$.

Aufgabenstellung:

Ergänzen Sie die durch Ankreuzen den folgenden Text so, dass eine korrekte Aussage entsteht!

Die Funktion f hat ______①______, da ______②______.

①	
genau eine Wendestelle	☐
genau zwei Wendestellen	☐
keine Wendestelle	☐

②	
die Gleichung $a \cdot x^2 + b \cdot x + c = 0$ zwei Lösungen hat	☐
die zweite Ableitung von f konstant $2a \neq 0$ ist	☐
die erste Ableitung von f genau eine Nullstelle hat	☐

3.50 Lokale Extremstelle

Die Stelle p ist eine lokale Extremstelle einer Polynomfunktion f vom Grad ≥ 2.

Aufgabenstellung:

Kreuzen Sie die zutreffenden Aussagen an!

An der Stelle p müssen f' und f'' übereinstimmen.	☐
Das Monotonieverhalten der Funktion f ändert sich an der Stelle p.	☐
$f''(p)$ muss nicht von 0 verschieden sein.	☐
Der Punkt $P = (p \mid 0)$ liegt auf dem Graphen der Ableitungsfunktion f'.	☐
Das Krümmungsverhalten der Funktion f ändert sich an der Stelle p.	☐

3.51 Krümmung und Wendepunkt

Nach einem starken Regenfall sinkt der Pegelstand eines Flusses innerhalb von 12 Stunden von 5 m auf 3 m. In der Abbildung ist der Pegelstand h(t) in Abhängigkeit von der Zeit t dargestellt. An der Stelle h = 6 hat der Graph von h einen Wendepunkt.

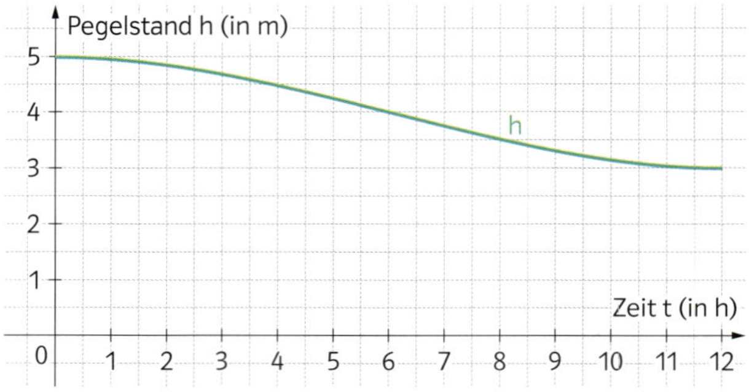

Aufgabenstellung:

Kreuzen Sie die beiden zutreffenden Aussagen an!

Nach 6 Stunden geht die Linkskrümmung von h in eine Rechtskrümmung über.	☐
$h''(t) > 0$ für $0 \leq t \leq 6$	☐
$h''(6) = 0$	☐
Für $t \geq 6$ sinkt der Pegelstand immer langsamer.	☐
Nach 6 Stunden ist der Pegelstand nur mehr halb so groß wie am Anfang.	☐

3.52 Wendestelle

Gegeben ist eine Polynomfunktion f mit $f(x) = ax^3 + bx^2 + cx + d$ (mit $a, b, c, d \in \mathbb{R}$ und $a \neq 0$).

Aufgabenstellung:

Zeigen Sie, dass diese Funktion genau eine Wendestelle besitzt!

3.53 Eigenschaften einer Polynomfunktion

Gegeben ist ein Ausschnitt des Graphen einer Polynomfunktion $f: \mathbb{R} \to \mathbb{R}$.

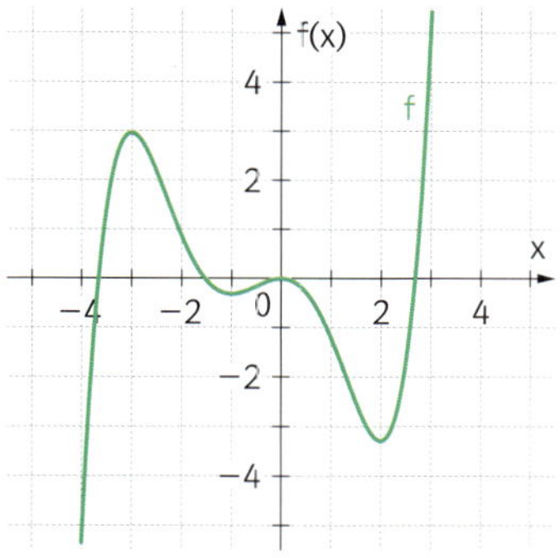

Aufgabenstellung:

Kreuzen Sie alle Aussagen an, die auf die Funktion f zutreffen!

$f'(1) < 0$	☐
Der Differenzenquotient von f in $[-3; 0]$ beträgt -1.	☐
$f''(-3) > 0$	☐
In $[0; 2]$ befindet sich eine Wendestelle von f.	☒
-3 ist eine globale Maximumstelle von f in $\mathbb{R}$.	☒

3.54 Ermitteln einer Termdarstellung

Gegeben ist die Funktion f mit $f(x) = x^2 + bx + c$ mit $b, c \in \mathbb{R}$. Der Graph von f geht durch den Ursprung und hat dort die Steigung -1.

Aufgabenstellung:

Ermitteln Sie die Parameter b und c und geben Sie die zugehörige Termdarstellung von f an!

b = ________ c = ________ f(x) = ____________________

3.55 Aufsuchen eines Graphen mit vorgegebenen Eigenschaften 1

Von einer Polynomfunktion f vom Grad 3 ist Folgendes bekannt: $f(0) = 0$, $f'(1) < 0$, $f'(2) = 0$, $f''(0) = 0$

Aufgabenstellung:

Skizzieren Sie im folgenden Koordinatensystem einen möglichen Verlauf des Graphen von f!

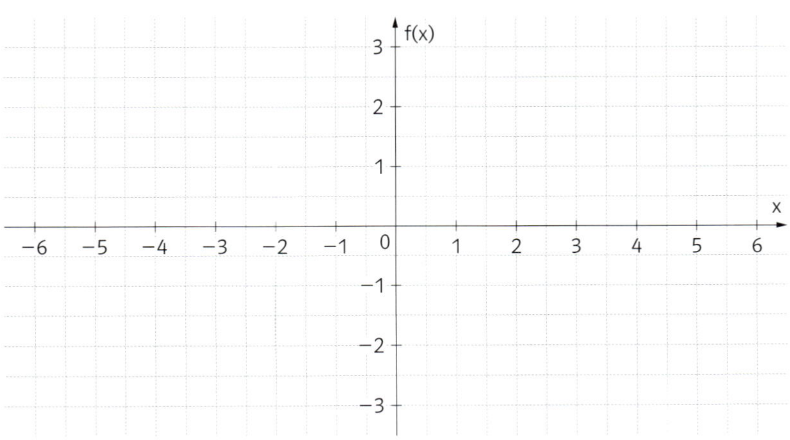

3.56 **Aufsuchen eines Graphen mit vorgegebenen Eigenschaften 2**
Eine Polynomfunktion f hat die folgenden Eigenschaften:
$f(0) < 0$, $f'(0) > 0$ und $f''(x) < 0$ für alle x im dargestellten Bereich.

Aufgabenstellung:
Kreuzen Sie jenen Graphen an, der die genannten Eigenschaften aufweist!

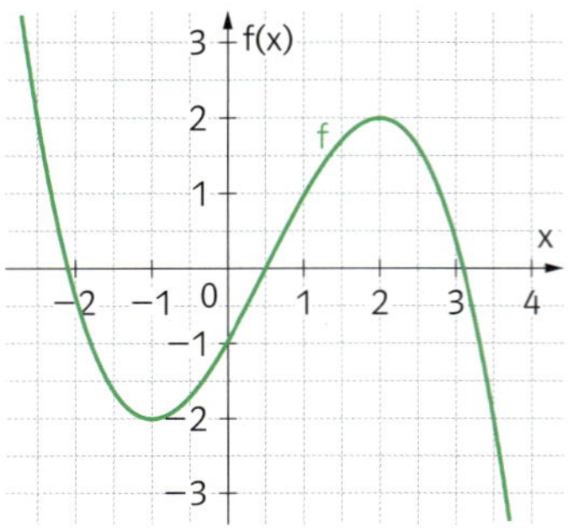

A ☐

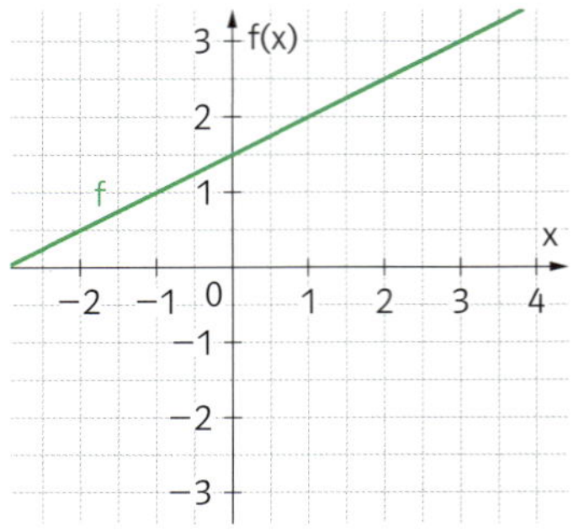

B ☐

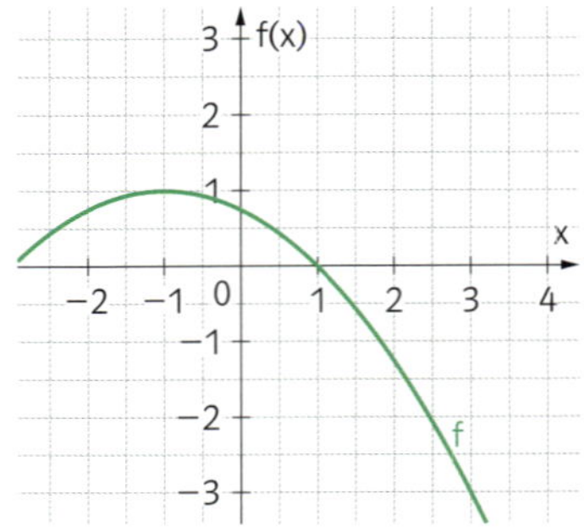

C ☐

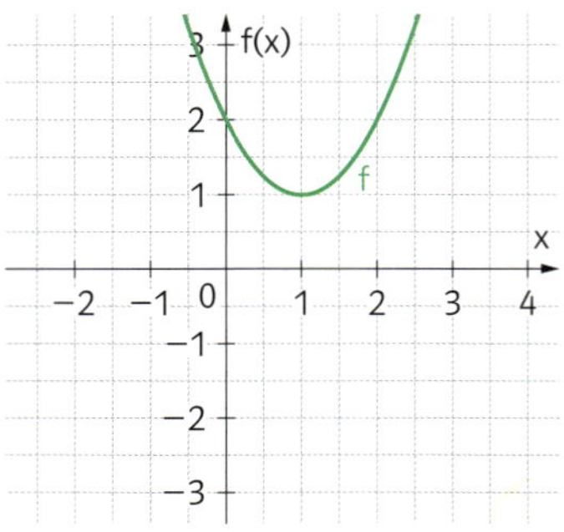

D ☐

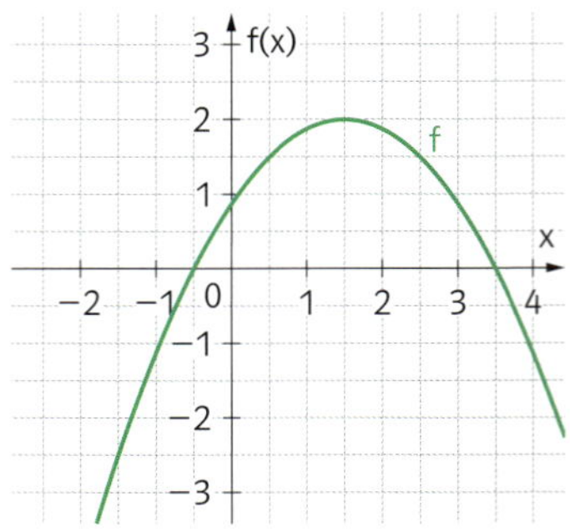

E ☐

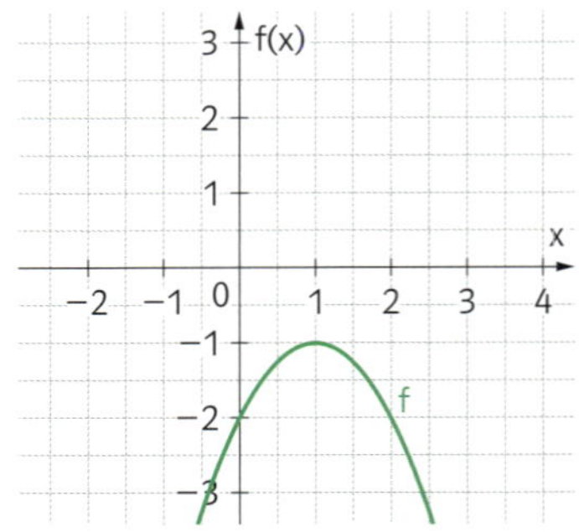

F ☐

Summation und Integral

■ AN 4.1 Den Begriff des bestimmten Integrals als Grenzwert einer Summe von Produkten deuten und beschreiben können.

3.57 **Abschätzung eines Integrals**
Gegeben sind der Graph einer Funktion f sowie eine aus acht Rechtecken bestehende Fläche mit dem Gesamtflächeninhalt 22.

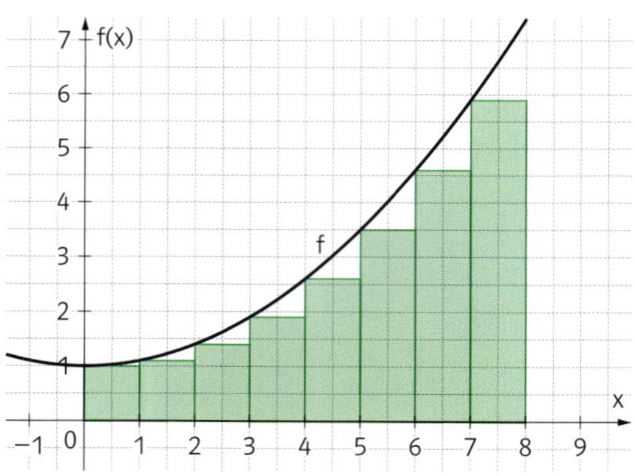

Aufgabenstellung:
Kreuzen Sie für den dargestellten Sachverhalt die beiden zutreffenden Aussagen an!

$\int_0^8 f(x)\,dx = 22$	$\int_0^8 f(x)\,dx \leq 22$	$\int_0^8 f(x)\,dx > 22$	$\int_0^7 f(x)\,dx < \int_0^8 f(x)\,dx$	$\int_0^1 f(x)\,dx = 1$
☐	☐	☐	☐	☐

3.58 Volumen eines Körpers

Die Tabelle gibt den Inhalt A(z) der Querschnittsfläche eines 4 cm hohen Körpers in der Höhe z an.

z (in cm)	0	0,5	1	1,5	2	2,5	3	3,5	4
A(z) (in cm^2)	10,0	9,5	9,0	8,5	8,0	7,5	7,0	6,5	6,0

Aufgabenstellung:

Ermitteln Sie mit Hilfe einer Untersumme und einer Obersumme eine untere bzw. obere Schranke für das Volumen V des Körpers!

3.59 Radrennen

Bei einem Radrennen wird auf einem kurzen Streckenabschnitt die Geschwindigkeit v(t) eines Sportlers für t = 0, 1, 2, 3 und 4 gemessen (t in Sekunden).

v(0) = 9,6 m/s
v(1) = 9,4 m/s
v(2) = 9,6 m/s
v(3) = 9,3 m/s
v(4) = 9,0 m/s

Aufgabenstellung:

Stellen Sie die Länge des in diesen 4 Sekunden zurückgelegten Streckenabschnitts durch ein Integral dar und geben Sie eine untere bzw. obere Schranke für dieses Integral an!

■ AN 4.2 **Einfache Regeln des Integrierens kennen und anwenden können: Potenzregel, Summenregel, $\int k \cdot f(x)\,dx$, $\int f(k \cdot x)\,dx$ (vgl. Inhaltsbereich Funktionale Abhängigkeiten). Bestimmte Integrale von Polynomfunktionen ermitteln können.**

3.60 Integralberechnungen

Gegeben ist eine Funktion f: $x \mapsto f(x)$.

Aufgabenstellung:

Ordnen Sie jeder Termdarstellung von f das dazugehörige Integral zu!

$f(x) = \cos(x)$	
$f(x) = \sin(x)$	
$f(x) = e^x$	
$f(x) = \frac{1}{x}$	

A	$\int_1^e f(x)\,dx = 1$
B	$\int_0^1 f(x)\,dx = e - 1$
C	$\int_0^{\pi} f(x)\,dx = 2$
D	$\int_0^{\pi} f(x)\,dx = 0$

3.61 Ermitteln der Integrationsgrenzen

Gegeben ist das bestimmte Integral $\int_k^{4k} x\,dx$.

Aufgabenstellung:

Ermitteln Sie, für welches $k \in \mathbb{R}^+$ dieses Integral gleich 15 ist!

3.62 Unbestimmtes Integral

Gegeben sind die Funktionen f mit $f(x) = x$ und g mit $g(x) = \frac{1}{x}$.

Aufgabenstellung:

Ermitteln Sie $\int f(x)\,dx$ und $\int g(x)\,dx$!

■ AN 4.3 Das bestimmte Integral in verschiedenen Kontexten deuten und entsprechende Sachverhalte durch Integrale beschreiben können.

3.63 Vorzeichen von Integralen

Gegeben ist der Graph einer Funktion f.

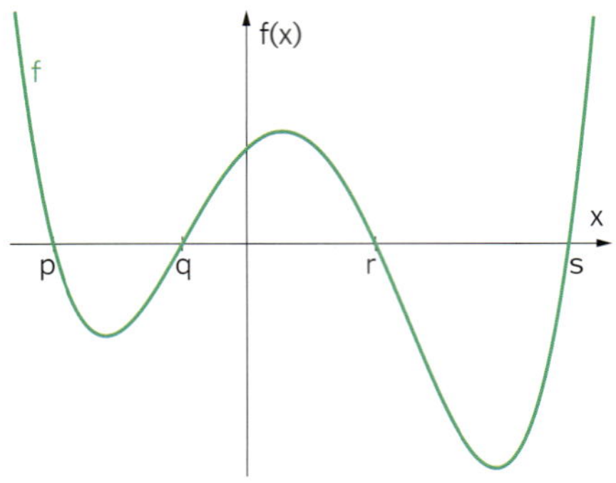

Aufgabenstellung:

Kreuzen Sie die beiden zutreffenden Aussagen an!

$\int_q^p f(x)\,dx < 0$	$\int_r^q f(x)\,dx < 0$	$\int_p^q f(x)\,dx < 0$	$\int_s^r f(x)\,dx < 0$	$\int_q^r f(x)\,dx < 0$
☐	☐	☐	☐	☐

3.64 Inhalt eines Flächenstücks

Gegeben ist die reelle Funktion f mit $f(x) = -2x^2 + 18$.

Aufgabenstellung:

Welche der folgenden Gleichungen geben den Inhalt A des endlichen Flächenstücks an, das vom Graphen der Funktion f und der x-Achse begrenzt wird?

Kreuzen Sie die zutreffenden Gleichungen an!

$A = -\int_{-3}^{3} f(x)\,dx$	$A = 2 \cdot \int_{-3}^{0} f(x)\,dx$	$A = 2 \cdot \int_{0}^{3} f(x)\,dx$	$A = 2 \cdot \left\lvert \int_{3}^{0} f(x)\,dx \right\rvert$	$A = \int_{3}^{-3} f(x)\,dx$
☐	☐	☐	☐	☐

3.65 Ermitteln eines Integrals

In der Abbildung ist der Graph einer abschnittweise linearen Funktion f dargestellt.

Aufgabenstellung:

Ermitteln Sie $\int_{-4}^{4} f(x)\,dx$!

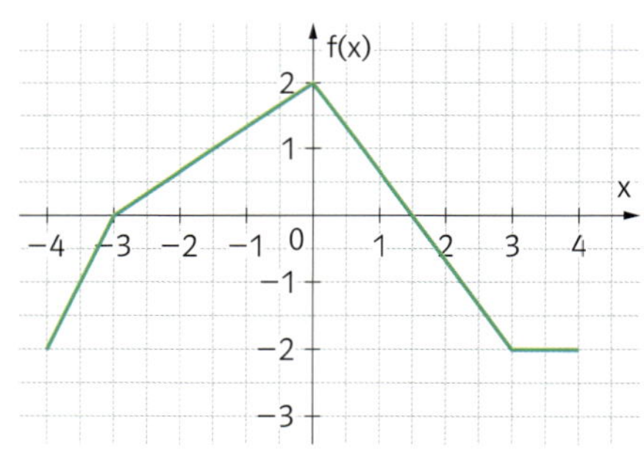

3.66 Flächeninhalt

Gegeben sind die nebenstehend abgebildeten Graphen zweier reeller Funktionen f und g.

Aufgabenstellung:

Färben Sie die Fläche ein, deren Inhalt A in folgender Weise berechnet werden kann:

$A = \int_0^2 [f(x) - g(x)]\,dx$

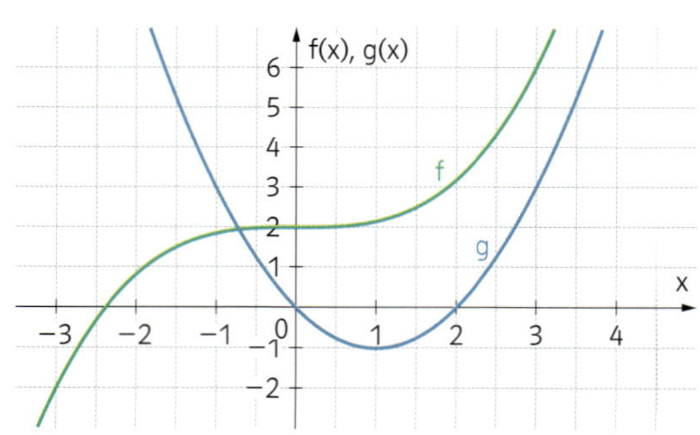

3.67 Flächeninhalte

In der folgenden Abbildung ist A_1 der Inhalt der grünen Fläche, die von der x-Achse, der Geraden $x = p$ und dem Graphen der Funktion f eingeschlossen wird, und A_2 der Inhalt der blauen Fläche, die von der x-Achse, der Geraden $x = q$ und dem Graphen von f eingeschlossen wird.

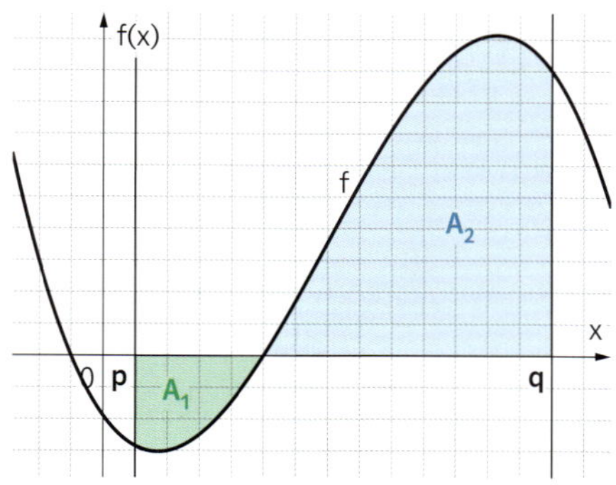

Aufgabenstellung:

Kreuzen Sie den Term an, der die Zahl $\int_p^q f(x)\,dx$ korrekt angibt!

$\lvert A_1\rvert + \lvert A_2\rvert$	$\lvert A_1 + A_2\rvert$	$\lvert A_1 - A_2\rvert$	$A_1 + A_2$	$\lvert A_1\rvert - \lvert A_2\rvert$	$A_1 - A_2$
☐	☐	☐	☐	☐	☐

3.68 Flächeninhalt

Gegeben sind der Graph einer Funktion f sowie der Graph einer zugehörigen Stammfunktion F.

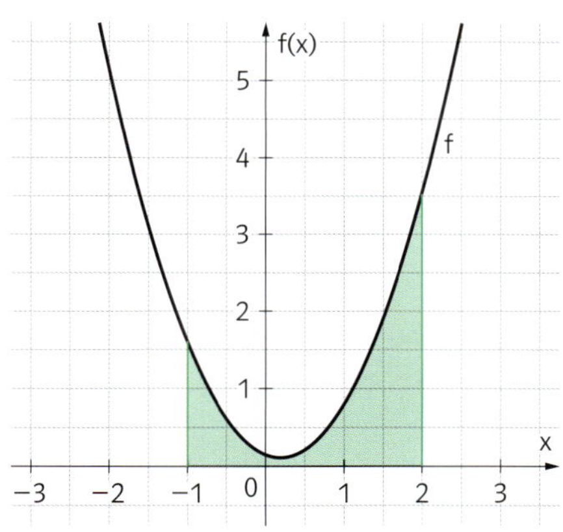

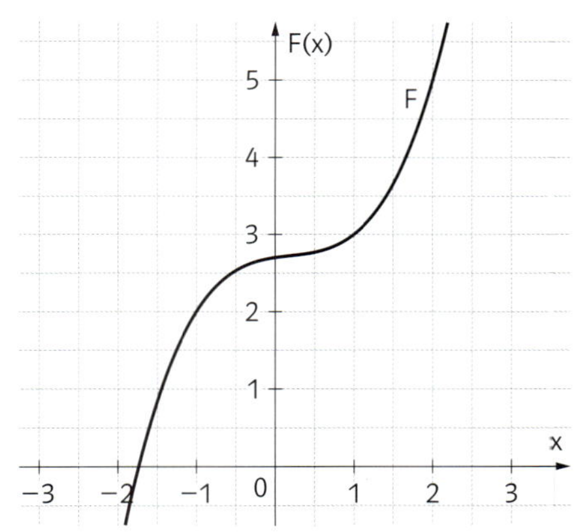

Aufgabenstellung:

Ermitteln Sie mit Hilfe der beiden Graphen den Inhalt A der grün unterlegten Fläche!

3.69 Aussagen über Integrale

Gegeben ist der Graph einer Funktion f, deren Nullstellen bei 0, bei 2 und bei 3 liegen.

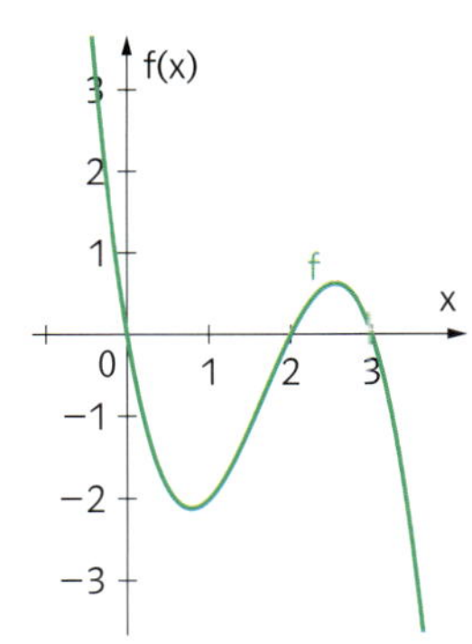

Aufgabenstellung:

Kreuzen Sie die zutreffenden Aussagen an!

$\int_2^3 f(x)\,dx > 0$	$\left\lvert\int_0^2 f(x)\,dx\right\rvert > \int_2^3 f(x)\,dx$	$\int_0^3 f(x)\,dx > 0$	$\int_2^3 f(x)\,dx - \int_0^2 f(x)\,dx > 0$	$\left\lvert\int_0^3 f(x)\,dx\right\rvert > 0$
☐	☐	☐	☐	☐

3.70 Volumen eines Bechers

Die Form einer 9 cm hohen Blumenschale ergibt sich näherungsweise durch Rotation des Graphen der Funktion f mit der Funktionsgleichung $y = 0{,}25 \cdot x^2$ um die y-Achse (x und y in cm).

Aufgabenstellung:

Berechnen Sie das Volumen der Blumenschale!

3.71 Weglänge

Die Geschwindigkeit v eines Körpers zum Zeitpunkt t ist gegeben durch $v(t) = 81 - t^2$ (in m/s).

Aufgabenstellung:

Berechnen Sie die Länge des zurückgelegten Weges vom Zeitpunkt $t = 0$ bis zum Stillstand des Körpers!

3.72 Wachstum einer Zierpflanze

Eine Zierpflanze weist verschiedene Wachstumsphasen auf. Der nachstehend abgebildete Graph der Funktion v stellt annähernd die Wachstumsgeschwindigkeit der Pflanze in Abhängigkeit von der Zeit t dar.

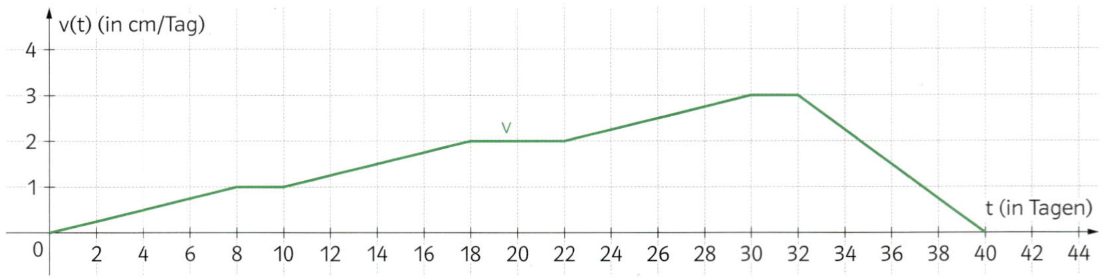

Aufgabenstellung:

Ermitteln Sie anhand des Graphen der Funktion v, wie hoch die Zierpflanze nach 40 Tagen ist, wenn die Pflanze zum Zeitpunkt $t = 0$ gerade aus der Erde sprießt!

3.73 Dehnung einer Spiralfeder

Eine Spiralfeder wird gedehnt. In der nebenstehenden Abbildung ist die erforderliche Kraft F in Abhängigkeit vom Ausmaß s der Dehnung dargestellt.

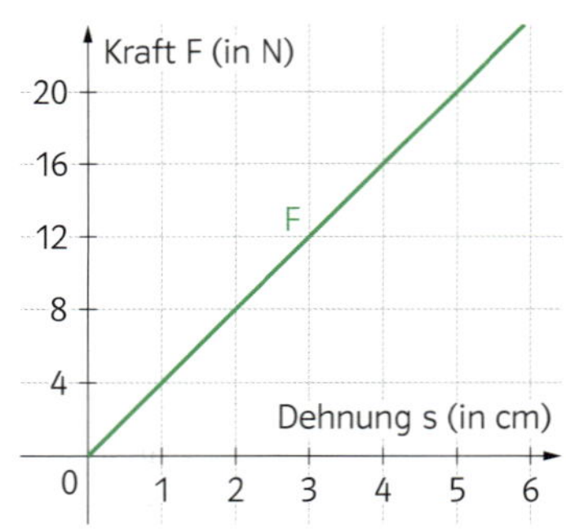

Aufgabenstellung:

Welche Arbeit ist erforderlich, um die Feder 4 cm auszudehnen?

3.74 Wasser in einem Stausee

In den ersten 12 Stunden nach starkem Regen lässt sich die Zuflussgeschwindigkeit des Wassers in einen Stausee annähernd durch die Funktion $f(t) = t^3 - 24t^2 + 144t$ beschreiben (t in Stunden, f(t) in m^3/h).

Aufgabenstellung:

Stellen Sie das Integral $\int_0^{12} f(t)\,dt$ in der Abbildung färbig dar und interpretieren Sie dieses!

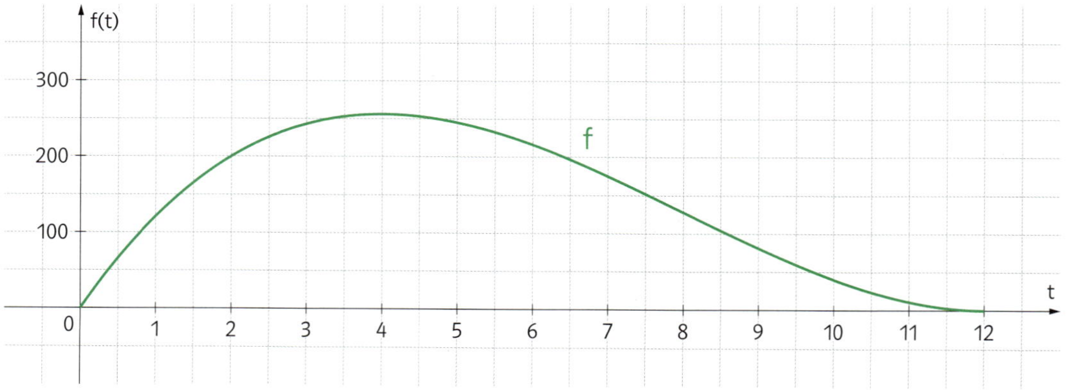

4 Typ 1
Wahrscheinlichkeit und Statistik

Beschreibende Statistik

■ WS 1.1 Werte aus tabellarischen und elementaren grafischen Darstellungen ablesen (bzw. zusammengesetzte Werte ermitteln) und im jeweiligen Kontext angemessen interpretieren können.

4.01 **Beschäftigungsstruktur**

Das Statistikjahrbuch eines Bezirks führt an, dass von den 2000 Beschäftigten in diesem Bezirk 800 Arbeiter, 500 Angestellte, 300 Beamte und 400 Selbstständige sind.

Aufgabenstellung:

Kreuzen Sie an, welche der folgenden Diagramme diesen Sachverhalt richtig wiedergeben!

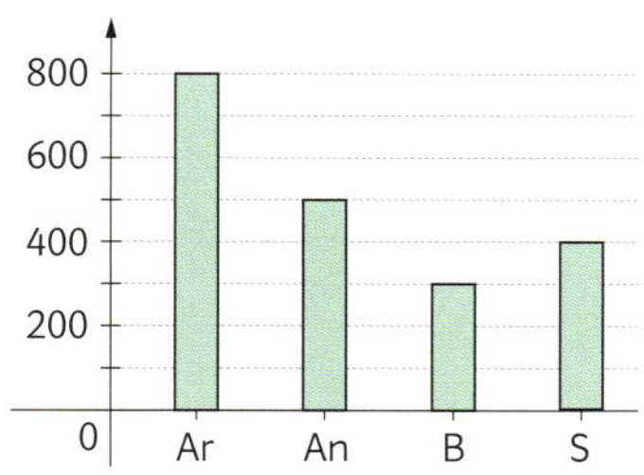

A ☐

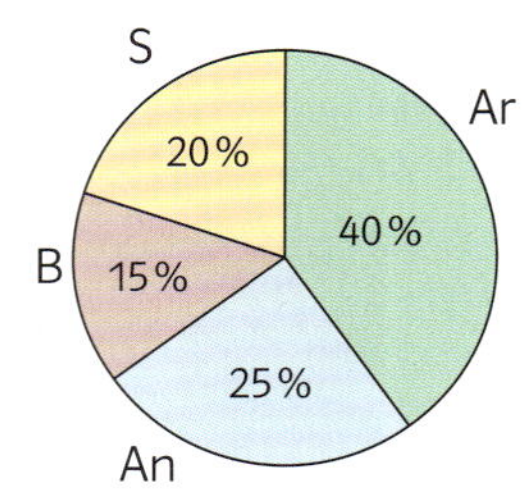

B ☐

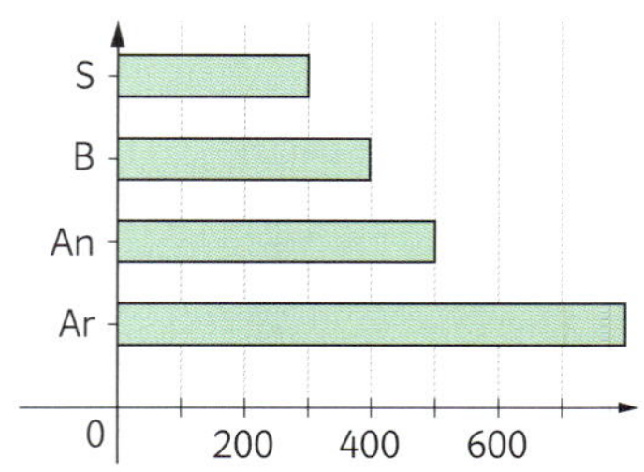

C ☐

D ☐

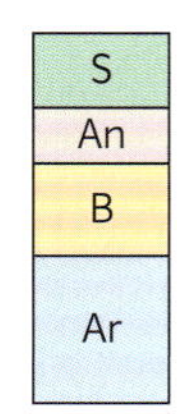

E ☐

4.02 **Ergebnis einer Befragung**

Die Bevölkerung einer Stadt wurde zu ihrer Meinung über einen Gesetzesentwurf befragt. Das linke Kreisdiagramm zeigt die Verteilung der Befürworter und Gegner. Das rechte Kreisdiagramm zeigt die Verteilung der Befürworter hinsichtlich des Geschlechts.

Befürworter und Gegner

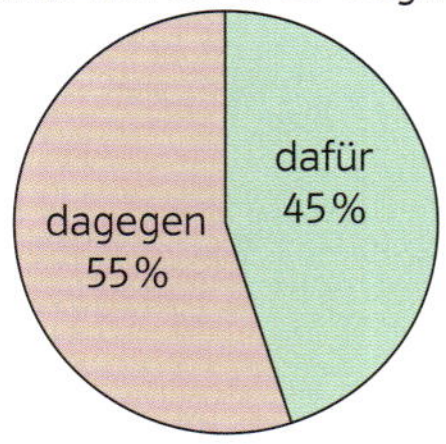

Geschlecht der Befürworter

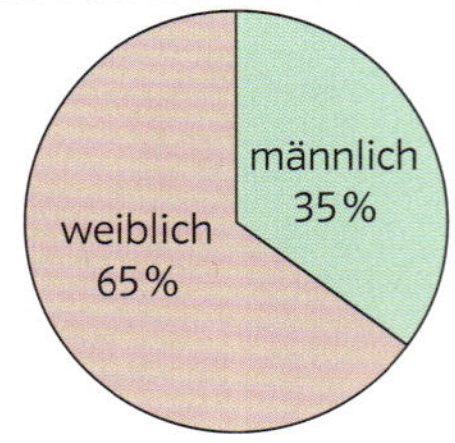

Aufgabenstellung:

Ermitteln Sie den Prozentsatz der weiblichen Befürworter unter allen Befragten der Stadt!

_______ % aller Befragten sind weiblich und befürworten den Gesetzesentwurf.

4.03 Sportfest

Bei einem Sportfest wurde nach dem Weitsprungbewerb das folgende Kastenschaubild erstellt:

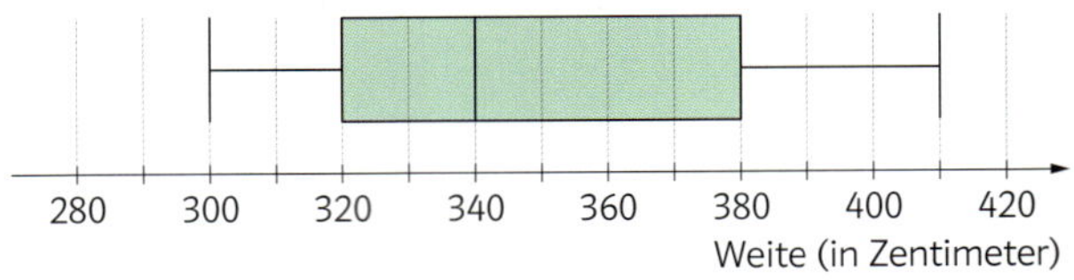

Aufgabenstellung:
Kreuzen Sie die beiden zutreffenden Aussagen an, die man mit Sicherheit der Grafik entnehmen kann!

Die meisten Schülerinnen und Schüler sind genau 340 cm weit gesprungen.	☐
Mehr Schülerinnen und Schüler haben Weiten von ca. 380 bis 410 cm erreicht als Weiten von 300 bis ca. 320 cm.	☐
Mindestens die Hälfte der Schülerinnen und Schüler sind Weiten von etwa 320 cm bis zu 380 cm gesprungen.	☐
Das arithmetische Mittel der Weitsprungwerte ist 340 cm.	☐
Mindestens 75 % der Schülerinnen und Schüler sind 320 cm und weiter gesprungen.	☐

■ WS 1.2 Tabellen und einfache statistische Grafiken erstellen, zwischen Darstellungsformen wechseln können.

4.04 Beschönigen eines Sachverhalts

Die folgende Grafik über die Entwicklung der Zahl der Erwerbslosen einer bestimmten Region liegt vor. Sie vermittelt den Eindruck einer drastischen Zunahme der Zahl der Erwerbslosen.

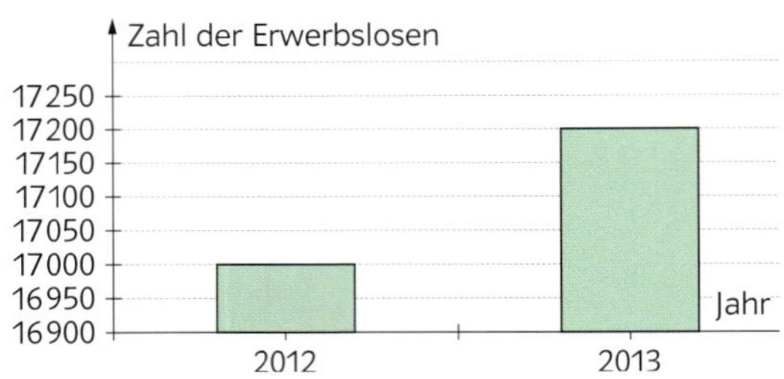

Aufgabenstellung:
Wie könnte man die grafische Darstellung verändern, sodass der Anstieg der Zahl der Erwerbslosen weniger drastisch erscheint? Fertigen Sie eine solche Darstellung an!

4.05 Verteilung einer Belegschaft

In einer Firma arbeiten 60 Personen, davon sind 25 % im Verkauf und $\frac{2}{3}$ der Belegschaft im Außendienst beschäftigt. Der Rest der Belegschaft arbeitet in der Verwaltung.

Aufgabenstellung:
Zeichnen Sie zu diesem Sachverhalt ein Säulendiagramm, das sich auf die absoluten Zahlen der Personen bezieht!

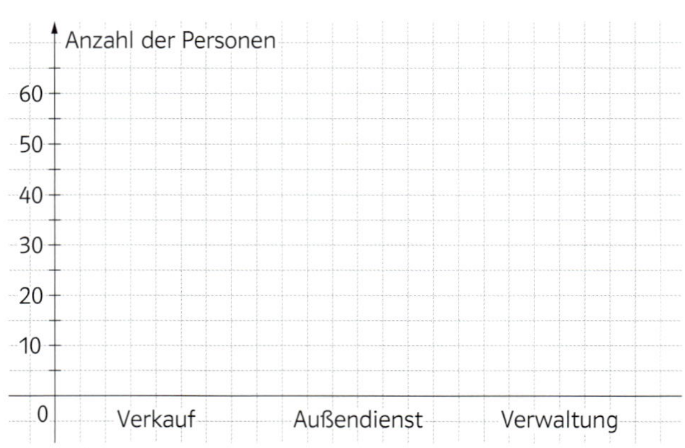

4.06 **Jugendliche in einem Feriencamp**

In einem Feriencamp befinden sich Jugendliche im Alter von 14 bis 17 Jahren. Die linke Abbildung zeigt die relativen Häufigkeiten der einzelnen Altersstufen in Form eines Stabdiagramms, die rechte Abbildung stellt denselben Sachverhalt in Form eines Häufigkeitspolygons dar, welches man durch Verbindung der Spitzen der Stäbe erhält.

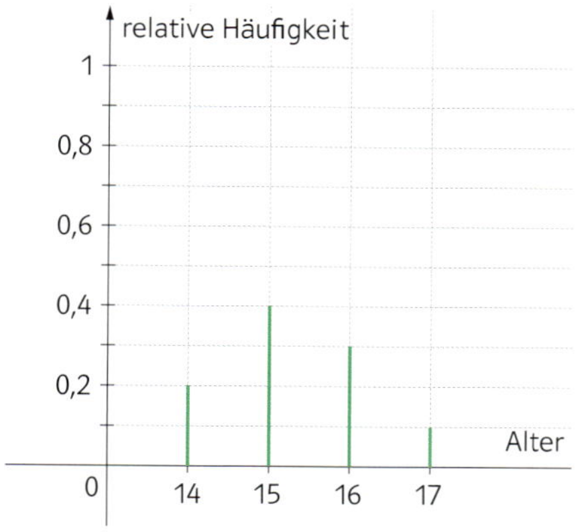

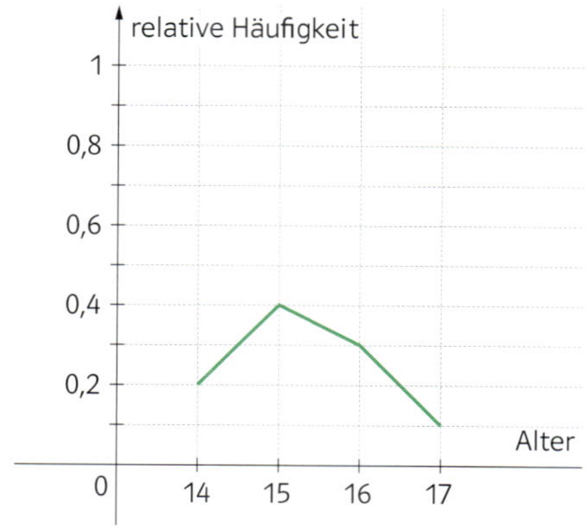

Aufgabenstellung:

Zeichnen Sie in das nebenstehende Koordinatensystem das zugehörige kumulierte Häufigkeitspolygon ein! (Dieses gibt für jede Alterstufe n die relative Häufigkeit der Jugendlichen im Alter ≤ n an.)

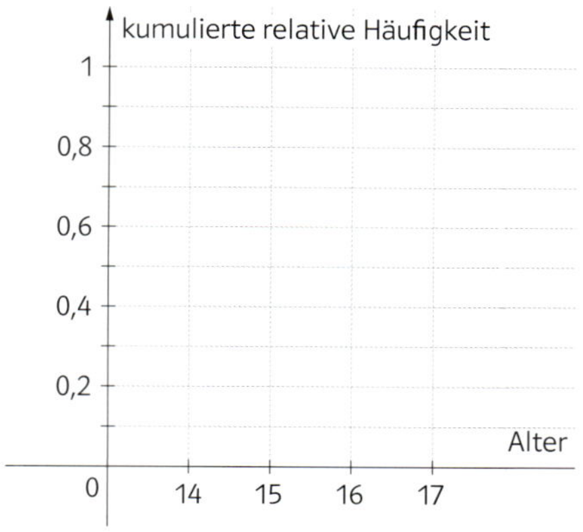

4.07 **Stromausfälle**

Folgende Darstellung betreffend die Gesamtdauer der Stromausfälle in einigen Ländern Europas liegt vor.

Stromausfälle in Europa

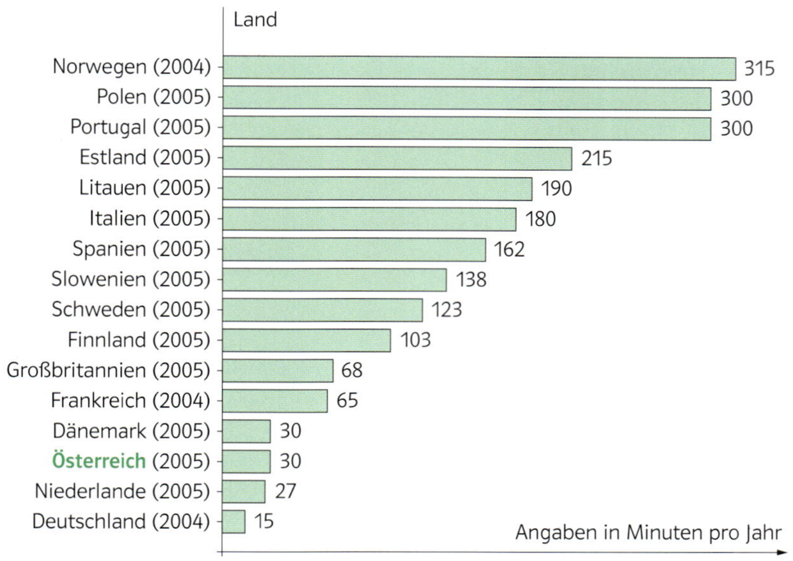

Quelle: KURIER vom 6. April 2013, Beilage MOTOR, S. 7

Aufgabenstellung:

Erstellen Sie anhand dieser Daten einen Boxplot (ein Kastenschaubild)!

4.08 Aufrufe einer Homepage

Ein Schmuckdesigner hat die Anzahl der Aufrufe seiner Homepage über 30 Tage hinweg notiert:

126, 141, 166, 150, 135, 120, 179, 164, 170, 133, 157, 160, 180, 130, 130,
150, 122, 129, 138, 172, 140, 173, 160, 152, 168, 139, 139, 140, 164, 165

Aufgabenstellung:

Erstellen Sie für diese Daten einen Boxplot!

4.09 Boxplots

Gegeben sind verschiedene Boxplots und verschiedene Datenlisten.

Aufgabenstellung:

Ordnen Sie jedem Boxplot die zugehörige Datenliste zu!

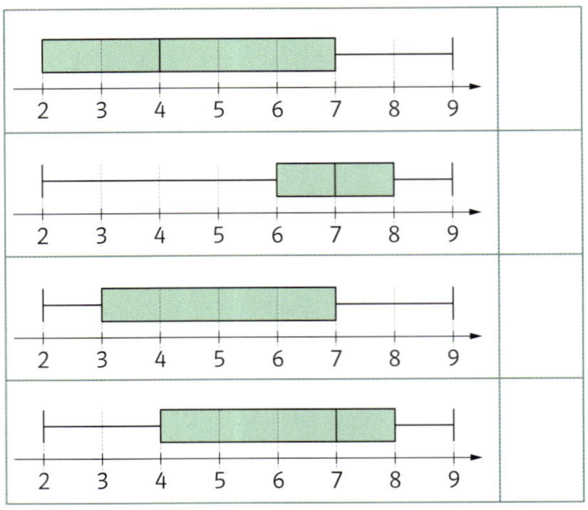

A	2	2	3	3	4	5	5	6	6	8	8	9
B	2	2	2	2	3	4	4	5	7	7	8	9
C	2	3	3	5	5	6	8	8	8	8	9	9
D	2	2	3	3	3	3	3	4	5	9	9	9
E	2	3	6	6	6	6	8	8	8	8	8	9

4.10 Landwirtschaftliche Produktion

Im Jahrbuch STATISTIK AUSTRIA 2013 findet man die nebenstehende Grafik.

Aufgabenstellung:

Entnehmen Sie der Grafik die dargestellten Werte möglichst genau und stellen Sie die in der Grafik enthaltenen Informationen übersichtlich in einer Tabelle dar!

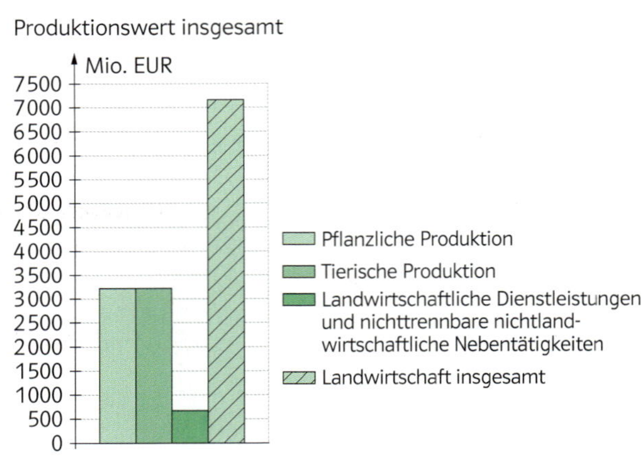

4.11 Computerausstattung

In einer Reihenhaussiedlung gibt es in 15 % der Haushalte einen Stand-PC und in 65 % der Haushalte ein Notebook. In 60 % der Haushalte ohne Stand-PC ist ein Notebook vorhanden.

Aufgabenstellung:

Vervollständigen Sie die folgende Vierfeldertafel aufgrund der genannten Informationen!

		relativer Anteil der Haushalte		
		mit Notebook	ohne Notebook	Summe
relativer Anteil der Haushalte	mit Stand-PC			
	ohne Stand-PC			
	Summe			1,00

■ WS 1.3 Statistische Kennzahlen (absolute und relative Häufigkeiten; arithmetisches Mittel, Median, Modus; Quartile, Spannweite, empirische Varianz/Standardabweichung) im jeweiligen Kontext interpretieren können; die angeführten Kennzahlen für einfache Datensätze ermitteln können.

4.12 Fehlstunden einer Klasse

Die Fehlstundenanzahl einer Klasse wurde in vier aufeinanderfolgenden Schuljahren aufgezeichnet.

Schuljahr	2008/09	2009/10	2010/11	2011/12	2012/13
Gesamtzahl der Fehlstunden	1310	1426	1502	1495	1502

Aufgabenstellung:

Kreuzen Sie an, welche Aussagen für die mittlere Anzahl $\bar{x}$ der Fehlstunden pro Schuljahr zutreffen!

$\bar{x} = \frac{1310 + 1426 + 1502 + 1495 + 1502}{5}$	☐
$\bar{x} = (1310 + 1426 + 2 \cdot 1502 + 1495) : 4$	☐
$\bar{x}$ ist die durchschnittliche Anzahl der Fehlstunden der Klasse pro Schuljahr.	☐
$\bar{x} = 1450$	☐
$5 \cdot \bar{x} = 1310 + 1426 + 2 \cdot 1502 + 1495$	☐

4.13 Arithmetisches Mittel und empirische Standardabweichung

Gegeben sind der Mittelwert $\bar{x}$ und die empirische Standardabweichung s der Zahlen $x_1, x_2, \ldots, x_{10}$.

Aufgabenstellung:

Wie verändern sich der Mittelwert $\bar{x}$ und die empirische Standardabweichung s, wenn zu jedem Datenwert $x_1, x_2, \ldots, x_{10}$ die Zahl $c \in \mathbb{R}^+$ addiert wird? Kreuzen Sie die korrekte Antwort an!

$\bar{x}$ und s werden jeweils um c größer.	☐
$\bar{x}$ bleibt gleich und s wird um c größer.	☐
$\bar{x}$ wird um c größer und s wird um c^2 größer.	☐
$\bar{x}$ und s bleiben gleich.	☐
$\bar{x}$ wird um c größer und s bleibt gleich.	☐
$\bar{x}$ wird um c größer und s wird um $\sqrt{c}$ größer.	☐

4.14 Preis einer Mischung berechnen

Eine Gärtnerei mischt drei verschiedene Erdsorten zur Zierpflanzenerde *BrownMix* zusammen. Die relativen Anteile der Sorten und deren Preise kann man der folgenden Tabelle entnehmen:

Sorte	relativer Anteil in Prozent	Preis pro Kilogramm in Euro
Florissima A300	50	0,30
Pianta S	20	0,20
Blomma – grön	30	0,40

Aufgabenstellung:

Der Preis für ein Kilogramm *BrownMix* wird als gewichtetes arithmetisches Mittel der Kilogrammpreise der drei verwendeten Sorten entsprechend ihren relativen Anteilen in der Mischung berechnet.
Wie viel kostet ein 40 kg-Sack der hergestellten Zierpflanzenerde *BrownMix*?

4.15 Fünfzahlenzusammenfassung

Für eine Datenliste fertigt man manchmal eine „Fünfzahlenzusammenfassung" wie in nebenstehender Abbildung an.

	Median	
1. Quartil		3. Quartil
Minimum		Maximum

Quartilabstand
Spannweite

Aufgabenstellung:

Fertigen Sie eine solche Zusammenfassung für folgende Liste an: 1, 1, 2, 3, 3, 4, 6, 6, 6, 7, 7, 8, 8, 9, 10

■ WS 1.4 Definition und wichtige Eigenschaften des arithmetischen Mittels und des Medians angeben und nutzen, Quartile ermitteln und interpretieren können, die Entscheidung für die Verwendung einer bestimmten Kennzahl begründen können.

4.16 Veränderung einer Datenliste 1

Für eine Datenliste $x_1, x_2, \dots, x_{50}$ ergibt sich der Mittelwert $\bar{x} = 28$ und die empirische Standardabweichung $s_x = 7$. Wird jeder Wert der Liste um 5 erhöht, ergibt sich eine neue Datenliste $y_1, y_2, \dots, y_{50}$.

Aufgabenstellung:
Geben Sie den Mittelwert $\bar{y}$ und die empirische Standardabweichung s_y der neuen Datenliste an!

$\bar{y}$ = ___________ s_y = ___________

4.17 Veränderung einer Datenliste 2

Eine Datenliste $x_1, x_2, \dots, x_{100}$ besteht aus Geldbeträgen in Euro mit zwei Nachkommastellen. Der Mittelwert beträgt $\bar{x} = 102{,}45$ Euro und die empirische Standardabweichung beträgt $s_x = 42{,}13$ Euro. Um die Liste kommafrei zu machen, werden alle Geldbeträge in Cent angegeben, d.h. es wird jeder Wert der Liste mit 100 multipliziert. Dadurch ergibt sich eine neue Datenliste $y_1, y_2, \dots, y_{100}$.

Aufgabenstellung:
Geben Sie den Mittelwert $\bar{y}$ und die empirische Standardabweichung s_y der neuen Datenliste an!

$\bar{y}$ = ___________ s_y = ___________

4.18 Verlängerung einer Datenliste

Am Anfang eines Schuljahres werden die Größen der 25 Schülerinnen und Schüler einer Klasse gemessen. Es stellt sich heraus, dass das arithmetische Mittel $\bar{x} = 164$ cm und die empirische Standardabweichung $s \approx 11{,}44$ cm beträgt. Ende September kommen zwei neue Schülerinnen in diese Klasse, von denen die eine Schülerin 160 cm und die andere 168 cm groß ist.

Aufgabenstellung:
Kreuzen Sie diejenige Kennzahl an, die durch Hinzunahme der Daten der beiden neuen Schülerinnen mit Sicherheit unverändert bleibt!

Modus	☐
Median	☐
arithmetisches Mittel	☐
empirische Standardabweichung	☐
1. Quartil	☐
3. Quartil	☐

4.19 Merkmale und Kennzahlen

Als Zentralmaß einer Datenliste wird meist der Modus, der Median oder das arithmetische Mittel (der Mittelwert) verwendet. Welches Zentralmaß angemessen ist, hängt aber von der untersuchten Variablen (dem untersuchten Merkmal) ab.

Aufgabenstellung:
Kreuzen Sie die beiden zutreffenden Aussagen an!

Der Modus ist für die Variable „Augenfarbe“ geeignet.	☐
Der Median ist für die Variable „Blutgruppe“ geeignet.	☐
Der Mittelwert ist für die Variablen „Familienstand“ und „Kinderzahl“ geeignet.	☐
Der Median ist für alle Variablen geeignet.	☐
Ausreißer beeinflussen den Mittelwert.	☐

Wahrscheinlichkeitsrechnung – Grundbegriffe

■ WS 2.1 Grundraum und Ereignisse in angemessenen Situationen verbal bzw. formal angeben können.

4.20 Zufallsversuche

In der Wahrscheinlichkeitsrechnung betrachtet man Zufallsversuche.

Aufgabenstellung:

Kreuzen Sie die beiden zutreffenden Aussagen an!

Die möglichen Ausgänge (Ausfälle) eines Zufallsversuchs können nicht angegeben werden.	☐
Der Ausgang eines Zufallsversuchs kann nicht vorhergesagt werden.	☐
Jeder Zufallsversuch kann als zufällige Auswahl aufgefasst werden.	☐
Ein Ereignis ist dasselbe wie ein Versuchsausgang.	☐
Wiederholungen eines Zufallsversuchs führen stets zum gleichen Versuchsausgang.	☐

4.21 Grundraum und Ereignisse

Die Gesamtheit der Ausgänge eines Zufallsversuchs bezeichnet man als „Grundmenge" oder „Grundraum". Ereignisse entsprechen Teilmengen dieses Grundraums.

Aufgabenstellung:

Zwei unterscheidbare Würfel werden geworfen. Geben Sie den Grundraum an, beschreiben Sie ein Ereignis in der Umgangssprache und geben Sie die dazugehörige Teilmenge des Grundraums an!

4.22 Ereignisse

Aus der Gesamtheit der Wiener Familien wird eine Familie zufällig ausgewählt. Wir bezeichnen mit E_k das Ereignis „Die ausgewählte Familie hat k Kinder".

Aufgabenstellung:

Kreuzen Sie die zutreffenden Aussagen an!

Das Gegenereignis von E_1 ist „Die ausgewählte Familie hat mehr als ein Kind".	☐
Das Ereignis $E_0 \wedge E_1$ ist ein unmögliches Ereignis.	☐
Kein Ereignis E_k ist ein sicheres Ereignis.	☐
Vor der Auswahl kann der Wert von k nicht angegeben werden.	☐
Eine Wiederholung der Auswahl führt zum gleichen Wert von k.	☐

4.23 Ereignisse und Wahrscheinlichkeiten

Zwei Ereignisse werden folgendermaßen formuliert:

E_1: Die befragte Person raucht mehr als 20 Zigaretten am Tag.

E_2: Die befragte Person ist weiblich.

Aufgabenstellung:

Was bedeutet **1)** $P(E_1 \mid E_2)$, **2)** $P(E_2 \mid E_1)$, **3)** $P(E_1 \wedge E_2)$, **4)** $P(E_1 \vee E_2)$?

4.24 Ziehen von Losen

In einer Schachtel sind Lose, unter denen sich einige Gewinnlose befinden. Es werden zwei Lose blind gezogen und dabei die folgenden beiden Ereignisse betrachtet:

A: Kein Gewinnlos wird gezogen. B: Genau ein Gewinnlos wird gezogen.

Aufgabenstellung:

Beschreiben Sie das Ereignis $C = \neg(A \vee B)$ in der Umgangssprache und drücken Sie P(C) durch P(A) und P(B) aus!

■ WS 2.2 Relative Häufigkeit als Schätzwert von Wahrscheinlichkeit verwenden und anwenden können.

4.25 Reaktionstest

Bei einem Reaktionstest sitzt die Versuchsperson vor einem Bildschirm, in dessen Mitte Punkte erscheinen. Die Versuchsperson muss jeweils nach dem Erscheinen eines Punktes möglichst schnell die linke Maustaste drücken. Für 1000 Versuchspersonen wurden folgende Reaktionszeiten gemessen:

Reaktionszeit (in Millisekunden)	höchstens 200	201 bis 400	401 bis 600	601 bis 800	801 bis 1000	1001 bis 1200	mindestens 1201
absolute Häufigkeit	4	23	229	494	227	22	1

Aufgabenstellung:

Wie groß ist ungefähr die Wahrscheinlichkeit, dass eine zufällig ausgewählte Versuchsperson mehr als 600 Millisekunden gebraucht hat?

4.26 Ermitteln eines unbekannten relativen Anteils

Es ist p ein unbekannter relativer Anteil in einer Grundgesamtheit. H_n bzw. h_n sind die dazugehörigen absoluten bzw. relativen Häufigkeiten in einer Stichprobe vom Umfang n.

Aufgabenstellung:

Kreuzen Sie die beiden zutreffenden Aussagen an!

Mit wachsendem n nähert sich H_n im Großen und Ganzen dem Wert p.	☐
Mit wachsendem n nähert sich h_n im Großen und Ganzen dem Wert p.	☐
Mit wachsendem n kommen die Werte h_n bei jeder Erhöhung von n um 1 dem Wert p etwas näher.	☐
Mit wachsendem n ändert sich der Wert p.	☐
Ab einem sehr großen n unterscheiden sich die Werte h_n im Allgemeinen nur wenig voneinander.	☐

■ WS 2.3 Wahrscheinlichkeit unter der Verwendung der Laplace-Annahme (Laplace-Wahrscheinlichkeit) berechnen und interpretieren können, Additionsregel und Multiplikationsregel anwenden und interpretieren können.

4.27 Ziehen einer Herzkarte

Ein Kartenspiel besteht aus 32 Karten, wobei jeweils acht Karten einer der Farben Herz, Karo, Pik, Treff angehören. Die Regeln eines Glücksspiels lauten so: Jede Person, die an dem Spiel teilnimmt, hat höchstens zwei Versuche, aus dem gemischten Kartenspiel eine Herzkarte zu ziehen. Wird bereits beim ersten Versuch eine Herzkarte gezogen, erfolgt keine zweite Ziehung. Andernfalls wird die gezogene Karte wieder in das Kartenspiel gesteckt, dieses neu gemischt und nochmals eine Karte gezogen.

Aufgabenstellung:

Berechnen Sie die Wahrscheinlichkeit, bei diesem Glücksspiel eine Herzkarte zu erhalten!

P(Man erhält eine Herzkarte.) = ____________

4.28 Ziehen von Kugeln

Bei einem Gewinnspiel sind weiße, gelbe und schwarze Kugeln in einem Beutel. Die Wahrscheinlichkeit eine schwarze Kugel zu ziehen, beträgt 0,4. Es wird zweimal hintereinander eine Kugel mit Zurücklegen gezogen.

Aufgabenstellung:

Berechnen Sie die Wahrscheinlichkeit, dass man keine schwarze Kugel erhält!

P(Man erhält keine schwarze Kugel.) = ____________

4.29 Ziehen von Karten

Die vier Spielkarten Bube, Dame, König, Ass werden verdeckt gemischt und nacheinander aufgelegt.

Aufgabenstellung:
Wie groß ist die Wahrscheinlichkeit, dass sie wieder in der Reihenfolge Bube, Dame, König, Ass liegen?

P(Reihenfolge Bube, Dame, König, Ass) = ____________

4.30 Abschlussprüfung

Bei einer mündlichen Abschlussprüfung werden zu Prüfungsbeginn aus einem Themenpool, der 24 Themenbereiche umfasst, zwei Themenbereiche zufällig ausgewählt, zu denen anschließend Fragen gestellt werden. Ein Student hat 4 Themenbereiche nicht vorbereitet. Es sei E das Ereignis, dass bei der Prüfung zwei Themenbereiche ausgewählt werden, die der Student nicht vorbereitet hat.

Aufgabenstellung:
Berechnen Sie die Wahrscheinlichkeit P(E)!

P(E) = ____________________________________

4.31 Mensch ärgere dich nicht

Beim Spiel „Mensch ärgere dich nicht" darf man zu Spielbeginn eine Spielfigur erst auf das Spielfeld setzen, wenn man zuvor die Augenzahl 6 gewürfelt hat. Dafür hat man drei Versuche zur Verfügung.

Aufgabenstellung:
Berechnen Sie die Wahrscheinlichkeit, bei maximal drei Würfen die Spielfigur auf das Spielfeld zu bringen!

P(Bei maximal 3 Würfen bringt man die Spielfigur auf das Spielfeld.) = __________________

4.32 Verlosung eines Gutscheins

Bei einem Abendessen in einem Restaurant sind 20 Männer und 10 Frauen anwesend. Drei Anwesende werden ausgelost und erhalten vom Restaurantinhaber einen Gutschein.

Aufgabenstellung:
Berechnen Sie die Wahrscheinlichkeit, dass ein Mann und zwei Frauen ausgelost werden!

P(Ein Mann und zwei Frauen werden ausgelost.) = ____________________

4.33 Ziehen von Kärtchen

In einem Sack befinden sich 30 Kärtchen, von denen 15 mit dem Buchstaben E, 10 mit dem Buchstaben I und 5 mit dem Buchstaben S beschriftet sind.

Aufgabenstellung:
Es werden drei Kärtchen blind gezogen und der Reihe nach auf den Tisch gelegt. Berechnen Sie die Wahrscheinlichkeit, dabei das Wort EIS zu erhalten!

P(Man erhält das Wort EIS.) = ______________

4.34 Hausübungskontrolle

In einer Schulklasse mit 25 Schülerinnen und Schülern kontrolliert die Mathematiklehrerin in jeder Stunde die Hausübungen von zwei zufällig ausgewählten Klassenmitgliedern.

Aufgabenstellung:
Heute haben Xaver und Ylva keine Hausübung gemacht. Berechnen Sie die Wahrscheinlichkeit dafür, dass Xaver und Ylva beide von der Lehrerin kontrolliert werden!

P(Xaver und Ylva werden beide von der Lehrerin kontrolliert.) = ________________

4.35 Spielwürfelvarianten

Bei manchen Brettspielen werden anstelle eines herkömmlichen Würfels, dessen Seitenflächen mit 1, 2, 3, 4, 5, 6 beschriftet sind, folgende „Spielwürfel" verwendet:

- ein regelmäßiger Tetraeder, dessen Seitenflächen mit 1, 2, 3, 4 beschriftet sind,
- ein regelmäßiger Oktaeder, dessen Seitenflächen mit 1, 2, 3, 4, 5, 6, 7, 8 beschriftet sind,
- ein regelmäßiger Dodekaeder, dessen Seitenflächen mit 1, 2, 3, 4, 5, 6, 7, 8, 9, 10, 11, 12 beschriftet sind.

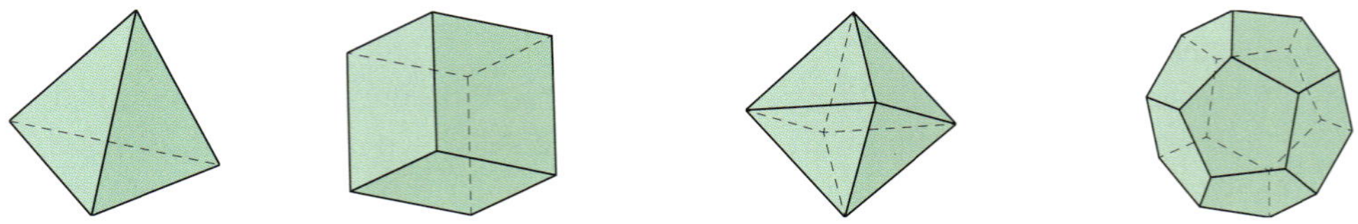

$P_T(4)$, $P_W(4)$, $P_O(4)$, $P_D(4)$ sind die Wahrscheinlichkeiten, mit einem Tetraeder, einem Würfel, einem Oktaeder bzw. einem Dodekaeder die Zahl 4 zu werfen.

Aufgabenstellung:

Kreuzen Sie die beiden zureffenden Aussagen an!

$P_T(4) = \frac{1}{2} \cdot P_O(4)$	☐
$P_D(4) < P_O(4)$	☐
$P_W(4) : P_O(4) = 2 : 3$	☐
$P_W(4) : P_D(4) = 2 : 1$	☐
$P_T(4) < P_W(4)$	☐

4.36 Wurf mit zwei Würfeln

Gegeben sind die Ereignisse E_1 und E_2 beim Werfen von zwei Würfeln.

E_1: Die Augensumme 5 kommt. E_2: Die Augensumme 8 kommt.

Aufgabenstellung:

Ergänzen Sie durch Ankreuzen den folgenden Text so, dass eine korrekte Aussage entsteht!

Das Ereignis ______①______, da ______②______.

①	
E_1 ist wahrscheinlicher als E_2	☐
E_2 ist wahrscheinlicher als E_1	☐
E_1 ist gleich wahrscheinlich wie E_2	☐

②	
für beide Ereignisse die Wahrscheinlichkeit $\frac{1}{6}$ beträgt	☐
$\frac{5}{36} > \frac{4}{36}$	☐
es mehr Möglichkeiten für die Augensumme 5 als für die Augensumme 8 gibt	☐

4.37 Brillenträger

In einer großen Schule tragen 30 % der Schülerinnen und Schüler eine Brille. 20 zufällig ausgewählte Schülerinnen und Schüler dieser Schule werden einer Augenuntersuchung unterzogen.

Aufgabenstellung:

Kreuzen Sie jene beiden Aussagen an, die zutreffend sind!

Genau 6 der 20 ausgewählten Personen tragen mit Sicherheit eine Brille.	☐
Die Wahrscheinlichkeit, dass die ersten beiden ausgewählten Personen eine Brille tragen, liegt bei 0,09.	☐
Trägt keine der ersten zehn ausgewählten Personen eine Brille, so ist die Wahrscheinlichkeit, dass die elfte Person eine Brille trägt, größer als 30 %.	☐
Die Wahrscheinlichkeit, dass die letzte ausgewählte Person keine Brille trägt, ist größer als die Wahrscheinlichkeit, dass sie eine Brille trägt.	☐
Es ist unmöglich, dass alle 20 ausgewählten Personen eine Brille tragen.	☐

4.38 **Fitnesstraining**

Bei einem Fitnesstraining auf einem Kreuzfahrtschiff befinden sich in einer Kleingruppe von acht Touristen zwei Spanier, ein Franzose und fünf Italiener. Bei jeder neuen Sportübung werden nacheinander zwei Männer zufällig ausgewählt, die diese Übung vorführen sollen.

Aufgabenstellung:

Kreuzen Sie alle zutreffenden Aussagen an!

P(Es wird zuerst ein Italiener, dann der Franzose gewählt.) $= \frac{5}{8} \cdot \frac{1}{8}$	☐
P(Zwei Männer gleicher Nationalität werden gewählt.) $= \frac{5}{8} \cdot \frac{4}{7} + \frac{1}{4} \cdot \frac{1}{7}$	☐
P(Der zuerst gewählte Tourist ist ein Spanier.) $= \frac{1}{4}$	☐
P(Der zweite gewählte Tourist ist der Franzose.) $= \frac{1}{8}$	☐
P(Zuerst wird der Franzose, dann ein Spanier gewählt.) $= \frac{1}{8} \cdot \frac{2}{7}$	☐

4.39 **Studie zur Linkshändigkeit**

An einer Studie zur Linkshändigkeit nehmen insgesamt 250 Personen teil. Folgende Tabelle liegt vor:

	Männer	Frauen	Summe
Rechtshänder	83	115	198
Linkshänder	24	28	52
Summe	107	143	250

Aufgabenstellung:

Berechnen Sie die Wahrscheinlichkeit, dass eine zufällig aus der Menge der teilnehmenden Personen ausgewählte linkshändige Person eine Frau ist bzw. dass eine zufällig ausgewählte Frau Linkshänder'n ist!

4.40 **Gemeindezusammenlegung**

In einer Gemeinde wird erhoben, wie viele Frauen bzw. Männer für oder gegen die Zusammenlegung mit der Nachbargemeinde sind. Die folgende unvollständig ausgefüllte Vierfeldertafel, in der relative Anteile eingetragen sind, bezieht sich auf diese Erhebung:

	dafür	dagegen	Summe
Männer			0,60
Frauen		0,25	
Summe	0,55		1,00

Aufgabenstellung:

Ergänzen Sie die Vierfeldertafel und geben Sie die Wahrscheinlichkeit dafür an, dass eine zufällig aus der Gemeindebevölkerung ausgewählte Frau für die Zusammenlegung ist!

4.41 **Viele Wege führen von A nach B**

Herr Adam fährt an jedem Arbeitstag von A nach B und informiert sich stets im Radio über die Verkehrssituation. In Abhängigkeit von den Verkehrsbedingungen wählt er zuerst in A den Weg über C oder D, anschließend entscheidet er sich in C bzw. D für die direkte Weiterfahrt nach B oder für den Umweg über E bzw. F. Aus seinem Fahrtenbuch ergibt sich, dass er bei den letzten 500 Fahrten 255-mal den Weg über C und 245-mal den Weg über D gewählt hat. In C hat er sich 75-mal und in D 80-mal für den Umweg entschieden.

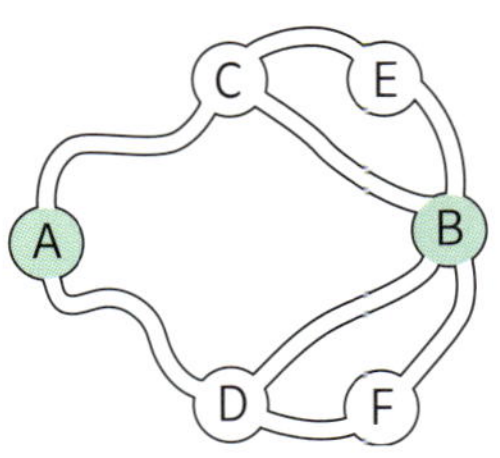

Aufgabenstellung:

Berechnen Sie, mit welcher Wahrscheinlichkeit Herr Adam in Zukunft auf dem Weg von A nach B einen der beiden möglichen Umwege in Kauf nehmen wird, wenn man annimmt, dass sich die Verkehrssituation nicht wesentlich ändern wird!

4.42 Qualitätskontrolle 1

Ein Gerät besteht aus zwei Bauteilen A und B. Bei der Produktion wird jeder Bauteil durch eine spezifische Kontrolle getestet. Erfahrungsgemäß sind 2% der Bauteile A und 4% der Bauteile B defekt. Das folgende Baumdiagramm gibt die Situation wieder:

Kontrolle von A:

Kontrolle von B:

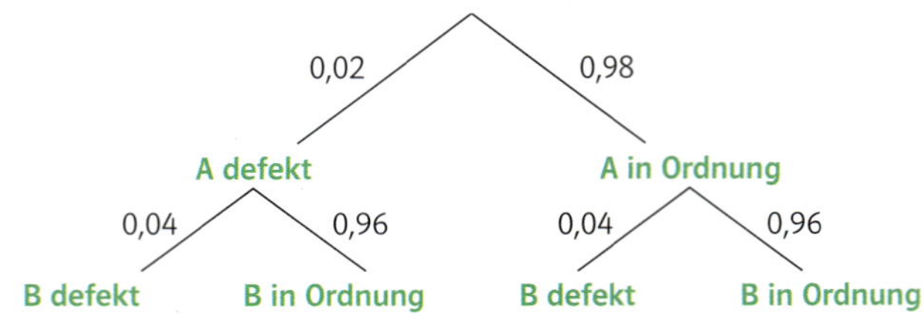

Aufgabenstellung:

Ordnen Sie jedem Ereignis die entsprechende Wahrscheinlichkeit zu!

A und B sind beide in Ordnung.	
Genau einer der Bauteile A und B ist defekt.	
Mindestens einer der Bauteile A und B ist defekt.	

A	$0{,}02 \cdot 0{,}96 + 0{,}98 \cdot 0{,}04$
B	$0{,}02 \cdot 0{,}96 + 0{,}98 \cdot 0{,}96$
C	$0{,}98 \cdot 0{,}96$
D	$1 - 0{,}98 \cdot 0{,}96$

4.43 Qualitätskontrolle 2

Ein Gerät durchläuft nach seiner Produktion der Reihe nach drei Kontrollen A, B und C. Erfahrungsgemäß entdeckt Kontrolle A ein defektes Gerät in 80% aller Fälle, Kontrolle B in 75% aller Fälle und Kontrolle C in 90% aller Fälle. Das folgende Baumdiagramm gibt die Situation wieder. Dabei bedeuten die Abkürzungen:

D … Kontrolle erkennt Defekt $\neg$ D … Kontrolle erkennt Defekt nicht

Kontrolle A:

Kontrolle B:

Kontrolle C:

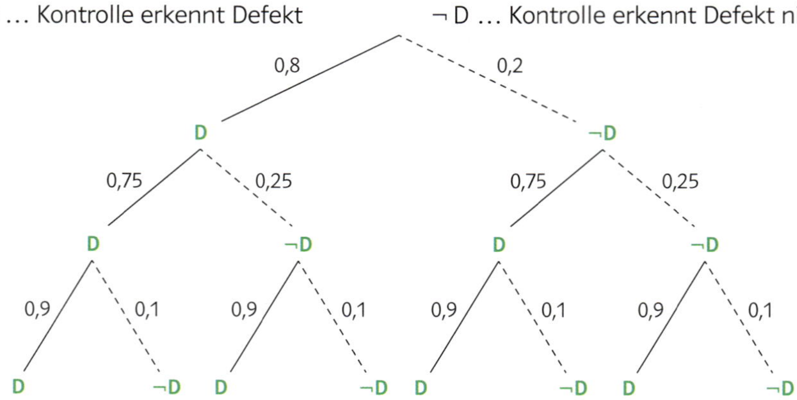

Aufgabenstellung:

Berechnen Sie die Wahrscheinlichkeit, dass ein defektes Gerät von mindestens einer Kontrolle entdeckt wird!

P(Defekt wird von mindestens einer Kontrolle entdeckt.) = ________________

■ WS 2.4 Binomialkoeffizient berechnen und interpretieren können.

4.44 Anzahl von Teilmengen

Gegeben ist eine Menge mit 10 Elementen.

Aufgabenstellung:

Wie viele fünfelementige Teilmengen enthält diese Menge?

4.45 Anzahl sinnloser Wörter

Es werden sinnlose Wörter aus den Buchstaben a und b gebildet, zum Beispiel aaabbababb. Die Anzahl der Buchstaben in einem solchen Wort bezeichnet man als Länge des Wortes.

Aufgabenstellung:

Ermitteln Sie, wie viele solche Wörter der Länge 7 es gibt, in denen a genau dreimal vorkommt!

Wahrscheinlichkeitsrechnung – Wahrscheinlichkeitsverteilung(en)

■ WS 3.1 Die Begriffe Zufallsvariable, (Wahrscheinlichkeits-)Verteilung, Erwartungswert und Standardabweichung verständig deuten und einsetzen können.

4.46 Erwartungswert für die Augenzahl beim Würfeln

Der Erwartungswert für die geworfene Augenzahl beim Wurf mit einem idealen Würfel liegt bei 3,5.

Aufgabenstellung:

Interpretieren Sie diese Aussage im gegebenen Kontext!

4.47 Lotto 6 aus 45

Beim Lotto „6 aus 45" zahlt man für einen Tipp € 1,10. Es gibt folgende Gewinnmöglichkeiten:

Rang	erforderlich	Wahrscheinlichkeit (gerundet)	mittlerer Einzelgewinn (gerundet)
1. Rang	6 Richtige	$\frac{1}{8145060}$	1748907,28 €
2. Rang	5 Richtige und Zusatzzahl	$\frac{1}{1357510}$	40079,13 €
3. Rang	5 Richtige ohne Zusatzzahl	$\frac{1}{35724}$	1150,60 €
4. Rang	4 Richtige und Zusatzzahl	$\frac{1}{14290}$	161,08 €
5. Rang	4 Richtige ohne Zusatzzahl	$\frac{1}{772}$	41,05 €
6. Rang	3 Richtige und Zusatzzahl	$\frac{1}{579}$	14,93 €
7. Rang	3 Richtige ohne Zusatzzahl	$\frac{1}{48}$	4,56 €
8. Rang	0 Richtige und Zusatzzahl	$\frac{1}{16}$	(festgelegt) 1,10 €
1.–8. Rang	eine der Bedingungen erfüllt	$\frac{1}{12}$	6,19 €
Niete	Bedingungen alle nicht erfüllt	$\frac{11}{12}$	0,00 €

Quelle: wikipedia.org/wiki/Lotto#6_aus_45_in_.C3.Oesterreich

Aufgabenstellung:

Zeigen Sie durch Rechnung, dass der zu erwartende Gewinn bei einem Tipp kleiner als der Einsatz ist!

4.48 Vergleich zweier Wahrscheinlichkeitsverteilungen

In den folgenden Stabdiagrammen sind die Wahrscheinlichkeitsverteilungen zweier Zufallsvariablen X und Y dargestellt, die beide die Werte 1, 2, 3, 4, 5, 6, 7, 8 annehmen können.

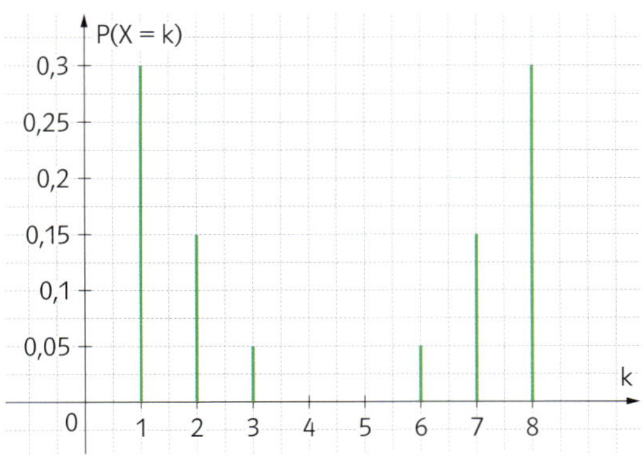

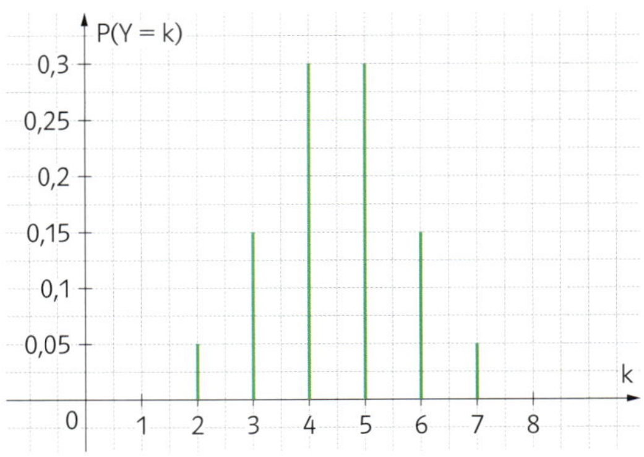

Aufgabenstellung:

Kreuzen Sie die beiden zutreffenden Aussagen an!

X und Y sind binomialverteilt.	☐
Die Erwartungswerte stimmen überein: $E(X) = E(Y)$	☐
Die Standardabweichungen stimmen überein: $\sigma_X = \sigma_Y$	☐
$X \geq 3$ ist wahrscheinlicher als $Y \geq 3$.	☐
$P(1 \leq X \leq 8) = P(1 \leq Y \leq 8)$	☐

4.49 Körpergrößen

Die Körpergröße der Professorinnen und Professoren an einem Gymnasium ist annähernd normalverteilt mit dem Erwartungswert $\mu = 170$ cm.

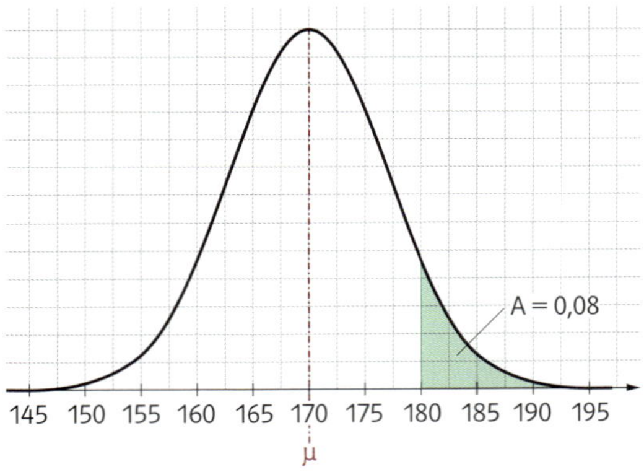

Aufgabenstellung:

Interpretieren Sie den Inhalt A der grünen Fläche in diesem Kontext!

4.50 Honigabfüllung

Ein Imkerbetrieb füllt 5 000 Gläser mit Honig ab. Die Honigmasse pro Glas ist annähernd normalverteilt mit dem Erwartungswert 450 g und der Standardabweichung 1 g.

Aufgabenstellung:

Kreuzen Sie die zutreffenden Aussagen an!

Fast alle Gläser enthalten 449 g bis 451 g Honig.	☐
Kein Glas enthält weniger als 448 g Honig.	☐
Im Durchschnitt enthält ein Glas ca. 450 g Honig.	☐
Die Masse von höchstens einem Drittel aller Gläser weicht um mehr als 1 g von 450 g ab.	☐
Die Wahrscheinlichkeit, dass ein Glas weniger als 447 g Honig enthält, liegt unter 1 %.	☐

■ WS 3.2 **Binomialverteilung als Modell einer diskreten Verteilung – Erwartungswert sowie Varianz/Standardabweichung binomialverteilter Zufallsgrößen ermitteln können, Wahrscheinlichkeitsverteilung binomialverteilter Zufallsgrößen angeben können, Arbeiten mit der Binomialverteilung in anwendungsorientierten Bereichen.**

4.51 Verteilungen

In einer Versuchsserie wird die Häufigkeit H des Eintretens eines bestimmten Ereignisses untersucht.

Aufgabenstellung:

Ergänzen Sie durch Ankreuzen den folgenden Text so, dass eine korrekte Aussage entsteht!

Die Wahrscheinlichkeitsverteilung von H ist eine exakte ___①___, wenn ___②___.

①	
Gleichverteilung	☐
Binomialverteilung	☐
Normalverteilung	☐

②	
die Versuchsserie einem wiederholten Ziehen ohne Zurücklegen entspricht	☐
die Versuchsserie einem wiederholten Ziehen mit Zurücklegen entspricht	☐
es bei jedem Teilversuch genau zwei Versuchsausgänge gibt	☐

4.52 Aufnahmetest

Ein für einen Aufnahmetest zusammengestellter Multiple-Choice-Fragebogen umfasst zehn Fragen mit jeweils drei Antwortmöglichkeiten, von denen jeweils eine Antwort korrekt ist.

Aufgabenstellung:

Geben Sie einen Term an, mit dem man die Wahrscheinlichkeit dafür berechnen kann, dass eine Person bei diesem Test durch zufälliges Ankreuzen genau k-mal die richtige Antwort ankreuzt!

4.53 Vergessen der E-Card

Eine Umfrage bei niedergelassenen Ärztinnen und Ärzten hat ergeben, dass Patientinnen und Patienten beim Arztbesuch mit einer Wahrscheinlichkeit $p = 0{,}1$ ihre E-Card vergessen.
An einem bestimmten Tag erscheinen zwischen 8 und 9 Uhr 6 Patienten und 4 Patientinnen bei einer niedergelassenen Ärztin.

Aufgabenstellung:
Kreuzen Sie diejenigen beiden Gleichungen an, mit denen man die Wahrscheinlichkeit dafür berechnen kann, dass mindestens drei dieser Personen ihre E-Card vergessen haben!

$P(X \geqslant 3) = \binom{10}{3} \cdot 0{,}1^3 \cdot 0{,}9^7$	☐
$P(X \geqslant 3) = \binom{10}{7} \cdot 0{,}9^7 \cdot 0{,}1^3$	☐
$P(X \leqslant 3) = 1 - \binom{10}{3} \cdot 0{,}1^3 \cdot 0{,}1^0 - \binom{10}{2} \cdot 0{,}1^2 \cdot 0{,}1^1 - \binom{10}{1} \cdot 0{,}1^1 \cdot 0{,}1^2 - \binom{10}{0} \cdot 0{,}1^0$	☐
$P(X \geqslant 3) = 1 - \left[\binom{10}{0} \cdot 0{,}1^0 \cdot 0{,}9^{10} + \binom{10}{1} \cdot 0{,}1^1 \cdot 0{,}9^9 + \binom{10}{2} \cdot 0{,}1^2 \cdot 0{,}9^8\right]$	☐
$P(X \geqslant 3) = 1 - [0{,}1^0 \cdot 0{,}9^{10} + 10 \cdot 0{,}1^1 \cdot 0{,}9^9 + 45 \cdot 0{,}1^2 \cdot 0{,}9^8]$	☐

4.54 Rußpartikelfilter

Eine Zulieferfirma versorgt eine Autowerkstatt mit Rußpartikelfiltern. Die Werkstatt geht von einer Ausschussquote von $p = 0{,}05$ aus. Eine Lieferung umfasst 50 Stück.

Aufgabenstellung:
Berechnen Sie, wie groß die Wahrscheinlichkeit ist, dass sich in dieser Lieferung kein defekter Rußpartikelfilter befindet!

4.55 Quiz

Bei einem Quiz werden einer Kandidatin drei Fragen mit je zwei Antwortmöglichkeiten gestellt, von denen jeweils genau eine korrekt ist. Die Kandidatin beantwortet alle drei Fragen rein zufällig.
Die Zufallsvariable X gibt die Anzahl der korrekten Antworten an.

Aufgabenstellung:
Ermitteln Sie den Erwartungswert sowie die Standardabweichung von X und skizzieren Sie die Verteilung der Anzahl der korrekten Antworten mit Hilfe eines Säulendiagramms!

4.56 Nichtraucher

Erfahrungsgemäß sind 90 % der Gäste eines Restaurants Nichtraucher. Für ein Hochzeitsbankett haben sich 160 Gäste angesagt.

Aufgabenstellung:
Berechnen Sie, wie viele dieser 160 Gäste erwartungsgemäß Nichtraucher sein werden, und wie groß die zu erwartende Standardabweichung von diesem Wert sein wird! Runden Sie auf ganze Zahlen!

4.57 Ausgaben beim Einkauf

Auswertungen des elektronischen Buchungssystems in einem Supermarkt haben ergeben, dass 2 % aller Kundinnen und Kunden mehr als 500 € ausgeben. Eine Zufallsstichprobe umfasst 100 Kundinnen und Kunden dieses Supermarkts, die jeweils zur Höhe ihrer Rechnung befragt werden.

Aufgabenstellung:
Berechnen Sie auf der Grundlage der genannten Informationen die Wahrscheinlichkeit, dass sich in dieser Stichprobe niemand befindet, dessen Rechnung mehr als 500 € ausmacht!

4.58 Binomialverteilungen

Die folgenden vier Stabdiagramme stellen Binomialverteilungen mit $n = 10$ und verschiedenen p dar.

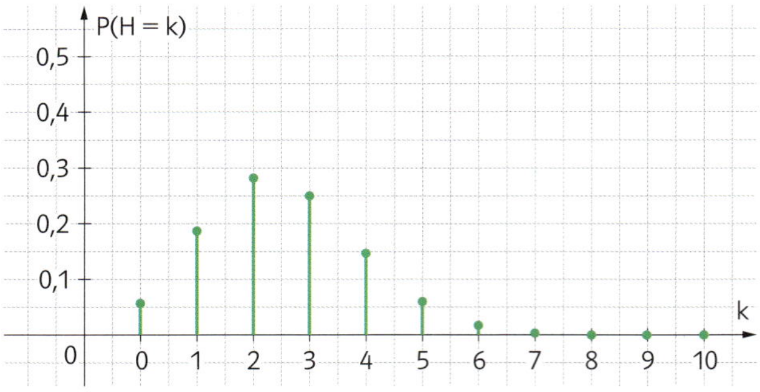

A ☐

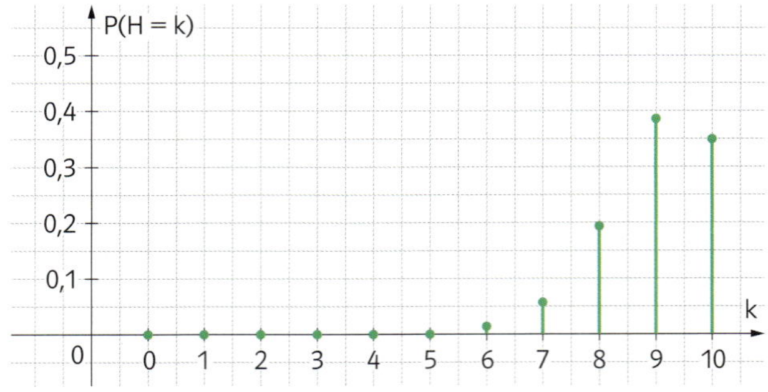

C ☐

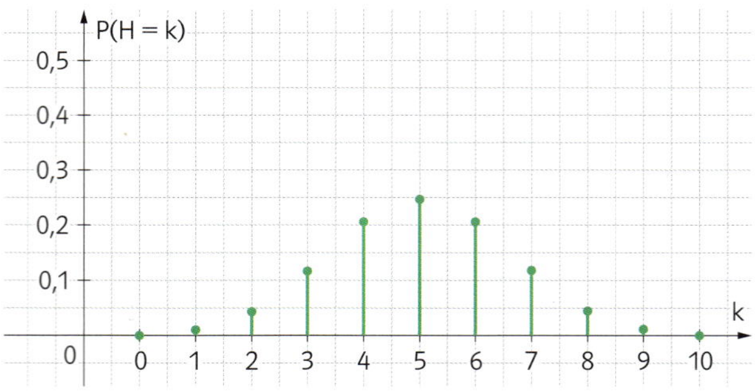

B ☐

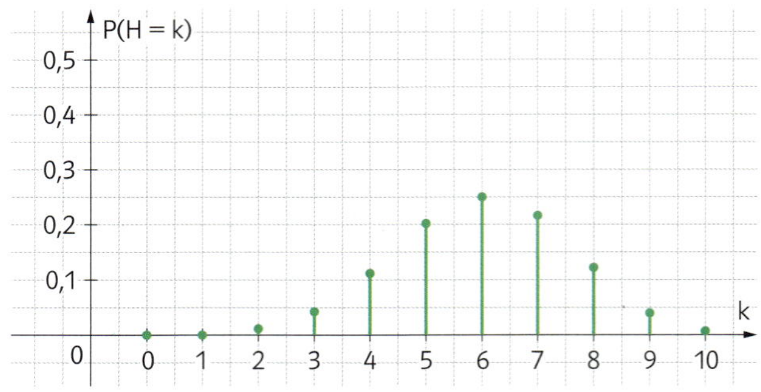

D ☐

Aufgabenstellung:

Kreuzen Sie jenes Diagramm an, das die Binomialverteilung mit $n = 10$ und $p = 0{,}6$ darstellt!

■ WS 3.3 **Situationen erkennen und beschreiben können, in denen mit Binomialverteilung modelliert werden kann.**

4.59 Modellierung mit Binomialverteilung 1

Eine Kaufhauskette bezieht das Duschgel *FreshCare* direkt vom Hersteller. Bei diesem Produkt geht man von einer Ausschussquote $p = 0{,}01$ wegen undichter Verpackung aus. Bei einer Kontrolle werden 50 Stück *FreshCare* aus einer Gesamtproduktion von 50 000 Stück untersucht. Die Zufallsvariable H gibt die Anzahl der dabei entdeckten Mängelprodukte an.

Aufgabenstellung:

Begründen Sie, warum die Zufallsvariable H annähernd binomialverteilt ist!

4.60 Modellierung mit Binomialverteilung 2

Vor jeder Anwendung der Binomialverteilung muss man prüfen, ob die zugrunde liegende Zufallsvariable die Bedingungen für eine binomialverteilte Zufallsvariable überhaupt erfüllt.

Aufgabenstellung:

Kreuzen Sie jene Situationen an, bei denen die Zufallsvariable X (annähernd) binomialverteilt ist!

Eine Münze wird 20-mal geworfen. X ist die Anzahl der Würfe, bei denen „Kopf" kommt.	☐
In einer Urne sind 20 rote und 20 blaue Kugeln. Es werden 15 Kugeln ohne Zurücklegen blind gezogen. X ist die Anzahl der dabei erhaltenen blauen Kugeln.	☐
Die Wahrscheinlichkeit für eine Knabengeburt beträgt in Österreich ca. 51 %. X ist die Anzahl der Knaben unter 10 zufällig ausgewählten Neugeborenen in Österreich.	☐
Aus 100 000 Einsendungen (45 000 von Männern, 55 000 von Frauen) werden zwei ausgelost. X ist die Anzahl der dabei erhaltenen Einsendungen von Frauen.	☐
Unter 20 gelieferten Geräten befinden sich zwei defekte. Es werden drei Geräte zufällig entnommen und überprüft. X ist die Anzahl der dabei entdeckten defekten Geräte.	☐

4.61 Modellierung mit Binomialverteilung 3

Auf einem Kirtag stehen zwei Glücksräder A und B wie in der folgenden Abbildung dargestellt. Bei e nem Einsatz von 5 € darf man ein Glücksrad einmal drehen und erhält jene Zahl als Betrag in Euro ausgezahlt, die zum Sektor gehört, in dem der Zeiger stehenbleibt.

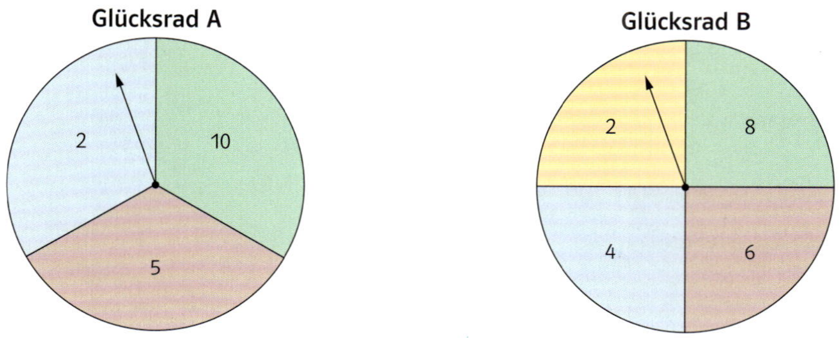

Aufgabenstellung:

Kreuzen Sie alle Situationen an, die mit einer Binomialverteilung modelliert werden können!

Glücksrad A wird n-mal unter gleichen Bedingungen gedreht. Es wird gezählt, wie oft der Zeiger in einem Sektor mit einer geraden Zahl zu stehen kommt.	☐
Glücksrad B wird n-mal unter gleichen Bedingungen gedreht. Es wird gezählt, wie oft der Zeiger im Sektor „4“ zu stehen kommt.	☐
Beide Glücksräder werden n-mal unter gleichen Bedingungen gedreht. Es wird für jedes der beiden Glücksräder gesondert gezählt, wie oft der Zeiger im Sektor „2“ zu stehen kommt.	☐
Glücksrad A wird so lange unter gleichen Bedingungen gedreht, bis der Zeiger im Sektor „10“ zu stehen kommt. Es wird gezählt, wie oft das Glücksrad A dafür gedreht werden muss.	☐
Beide Glücksräder werden so lange unter gleichen Bedingungen gleichzeitig gedreht., bis bei beiden der Zeiger im Sektor „2“ zu stehen kommt. Es wird gezählt, wie oft dies durchgeführt werden muss.	☐

■ WS 3.4 Normalapproximation der Binomialverteilung interpretieren und anwenden können.

4.62 Approximation einer Binomialverteilung durch eine Normalverteilung

Unter bestimmten Bedingungen kann eine Binomialverteilung mit den Parametern n und p näherungsweise durch eine Normalverteilung mit den Parametern μ und σ ersetzt werden.

Aufgabenstellung:

Kreuzen Sie die Aussagen an, die in Zusammenhang mit einer solchen Approximation zutreffen!

Die Approximation ist erfahrungsgemäß sinnvoll, wenn $n \cdot p \cdot (1-p) > 9$ ist.	☐
Die Approximation ist nur sinnvoll, wenn die vorliegende Binomialverteilung symmetrisch ist.	☐
$\mu = n \cdot p$	☐
$\sigma = n \cdot p \cdot (1-p)$	☐
Die Binomialverteilung ist eine diskrete und die Normalverteilung eine stetige Verteilung.	☐

4.63 Ziehen aus einer Urne

In einer Urne sind 1500 blaue Kugeln und 1500 rote Kugeln. Es werden 100 Kugeln mit Zurücklegen gezogen. Jemand möchte die Wahrscheinlichkeit berechnen, dass genau 30 der gezogenen Kugeln blau sind.

Aufgabenstellung:

Die Anzahl der erhaltenen blauen Kugeln ist streng genommen binomialverteilt mit $n = 100$ und $p = 0{,}5$. Begründen Sie, warum man aber zur näherungsweisen Berechnung der gesuchten Wahrscheinlichkeit trotzdem die Normalverteilung heranziehen kann!

Schließende / Beurteilende Statistik

■ WS 4.1 Konfidenzintervalle als Schätzung für eine Wahrscheinlichkeit oder einen unbekannten Anteil p interpretieren (frequentistische Deutung) und verwenden können, Berechnungen auf Basis der Binomialverteilung oder einer durch die Normalverteilung approximierten Binomialverteilung durchführen können.

4.64 Geburten nach einem Giftgasunfall

In einer Region zählte man unter 200 Neugeborenen 90 Knaben und 110 Mädchen. Nach einem Giftgasunfall in dieser Region betrug das Geschlechterverhältnis jedoch 102 Knaben zu 98 Mädchen.

Aufgabenstellung:
Ermitteln Sie je ein 95%-Konfidenzintervall für den unbekannten relativen Anteil der Knabengeburten in dieser Region vor und nach dem Giftgasunfall und stellen Sie fest, wie sich die Grenzen des Konfidenzintervalls durch den Unfall verschoben haben!

4.65 Deutung eines Konfidenzintervalls

In einer medizinischen Studie wurde ein neues Schmerzmittel an 800 Patienten getestet. Für den unbekannten relativen Anteil aller Personen, bei denen dieses Schmerzmittel wirkt, wurde daraufhin ein 95%-Konfidenzintervall angegeben.

Aufgabenstellung:
Deuten Sie dieses Konfidenzintervall frequentistisch!

4.66 Wahlprognose 1

Aufgrund einer umfangreichen Befragung veröffentlicht ein Meinungsforschungsinstitut vor einer Landtagswahl das 95%-Konfidenzintervall [0,19; 0,24] für den relativen Wähleranteil der Partei X.

Aufgabenstellung:
Kreuzen Sie die beiden zutreffenden Aussagen an!

Der unbekannte relative Wähleranteil der Partei X liegt mit Sicherheit im Intervall [0,19; 0,24].	☐
Die Wahrscheinlichkeit, dass der unbekannte relative Wähleranteil der Partei X außerhalb des Intervalls [0,19; 0,24] liegt, ist kleiner als 1%.	☐
Ein 99%-Konfidenzintervall für den relativen Wähleranteil der Partei X wäre kleiner als das 95%-Konfidenzintervall gewesen.	☐
Hätte man die gleiche relative Häufigkeit der Wähler der Partei X in einer größeren Stichprobe erhalten, hätte sich ein kleineres 95%-Konfidenzintervall ergeben.	☐
Gibt man sich mit einem größeren 95%-Konfidenzintervall zufrieden, so hätte man weniger Personen befragen müssen.	☐

4.67 Wahlprognose 2

Vor einer Wahl wurde durch eine Befragung von 1500 Personen erhoben, dass 21% der Wahlberechtigten ihre Stimme der „Fortschrittspartei" geben wollen. Daraufhin sagt ein Meinungsforscher für die Wahl den Stimmenanteil der „Fortschrittspartei" mit 19% bis 23% voraus.

Aufgabenstellung:
Ermitteln Sie, mit welcher Sicherheit der Meinungsforscher diese Aussage treffen kann!

4.68 Umfrage zur Müdigkeit

Bei einer Umfrage von 1000 Über-60-Jährigen gaben 280 Personen an, ständig müde zu sein.

Aufgabenstellung:
Prüfen Sie, ob die Anzahl der befragten Personen ausreicht, um ein 99%-Konfidenzintervall der Länge 0,04 für den unbekannten relativen Anteil der an ständiger Müdigkeit Leidenden in dieser Altersgruppe angeben zu können!

5 Typ 2
Aufgaben-Mix

5.01 Temperaturverlauf

Der folgende Temperaturverlauf wurde für die Dauer von 15 Stunden aufgezeichnet:

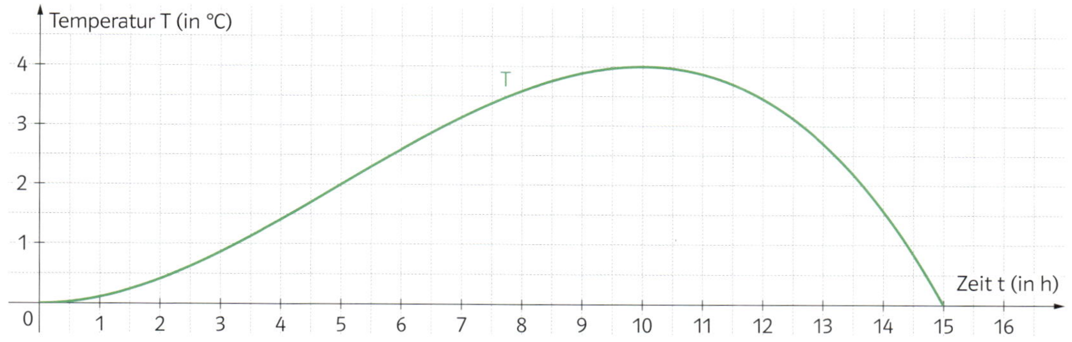

Aufgabenstellung:

FA 1.7 AN 3.3 **a)** Aus dem Graphen ist ersichtlich, dass die Temperatur in den ersten 10 Stunden stets zugenommen hat. Man spricht von

- *progressiver Zunahme* der Temperatur, wenn $T'(t) > 0$ und $T''(t) > 0$ ist,
- *degressiver Zunahme* der Temperatur, wenn $T'(t) > 0$ und $T''(t) < 0$ ist.

Geben Sie an, zu welchem Zeitpunkt t_0 die progressive Zunahme der Temperatur in eine degressive Zunahme übergegangen ist! Wie nennt man den Punkt $(t_0 | T(t_0))$?

AN 1.1 AN 1.3 **b)** Was geben die Ausdrücke $T(5) - T(4)$, $\frac{T(10) - T(0)}{10}$ und $T'(12)$ an?

FA 4.3 AN 3.3 **c)** Der Verlauf der Temperatur kann näherungsweise durch eine Funktion T mit $T(t) = at^3 + bt^2 + ct$ $(a, b, c \in \mathbb{R})$ modelliert werden. Um die Koeffizienten a, b und c zu ermitteln, geht man von folgenden Bedingungen aus, die sich aus dem Graphen ablesen lassen:

A: Nach 5 Stunden betrug die Temperatur 2 °C.
B: Nach 5 Stunden war die Zunahme der Temperatur am stärksten.
C: Nach 10 Stunden wurde die höchste Temperatur erreicht.

Aus diesen Bedingungen ergeben sich die folgenden drei Gleichungen. Geben Sie für jede Gleichung an, zu welcher der Bedingungen A, B, C sie gehört!

$125a + 25b + 5c = 2$ gehört zur Bedingung ________

$300a + 20b + c = 0$ gehört zur Bedingung ________

$30a + 2b = 0$ gehört zur Bedingung ________

AG 2.5 AN 3.3 **d)** Zeigen Sie durch Rechnung, dass gilt:
$T(t) = -0{,}008t^3 + 0{,}12t^2$
Zeigen Sie, dass die Funktion T in [0; 10] streng monoton steigend, in [10; 15] streng monoton fallend, in [0; 5] linksgekrümmt und in [5; 15] rechtsgekrümmt ist!

5.02 Seifenkistenrennen

Zwei Seifenkistenautos A und B stehen beim Start am oberen Rand einer schiefen Ebene. Beide Autos sollten gleichzeitig zum Beginn der Zeitmessung (t = 0) starten. Leider hat der Lenker des Autos B zu Beginn Schwierigkeiten und startet etwas später. Die Geschwindigkeiten der beiden Autos lassen sich näherungsweise durch folgende Gleichungen beschreiben (t in Sekunden, v(t) in m/s):

$$v_A(t) = 0{,}08 \cdot t \text{ (für } 0 \leq t \leq 50) \quad \text{und} \quad v_B(t) = 0{,}1 \cdot t - 0{,}5 \text{ (für } 5 \leq t \leq 50)$$

Aufgabenstellung:

FA 2.1 FA 2.2 **a)** Zeichnen Sie die Graphen der Funktionen v_A und v_B in das folgende Koordinatensystem ein!

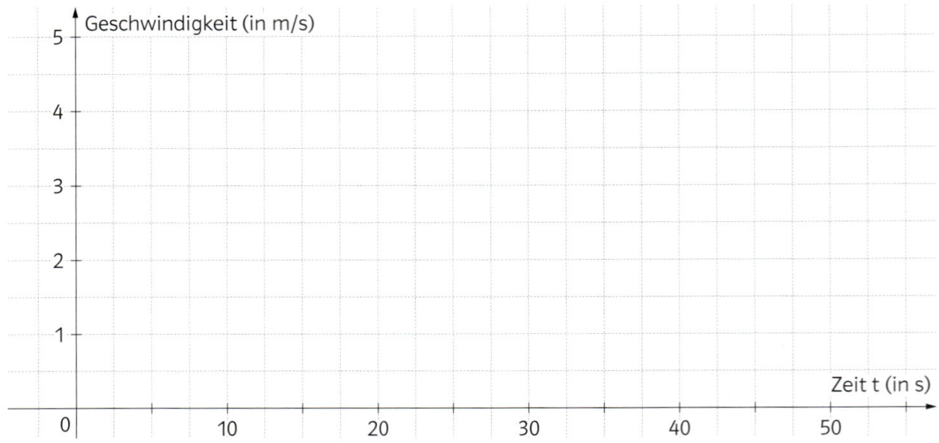

FA 1.6 AN 4.3 **b)** Wie viele Sekunden nach dem Start des Autos A haben die beiden Autos die gleiche Geschwindigkeit? Hat das Auto B zu diesem Zeitpunkt das Auto A eingeholt? Begründen Sie Ihre Antwort!

AN 4.3 **c)** Welche Bedeutung hat der Zeitpunkt t_0 in der folgenden Gleichung:

$$\int_0^{t_0} v_A(t)\,dt = \int_5^{t_0} v_B(t)\,dt$$

AN 1.3 AN 2.1 **d)** Berechnen Sie die Ableitungen der Funktionen v_A und v_B und deuten Sie die Ergebnisse physikalisch!

5.03 Vase mit quadratischem Querschnitt

Der Hohlraum einer Vase ist 20 cm hoch und sein Querschnitt ist in jeder Höhe ein Quadrat. Die Seitenlänge a(h) dieser Quadrate nimmt mit zunehmender Höhe h linear zu, beträgt am Vasenboden 10 cm und am oberen Vasenrand 16 cm.

Aufgabenstellung:

FA 2.1 **a)** Welche der im Folgenden dargestellten drei Vasen könnte diese Bedingung erfüllen? Begründen Sie, warum die anderen beiden dargestellten Vasen nicht in Frage kommen!

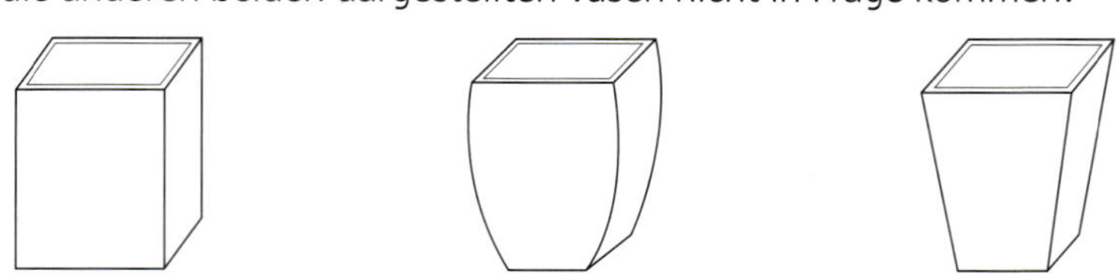

A **B** **C**

AG 2.1 FA 2.1 **b)** Zeigen Sie, dass für den Inhalt A(h) der Querschnittsfläche der Vase in der Höhe h gilt:
$A(h) = 0{,}09h^2 + 6h + 100\ (cm^2)$
Nehmen die Flächeninhalte der Quadrate so wie die Seitenlängen der Quadrate mit steigendem h linear zu?

AN 1.3 AN 2.1 **c)** In welcher Höhe h (in Zentimeter) beträgt der Inhalt der Querschnittsfläche 169 cm^2 und wie groß ist die Änderungsrate der Funktion A in dieser Höhe?

AN 4.2 AN 4.3 **d)** Wie viel Liter Wasser müssen in die Vase gegossen werden, damit sich der Wasserspiegel 1 cm unter dem oberen Rand der Vase befindet?

5.04 Verschobene Potenzfunktionen

Wir betrachten Funktionen, deren Graphen durch verschiedene Veränderungen aus den Graphen von Potenzfunktionen hervorgehen.

Aufgabenstellung:

FA 3.2 FA 3.3 **a)** Gegeben ist eine Funktion f der Form $f(x) = a \cdot x^z + b$ (mit $a, b \in \mathbb{R}^+$ und $z \in \mathbb{Z}$). Erläutern Sie, wie der Graph der Funktion f aus dem Graphen der Funktion f_0 mit $f_0(x) = x^z$ hervorgeht!

FA 3.1 FA 3.2 **b)** In den folgenden Abbildungen sind vier Funktionen der Form $f(x) = a \cdot x^z + b$ (mit $a, b \in \mathbb{R}$ und $z \in \mathbb{Z}$) dargestellt. Geben Sie zu jeder dargestellten Funktion die dazughörigen Werte für a, b und z an!

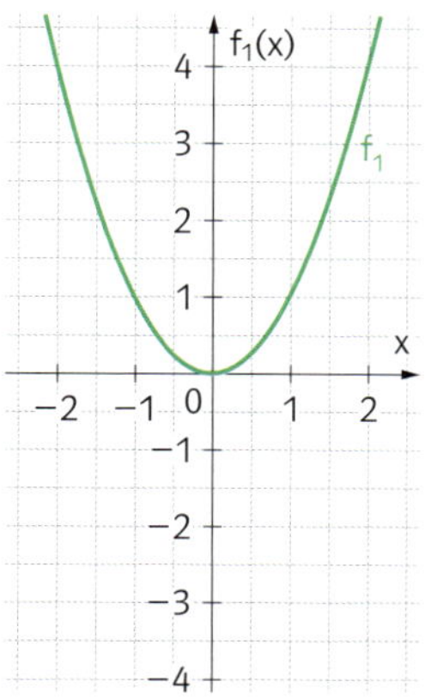

a = ____

b = ____

z = ____

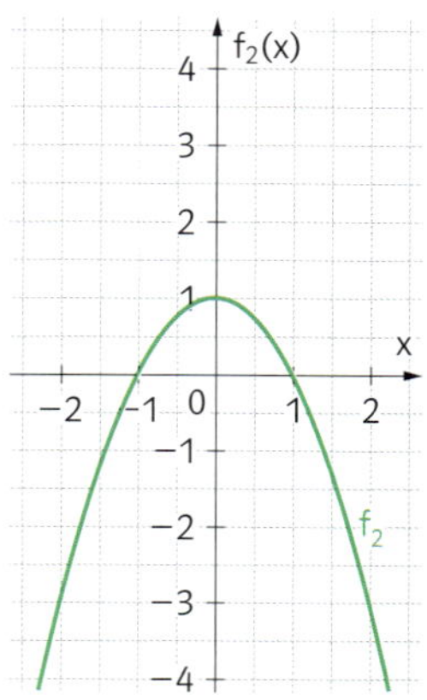

a = ____

b = ____

z = ____

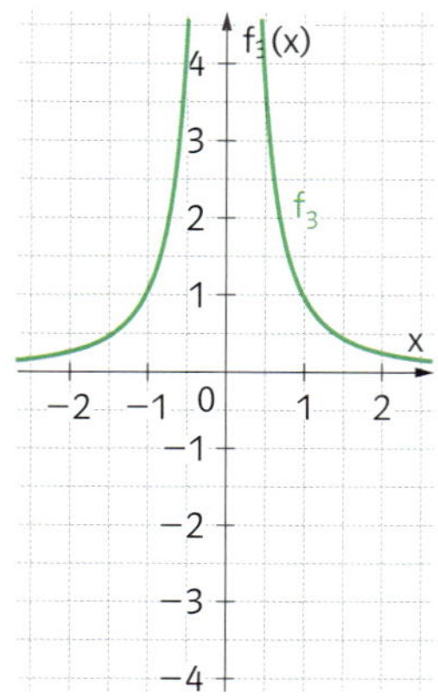

a = ____

b = ____

z = ____

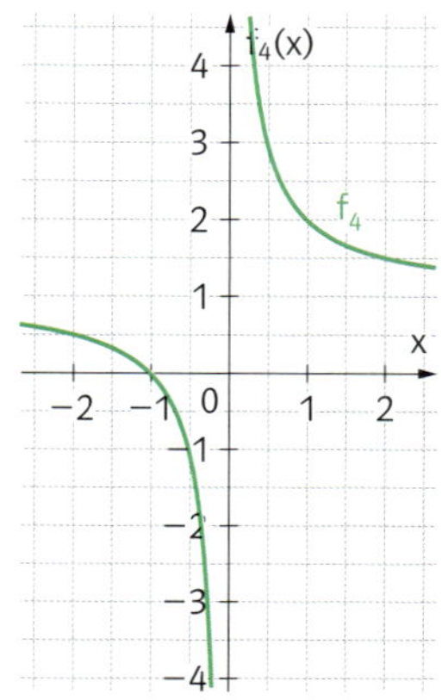

a = ____

b = ____

z = ____

FA 1.5 FA 3.2 **c)** Gegeben ist eine Funktion f der Form $f(x) = a \cdot x^z + b$ (mit $a \in \mathbb{R}^*$, $b \in \mathbb{R}$ und $z \in \mathbb{Z}^*$). Geben Sie alle Werte für a, b und z an, für die

- f eine lokale Extremstelle besitzt,
- sich der Graph von f asymptotisch der 2. Achse nähert,
- der Graph von f symmetrisch zur 2. Achse ist!

FA 2.6 FA 3.2 FA 3.4 **d)** Gegeben ist eine Funktion f der Form $f(x) = a \cdot x^z + b$ (mit $a, b \in \mathbb{R}$ und $z \in \mathbb{Z}$). Kreuzen Sie die auf die Funktion f zutreffenden Aussagen an!

Für $a = 1$, $b = 1$ und $z = 3$ ist der Graph von f symmetrisch bezüglich des Ursprungs.	☐
Für $a = -1$, $b = 1$ und $z = 2$ besitzt f zwei Nullstellen.	☐
Für $a > 0$, $b = 0$ und $z = 1$ ist f(x) zu x direkt proportional.	☐
Für $a > 0$, $b = 0$ und $z = -1$ ist f(x) zu x indirekt proportional.	☐
Für $a = 1$, $b = 0$ und $z = 3$ ist die x-Achse eine Asymptote des Graphen von f.	☐

FA 3.2 **e)** Jede der folgenden Termdarstellungen der Funktion f lässt sich in der Form $f(x) = a \cdot x^q + b$ (mit $a, b \in \mathbb{R}$ und $q \in \mathbb{Q}$) anschreiben. Ordnen Sie jeder Termdarstellung in der linken Tabelle die entsprechenden Werte von a, b und q in der rechten Tabelle zu!

$f(x) = \sqrt{x}$	
$f(x) = 2 \cdot \sqrt{x}$	
$f(x) = \frac{2}{\sqrt{x}}$	
$f(x) = -\sqrt{x}$	

A	$a = 2, b = 0, q = -\frac{1}{2}$
B	$a = -1, b = 2, q = -\frac{1}{2}$
C	$a = -1, b = 0, q = \frac{1}{2}$
D	$a = 1, b = 0, q = \frac{1}{2}$
E	$a = 2, b = 0, q = \frac{1}{2}$

5.05 Veränderungen einer Datenliste

Gegeben ist eine Datenliste $x_1, x_2, \ldots, x_n$ mit dem Mittelwert $\bar{x}$, der empirischen Varianz s_x^2 und der empirischen Standardabweichung s_x. Die Datenliste wird verschiedenen Veränderungen unterworfen, wodurch jeweils eine neue Datenliste $y_1, y_2, \ldots, y_n$ mit dem Mittelwert $\bar{y}$, der empirischen Varianz s_y^2 und der empirischen Standardabweichung s_y entsteht.

Aufgabenstellung:

WS 1.3 WS 1.4 **a)** Jeder Wert der Datenliste wird um $c \in \mathbb{R}^+$ erhöht. Zeigen Sie mit Hilfe der Definitionen des Mittelwerts, der empirischen Varianz und der empirischen Standardabweichung:
$\bar{y} = \bar{x} + c$, $s_y^2 = s_x^2$ und $s_y = s_x$.

WS 1.3 WS 1.4 **b)** Jeder Wert der Datenliste wird mit $c \in \mathbb{R}^+$ multipliziert. Zeigen Sie mit Hilfe der Definitionen des Mittelwerts, der empirischen Varianz und der empirischen Standardabweichung:
$\bar{y} = c \cdot \bar{x}$, $s_y^2 = c^2 \cdot s_x^2$ und $s_y = c \cdot s_x$.

WS 1.3 WS 1.4 **c)** Die gegebene Datenliste wird um zwei zusätzliche Werte $x_{n+1} = \bar{x} - c$ und $x_{n+2} = \bar{x} + c$ (mit $c \in \mathbb{R}^+$) erweitert. Zeigen Sie mit Hilfe der Definition für den Mittelwert: $\bar{y} = \bar{x}$.
Bleibt dabei auch die empirische Standardabweichung s_x unverändert? Überprüfen Sie dies anhand der Datenliste 1, 3, 5, indem Sie in diese die Werte 2 und 4 einfügen!

WS 1.3 **d)** Die gegebene Datenliste wird um zwei zusätzliche Werte $x_{n+1} = \bar{x} - c$ und $x_{n+2} = \bar{x} + c$ mit $c \in \mathbb{R}^+$ und $c < s_x$ erweitert. Jemand behauptet, dass dabei der größte Wert der Datenliste unverändert bleibt. Widerlegen Sie diese Behauptung anhand der Datenliste $x_1 = 15$, $x_2 = x_3 = \ldots = x_{10} = 65$, indem Sie zu dieser Datenliste zwei geeignete Werte $\bar{x} - c$ und $\bar{x} + c$ mit $c < s_x$ hinzufügen!

WS 1.3 WS 1.4 **e)** Es sei min der kleinste Wert, q_1 das 1. Quartil, q_2 der Median, q_3 das 3. Quartil und max der größte Wert der gegebenen Datenliste. Weiters sei m der Modus, $\bar{x}$ der Mittelwert, s_x^2 die empirische Varianz, s_x die empirische Standardabweichung, $q_3 - q_1$ der Quartilsabstand und (max – min) die Spannweite der Datenliste. Jeder Wert der Datenliste wird um $c \in \mathbb{R}^+$ vermindert. Geben Sie an, welche der genannten Kennzahlen bei dieser Veränderung unverändert bleiben und welche Kennzahlen sich um c vermindern!

5.06 Gegeben sind ein Dreieck ABC sowie die Punkte $A_1 = B + C - A$, $B_1 = A + C - B$ und $C_1 = A + B - C$.

Aufgabenstellung:

AG 3.2 AG 3.3 **a)** Zeigen Sie, dass die Seiten der Dreiecke ABC und $A_1B_1C_1$ paarweise zueinander parallel sind!

AG 3.2 AG 3.3 **b)** Zeigen Sie, dass A, B und C die Seitenmittelpunkte des Dreiecks $A_1B_1C_1$ sind!

AG 3.2 AG 3.3 **c)** Zeigen Sie, dass die Dreiecke ABC und $A_1B_1C_1$ denselben Schwerpunkt besitzen!

5.07 Gegeben ist ein Rechteck ABCD. Der Punkt E teilt die Seite BC im Verhältnis 2 : 1, der Punkt F teilt die Seite DC im Verhältnis 2 : 3.

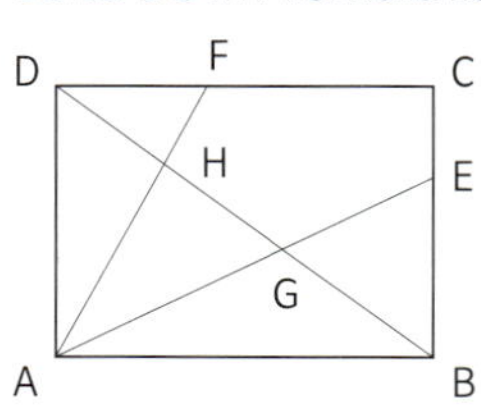

Aufgabenstellung:

AG 3.2 AG 3.3 **a)** Drücken Sie die Punkte E und F durch A, B und D aus!

AG 3.4 AG 3.5 **b)** Man kennt die Eckpunktkoordinaten $A = (0|0)$, $B = (a|0)$ und $D = (0|b)$.
- Geben Sie die Koordinaten der Punkte C, E und F an!
- Ermitteln Sie jeweils eine Parameterdarstellung der Geraden $g_1 = AE$, $g_2 = AF$ und $g_3 = BD$ sowie die Koordinaten der Schnittpunkte G und H!
- Für welches Seitenlängenverhältnis a : b stehen die Geraden g_2 und g_3 aufeinander normal?

5.08 Roulette

An einem Roulettetisch wurde aufgezeichnet, wie oft jede der Zahlen 0, 1, 2, 3, …, 36 gefallen ist. Abbildung 1 zeigt die Ergebnisse nach 180 Drehungen, Abbildung 2 nach 7622 Drehungen.

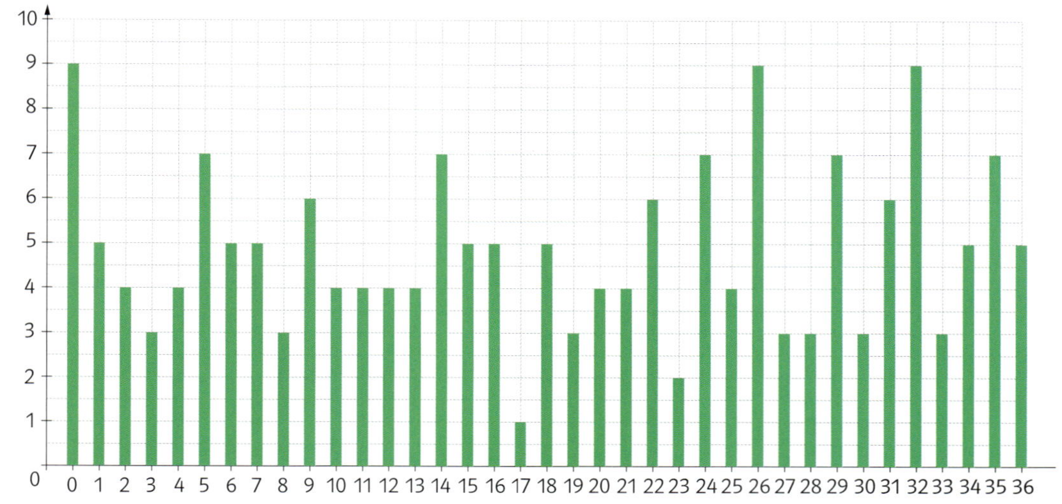

Abbildung 1: absolute Häufigkeiten nach 180 Drehungen

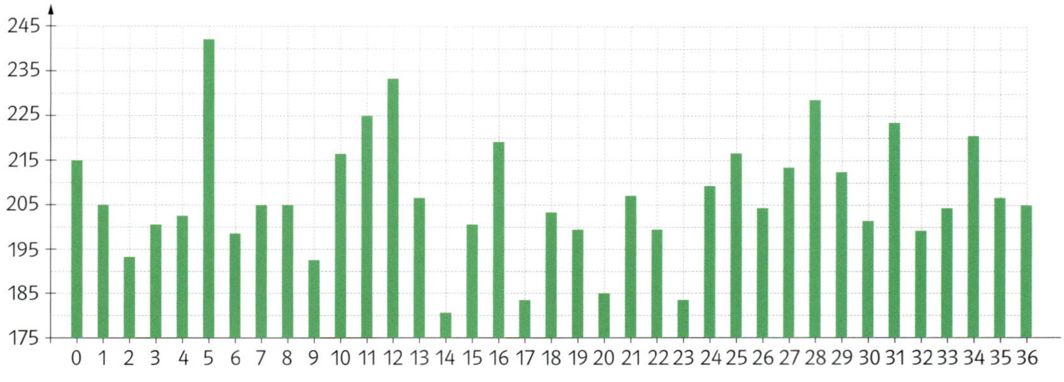

Abbildung 2: absolute Häufigkeiten nach 7622 Drehungen

Aufgabenstellung:

WS 1.1 WS 2.2 **a)** Nach dem empirischen Gesetz der großen Zahlen nähert sich die relative Häufigkeit jeder Zahl im Großen und Ganzen der Wahrscheinlichkeit $\frac{1}{37}$. Ermitteln Sie für beide Abbildungen die relative Häufigkeit der Zahl 36! In welcher Abbildung liegt diese relative Häufigkeit näher bei der Wahrscheinlichkeit $\frac{1}{37}$?

WS 1.1 WS 2.2 **b)** Die absoluten Häufigkeiten der Zahlen 7 und 11 unterscheiden sich in der Abbildung 2 stärker als in der Abbildung 1. Steht dies im Widerspruch zum empirischen Gesetz der großen Zahlen? Begründen Sie Ihre Antwort!

WS 1.1 WS 1.2 **c)** Jemand liest aus der Abbildung 2 ab, dass die Zahl 12 bei den 7622 Drehungen ca. doppelt so oft gekommen ist wie die Zahl 18? Stimmt das? Wenn nicht, erklären Sie, wie dieser Trugschluss zustande gekommen sein dürfte! Wie könnte man die Abbildungen anfertigen, damit dieser falsche Eindruck nicht entsteht?

WS 2.3 WS 3.1 **d)** Beim Roulette gilt folgende Regel für die Gewinnauszahlung: Beträgt die Gewinnwahrscheinlichkeit $\frac{k}{37}$, so wird im Falle eines Gewinns das $\frac{36}{k}$-fache des Einsatzes ausbezahlt.
Angenommen, jemand setzt bei jeder Drehung 10 € auf 12 P (1. Dutzend), dh. auf eine der Zahlen aus der Menge {1, 2, 3, …, 12}.

- Wie groß ist der Auszahlungsbetrag, wenn eine dieser Zahlen kommt?
- Wie groß ist der zu erwartende Gewinn pro Drehung ? Interpretieren Sie dieses Ergebnis und begründen Sie damit, warum man mit dieser Strategie auf lange Sicht nur verlieren kann!

5.09 **Erdbeben**

Die Stärke M eines Erdbebens auf der so genannten **Richter-Skala** ist durch folgende Formel definiert:

$M = \log_{10} A$

Dabei wird A in Mikrometer gemessen und gibt die Amplitude (die maximale Auslenkung) des Schreibers auf einem Standardseismographen an, der in 100 km Entfernung vom Epizentrum des registrierten Erdbebens aufgestellt ist.
M bezeichnet man auch als **Magnitude** des Erdbebens auf der Richter-Skala.
Zwischen der durch ein Erdbeben frei gesetzten Energie E (in Joule) und der Magnitude M nach Richter besteht näherungsweise folgender Zusammenhang: $\log_{10} E = 4{,}8 + 1{,}5 \cdot M$

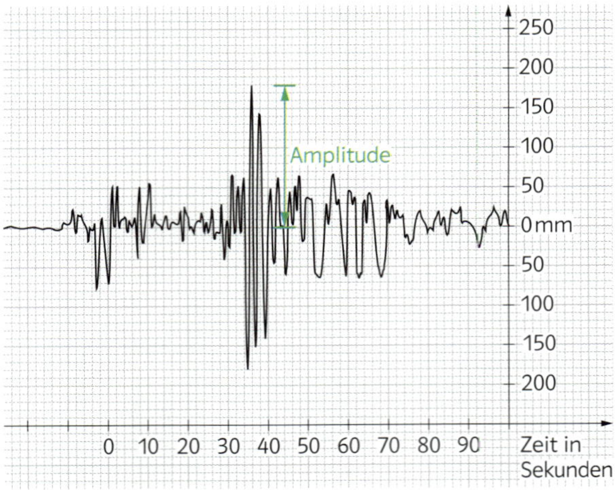

Aufgabenstellung:

AG 2.1 FA 1.4 **a)** Der folgende Graph stellt die Funktion $A \mapsto M(A)$ für $A \in]0; 5]$ dar (A gemessen in mm).

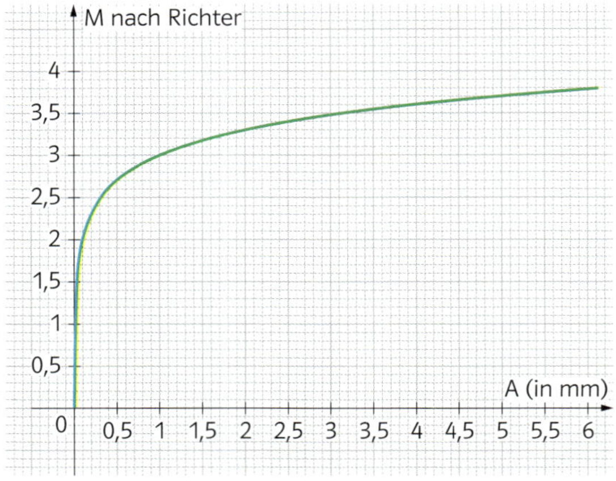

- Vervollständigen Sie die folgende Tabelle anhand des Graphen!

A (in mm)	M(A)
3,2	
	2,7

- Aus dem Schaubild ist nicht ersichtlich, ob bzw. an welcher Stelle der Graph die 1. Achse schneidet. Klären Sie diesen Sachverhalt rechnerisch!
- Sind aufgrund der Definition der Richter-Skala Erdbeben mit negativer Magnitude möglich? Begründen Sie!

AG 2.1 **b)** Begründen Sie: Jede Zunahme der Magnitude um 1 entspricht einer Verzehnfachung der Amplitude.

FA 5.1 FA 5.3 **c)** Im Folgenden ist E die Funktion, die jeder Magnitude M nach RICHTER die durch ein Erdbeben der Stärke M frei gesetzte Energie E(M) in Joule zuordnet.

- Zeigen Sie: E besitzt eine Termdarstellung der Form $E(M) = c \cdot a^M$!
  Bestimmen Sie dazu die Werte der Parameter c und a!
- Interpretieren Sie die Werte der Parameter c und a im Kontext!
- Beurteilen Sie die Brauchbarkeit der folgenden Faustregel:
  Jede Zunahme der Magnitude um 2 vertausendfacht die freigesetzte Energie.
- Das Hauptbeben vom März 2011, das die Reaktorkatastrophe von Fukushima verursachte, hatte eine Magnitude von 9,0. Die im August 1945 auf Hiroshima abgeworfene Atombombe hatte eine Sprengkraft von 13000 Tonnen TNT. Eine Tonne TNT setzt $4{,}184 \cdot 10^{12}$ J frei.
  Berechnen Sie, wie viele Hiroshima-Bomben bezüglich der frei gesetzten Energie dem Fukushima-Beben entsprechen!

5.10 Kosten, Erlös und Gewinn

Die *ChemAG* produziert einen Kunststoff. Über diese Produktion liegen folgende Informationen vor:

- Die *maximale monatliche Produktionsmenge* (= Kapazitätsobergrenze) beträgt 1200 Mengeneinheiten (ME).
- Die *Produktionskosten* K(x) in Abhängigkeit von der Produktionsmenge x können durch eine lineare Funktion modelliert werden. Dabei werden die Produktionskosten in Geldeinheiten (GE) und die Produktionsmenge x in Mengeneinheiten (ME) angegeben.
  Die Betriebsstatistik der *ChemAG* liefert folgende Tabelle zu den Produktionskosten:

Produktionsmenge x in (ME)	200	400	500	700	800
Produktionskosten K(x) in (GE)	40	50	55	60	70

- Aufgrund der Marktsituation kann man zum Marktpreis jede beliebige Menge des Kunststoffs verkaufen. Die *Erlösfunktion* E: $x \mapsto E(x)$, die jeder verkauften Kunststoffmenge x (in ME) den erzielten Erlös (Umsatz) E(x) (in GE) zuordnet, ist in der nebenstehenden Abbildung veranschaulicht.

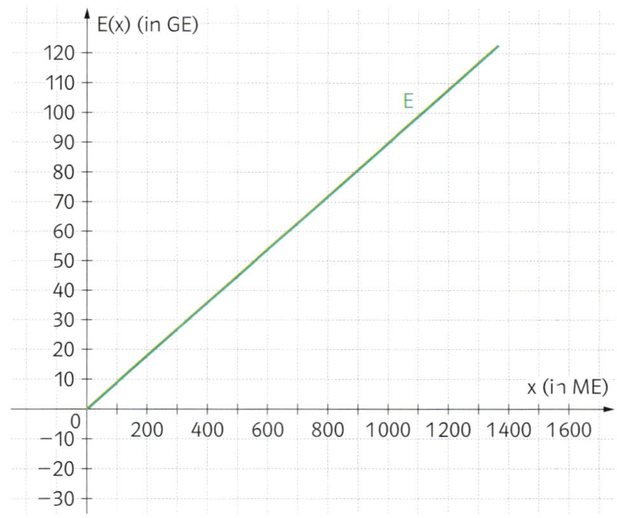

Aufgabenstellung:

FA 1.3 FA 2.2 **a) Kostenfunktion**

In der oben angeführten Produktionskosten-Tabelle entspricht ein Zahlenpaar (x | K(x)) nicht einer linearen Modellierung von K, weil K(x) falsch übermittelt wurde. Korrigieren Sie die Tabelle:

Produktionsmenge x in (ME)	200	400	500	700	800
Produktionskosten K(x) in (GE)					

Zeigen Sie dann: $K(x) = 0{,}05 \cdot x + 30$. Interpretieren Sie die Zahlen 0,05 und 30 im Sachzusammenhang und zeichnen Sie den Graphen der Funktion K in die obige Abbildung ein!

FA 2.1 FA 2.2 **b) Erlösfunktion**

- Erklären Sie, wie man anhand des Graphen von E zur Termdarstellung $E(x) = 0{,}09 \cdot x$ kommt! Deuten Sie die Steigung des Graphen von E im Sachzusammenhang!
- Kreuzen Sie alle zutreffenden Aussagen an!

Die Erlösfunktion E ist linear.	☐
Jede Steigerung der verkauften Menge x um 10 % erhöht den Erlös E(x) auf 110 %.	☐
Jede Steigerung der verkauften Menge x um 10 ME erhöht den Erlös E(x) um 110 GE.	☐
Der erzielte Erlös E(x) und die verkaufte Menge x sind zueinander indirekt proportional.	☐
Der Preis pro ME des Kunststoffs nimmt mit wachsender Verkaufsmenge x zu.	☐

FA 1.6 FA 1.7 **c) Schnittpunkt von E und K**

Ermitteln Sie grafisch und rechnerisch die Koordinaten des Schnittpunktes der Graphen der Funktionen E und K und interpretieren Sie die Koordinaten des Schnittpunkts im Kontext!

FA 1.4 FA 2.1 **d) Gewinnfunktion**

Die Gewinnfunktion G ordnet jeder monatlichen Produktionsmenge x den Gewinn G(x) zu.

- Zeigen Sie: $G(x) = 0{,}04 \cdot x - 30$. Tragen Sie auch den Graphen von G in die Abbildung ein!
- Berechnen Sie den maximalen monatlichen Gewinn der Kunststoffproduktion!

FA 3.4 AN 3.3 **e) Stückkostenfunktion**

Die Funktion $\overline{K}$ mit $\overline{K}(x) = \frac{K(x)}{x}$ $(x > 0)$ nennt man *Stückkostenfunktion* der Produktion.

- Formulieren Sie in Worten, was $\overline{K}(x)$ im Sachzusammenhang angibt!
- Begründen Sie, warum $\overline{K}$ keine indirekte Proportionalitätsfunktion ist!
- Zeigen Sie unter Verwendung der Ableitungsfunktion $\overline{K}'$, dass die Stückkostenfunktion $\overline{K}$ für $x > 0$ streng monoton fallend ist!
- Begründen Sie die folgende Aussage: Die *ChemAG* arbeitet mit den kleinsten Stückkosten, wenn sie an der Kapazitätsobergrenze (1200 ME) produziert.

AG 2.4 FA 2.3 AN 1.1 **f) Probleme am Kunststoffmarkt**

- *Konjunktureinbruch:* Durch einen Konjunktureinbruch kann die *ChemAG* kurzfristig nur mit Verlust produzieren. Berechnen Sie, welche Mindestmenge des Kunststoffs monatlich produziert und auch verkauft werden muss, wenn der monatliche Verlust der Produktion höchstens 15 GE betragen soll!
- *Preiskampf:* Die *ChemAG* beabsichtigt einen Konkurrenten vom Markt zu verdrängen und entschließt sich daher, ihr Produkt zu einem niedrigeren Preis pro ME anzubieten, als es dem Marktpreis entsprechen würde. Berechnen Sie den niedrigsten Preis pro ME, den die *ChemAG* verlangen muss, wenn die Kunststoffproduktion ohne Verlust arbeiten soll!
- *Preissteigerung:* Der Marktpreis pro ME des Kunststoffs steigt um 10 %. Dadurch ändert sich bei gleich bleibender Kostensituation die Gewinnschwelle (= Break-even-Menge) der Kunststoffproduktion der *ChemAG*. Entscheiden Sie anhand der Graphen von E, K und G, ob die Gewinnschwelle sinkt oder steigt! Berechnen Sie die prozentuelle Änderung der Gewinnschwelle!

5.11 Wasserrad

In einem Parkteich befindet sich ein Rad, das sich entgegen dem Uhrzeigersinn dreht und zum Teil in Wasser eintaucht. Das Rad hat einen Durchmesser von 4 m und sein Drehpunkt D befindet sich 1 m über der Wasseroberfläche. Ein Punkt P am Rand des Rades befindet sich zum Zeitpunkt $t = 0$ in der Position P_0 und führt in 40 s eine volle Drehung aus. Die Höhe h(t) des Punktes P über der Wasseroberfläche zum Zeitpunkt t lässt sich bei geeigneter Wahl eines Koordinatensystems durch eine Gleichung der folgenden Form beschreiben:

$h(t) = a \cdot \sin(b \cdot t) + c$ (h(t) in m, t in s)

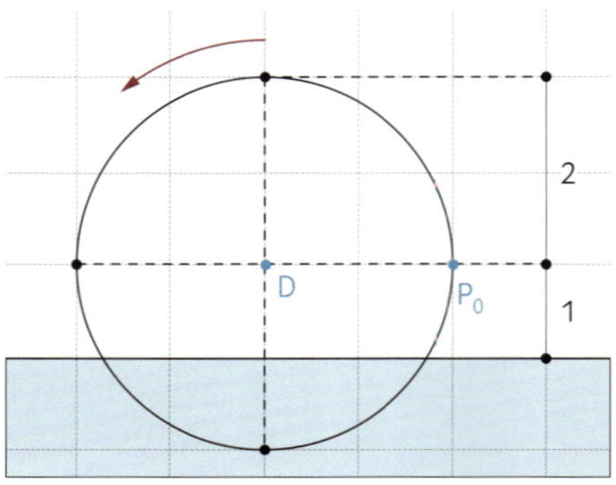

Aufgabenstellung:

FA 6.1 FA 6.3 **a)** Für welches Koordinatensystem ergibt sich $a = 2$, $b = \frac{\pi}{20}$ und $c = 1$? Zeichnen Sie das Koordinatensystem in die Abbildung ein und begründen Sie die Werte für a, b und c!

AG 4.2 FA 6.2 **b)** Ermitteln Sie für die erste Umdrehung den Zeitpunkt, zu dem der Punkt P in das Wasser eintaucht, sowie den Zeitpunkt, zu dem der Punkt P wieder aus dem Wasser auftaucht! Runden Sie die Zeitpunkte auf Zehntelsekunden!

AN 1.3 AN 2.1 **c)** Ermitteln Sie die Geschwindigkeit, mit der die Höhe des Punktes P nach 5 Sekunden zunimmt!

FA 6.1 AN 1.3 **d)** Kreuzen Sie die Aussage an, die auf die Funktion h zutrifft!

In den ersten 20 Sekunden nimmt h zu.	☐
Im Zeitintervall [10; 30] nimmt h linear ab.	☐
Die Änderungsgeschwindigkeit von h ist konstant.	☐
Im Wasser nimmt die Änderungsgeschwindigkeit von h stets ab.	☐
Zu den Zeitpunkten $t = 0$ und $t = 20$ sind die Änderungsgeschwindigkeiten von h gleich groß.	☐
Würde sich das Rad doppelt so schnell drehen, dann würde gelten: $h(t) = 2 \cdot \sin\left(\frac{\pi}{10} \cdot t\right) + 1$	☐

5.12 Medizinischer Test

In der Gesamtbevölkerung eines Landes schätzt man den relativen Anteil der Personen, bei denen eine bestimmte Stoffwechselkrankheit vorliegt, auf 2 %. Zur Früherkennung dieser Krankheit wurde ein medizinisches Testverfahren entwickelt, über das folgende Informationen veröffentlicht wurden:

- Wenn bei einer Person die Stoffwechselkrankheit vorliegt, dann liefert der Test mit 95 %-iger Wahrscheinlichkeit richtigerweise ein positives Testergebnis.
- Wenn bei einer Person die Stoffwechselkrankheit nicht vorliegt, dann liefert der Test mit 2,5 %-iger Wahrscheinlichkeit fälschlicherweise trotzdem ein positives Testergebnis.

Von einem „positiven Testergebnis" spricht man, wenn der Test die Stoffwechselkrankheit anzeigt.

Aufgabenstellung:

WS 2.3 WS 2.2 **a)** Aus der Bevölkerung wird eine Person X zufällig ausgewählt und der Test durchgeführt. Folgende Ereignisse werden betrachtet:

K: Bei der Person X liegt die Krankheit vor.
¬K: Bei der Person X liegt die Krankheit nicht vor.
pos: Die Person X hat ein positives Testergebnis.
neg: Die Person X hat ein negatives Testergebnis.

Das nebenstehende Baumdiagramm stellt diesen Zufallsversuch grafisch dar! Beschriften Sie die Strecken mit den entsprechenden Wahrscheinlichkeitswerten und beantworten Sie die folgenden Fragen mit Hilfe des Baumdiagramms!

- Mit welcher Wahrscheinlichkeit weist die untersuchte Person ein positives Testergebnis auf?
- Wie groß ist die Wahrscheinlichkeit, dass bei der untersuchten Person die Krankheit nicht vorliegt und auch der Test negativ ausfällt?

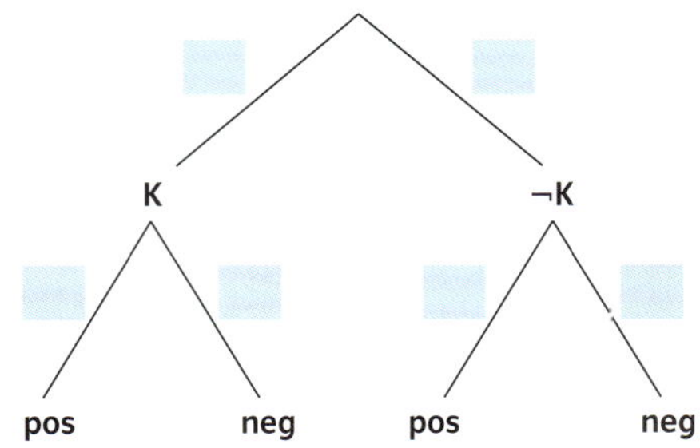

WS 2.1 WS 2.3 **b)** Die Güte des Testverfahrens kann durch drei Wahrscheinlichkeitswerte beurteilt werden: die **Sensitivität** P(pos | K), die **Spezifität** P(neg | ¬K) und die **Effizienz** P((K ∧ pos) ∨ (¬K ∧ neg)). Beschreiben Sie die Ereignisse pos | K, neg | ¬K und ((K ∧ pos) ∨ (¬K ∧ neg)) verbal im Sachzusammenhang und geben Sie die Sensitivität, Spezifität und Effizienz des vorliegenden Testverfahrens an! Interpretieren Sie die Werte im Sachzusammenhang!

WS 1.2 WS 2.2 **c)** Im Rahmen einer Reihenuntersuchung werden 2 000 zufällig ausgewählte Personen dem Testverfahren unterzogen. Füllen Sie die folgende Vierfeldertafel mit den dabei zu erwartenden absoluten Fallzahlen aus!

	Testergebnis positiv	Testergebnis negativ	Summe
Krankheit liegt vor			
Krankheit liegt nicht vor			
Summe			2000

WS 2.3 **d)** Für P(K | pos) kann man folgende Formel herleiten: $P(K \mid pos) = \frac{P(K) \cdot P(pos \mid K)}{P(pos)}$.

Bei einer Vorsorgeuntersuchung erhält eine Person den Befund: „Testergebnis positiv." Berechnen Sie aufgrund dieses Testergebnisses die Wahrscheinlichkeit, dass bei dieser Person die Stoffwechselkrankheit tatsächlich vorliegt! Beurteilen Sie aufgrund dieser Wahrscheinlichkeit die Aussagekraft des Testergebnisses!

WS 4.1 **e)** Der Schätzwert von 2 % für den relativen Anteil p der Personen, bei denen die Stoffwechselkrankheit vorliegt, in der Gesamtbevölkerung des Landes ergab sich auf Grundlage einer klinischen Untersuchung an 5 000 Personen.
Geben Sie auf der Grundlage dieser Untersuchung ein 95 %-Konfidenzintervall für den relativen Anteil p an!

5.13 Reize und Empfindungen

Physikalische Reize bewirken subjektive Empfindungen. Für einige Sinnessysteme kann man den Zusammenhang zwischen der Reizstärke (zB Schallintensität, Lichtstärke) und der erzeugten Empfindungsstärke (zB Lautstärke, Helligkeit) näherungsweise durch das *Weber-Fechner'sche Gesetz* beschreiben:

$$E(R) = k \cdot \ln\left(\frac{R}{R_0}\right) \text{ für } R \geqslant R_0$$

Dabei ist R die *Reizstärke*, E(R) die *Empfindungsstärke* zur Reizstärke R, k eine für das untersuchte Sinnessystem *spezifische Konstante* ($k > 0$) und R_0 die für das untersuchte Sinnessystem *spezifische Reizschwelle* ($R_0 > 0$).

Aufgabenstellung:

FA 1.4 AN 3.3 **a)** Zeigen Sie, dass auf die Funktion $E: R \mapsto E(R)$ in $[R_0; \infty[$ Folgendes zutrifft:
- $E(R_0) = 0$ und $E(R) > 0$ für $R > R_0$. Deswegen ist die Bezeichnung „Reizschwelle" für R_0 gerechtfertigt.
- Die Funktion E ist in $[R_0; \infty[$ streng monoton steigend und rechtsgekrümmt.

Formulieren Sie im Kontext, was diese Eigenschaften in Bezug auf den Zusammenhang von Reizstärke und Empfindungsstärke bedeuten!

AG 2.1 FA 1.5 **b) Eine Alltagserfahrung:**

Das Zuknallen einer Autotür verursacht nachts und tags dieselbe Änderung ΔR des Schallpegels, aber die durch ΔR bewirkte Zunahme $\Delta E = E(R + \Delta R) - E(R)$ der Empfindungsstärke ist umso geringer, je höher der vorhandene Schallpegel ist. Bei einem niedrigen nächtlichen Schallpegel empfindet man ΔR als störenden Lärm, dagegen wird bei einem tagsüber hohen Schallpegel dasselbe ΔR kaum noch registriert.

Dieser Sachverhalt kann allgemein so formuliert werden: Mit steigendem Reizniveau R bewirken gleiche Reizstärkenzuwächse ΔR immer geringere Zunahmen der Empfindungsstärke ΔE. Zeigen Sie, dass die durch das Weber-Fechner'sche Gesetz festgelegte Funktion E diese Eigenschaft besitzt!

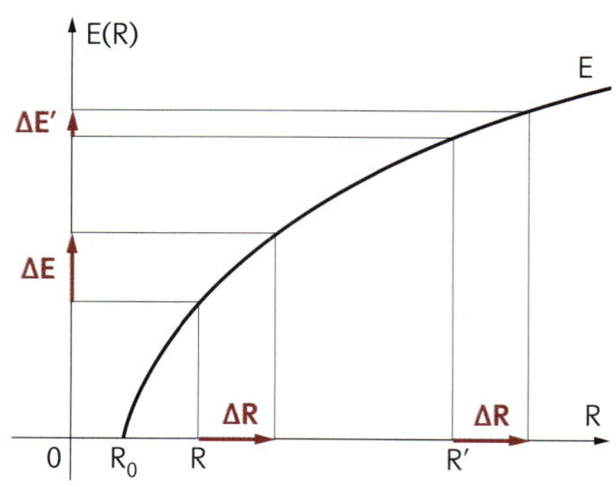

AN 1.2 AN 1.4 **c)** Leiten Sie aus der Gleichung $E'(R) = \frac{k}{R}$ folgende Aussage her: Ist $R > R_0$ und der Reizstärkenzuwachs ΔR klein, dann ist der Empfindungsstärkenzuwachs ΔE näherungsweise direkt proportional zur relativen Reizstärkenzunahme $\frac{\Delta R}{R}$. Formulieren Sie diesen Sachverhalt auch in Form einer Differenzengleichung!

AN 2.1 AN 3.1 **d)** Zeigen Sie, dass die Funktion E die einzige stetige Lösung der Differentialgleichung $f'(R) = \frac{k}{R}$ für $R \geqslant R_0$ mit der Anfangsbedingung $f(R_0) = 0$ ist!

FA 1.5 AN 1.2 **e)** In einem Lehrbuch der Physik findet sich folgender Merksatz:

„Das Weber-Fechner'sche Gesetz kann so formuliert werden: In geometrischer Folge wachsende Reizstärken verursachen in arithmetischer Folge wachsende Empfindungsstärken."

Dies bedeutet: Wird die Reizstärke stets mit dem gleichen Faktor a multipliziert, so werden die zugehörigen Empfindungsstärken stets um den gleichen Betrag c erhöht. Weisen Sie die Gültigkeit dieser Aussage nach!

5.14 **Hoch-, Tief- und Wendepunkte einer Funktionenschar**

Gegeben sind die Funktionen f_k mit $f_k(x) = k \cdot x \cdot (x-6)^2$ und $k > 0$.
In der Abbildung ist die Funktion f_k mit $k = 1$ dargestellt.

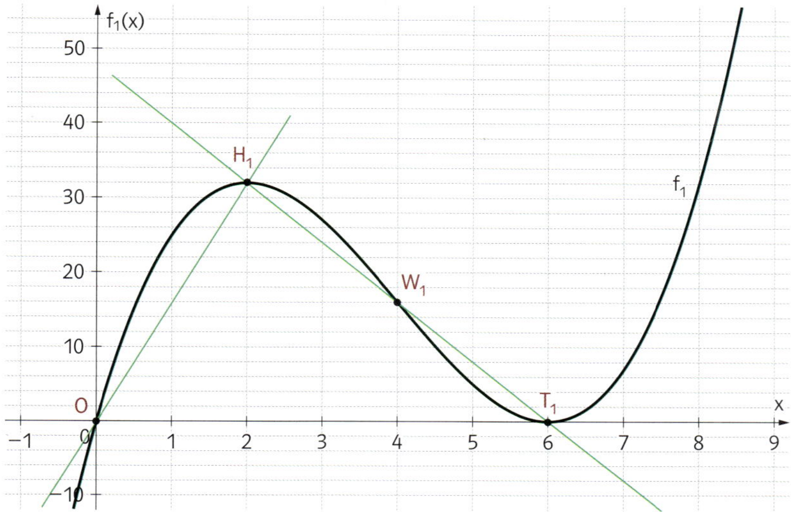

Aufgabenstellung:

AN 2.1 AN 3.3 **a)** Zeigen Sie durch Rechnung, dass der Graph der Funktion f_k den Hochpunkt $H_k = (2 \mid 32k)$, den Tiefpunkt $T_k = (6 \mid 0)$ und den Wendepunkt $W_k = (4 \mid 16k)$ besitzt! Überprüfen Sie dies an der Abbildung!

AG 3.1 AG 3.2 **b)** Zeigen Sie, dass H_k, T_k und W_k auf einer Geraden liegen und drücken Sie die Steigung dieser Geraden in Abhängigkeit von k aus!

AG 2.1 AN 4.2 **c)** Der Graph von f_k begrenzt mit der x-Achse ein Flächenstück! Drücken Sie den Inhalt A(k) dieses Flächenstücks sowie den Flächeninhalt $A_\Delta(k)$ des Dreiecks OT_kH_k in Abhängigkeit von k aus, und zeigen Sie, dass das Verhältnis $A_\Delta(k) : A(k)$ für alle k gleich groß ist!

AN 4.2 AN 4.3 **d)** Sei nun speziell $k = 0{,}25$.

- Geben Sie die Koordinaten des Hochpunktes, des Tiefpunktes und des Wendepunktes des Graphen von $f_{0,25}$ an und skizzieren Sie den Graphen der Funktion $f_{0,25}$ im folgenden Koordinatensystem!

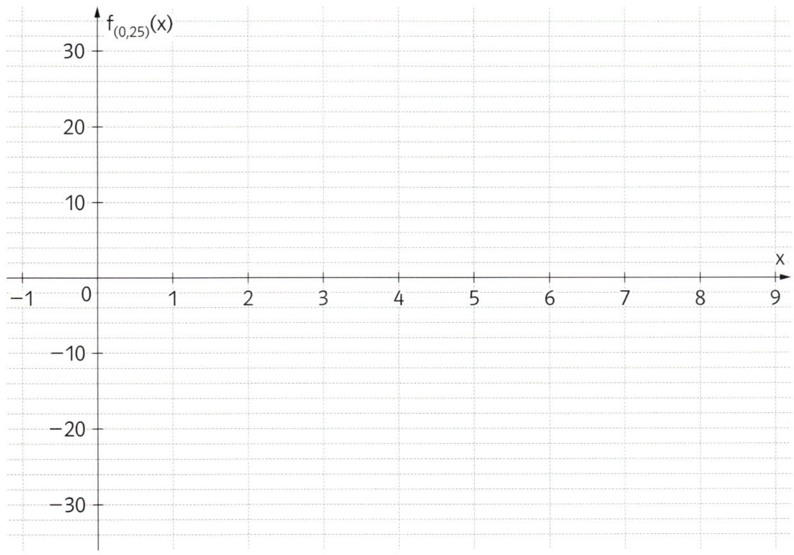

- Zeigen Sie, dass in diesem Fall gilt: $\int_0^8 (f_{0,25}(x) - x)\,dx = 0$
- Geben Sie eine geometrische Deutung dieser Aussage an!

Typ 1
Lösungen

1. Algebra und Geometrie

1.01 1. und 4. Aussage

1.02 2. und 5. Aussage

1.03 2. und 4. Aussage

1.04 1. und 4. Aussage

1.05 2. und 4. Aussage

1.06 1., 2. und 3. Aussage

1.07 1., 3., 4. und 5. Zahl

1.08 Zum Beispiel: $M = \mathbb{Q}_0^+$ oder $M = \mathbb{N} \cup \{\sqrt{2}\}$

1.09

$\frac{x-1}{x} - 2$	C
$\frac{1}{x} \cdot (1-x)$	A
$\frac{1}{x} \cdot (x+1)$	F
$\frac{x+1}{x} - 1$	B

1.10 4. und 5. Term

1.11

$x - \frac{3-y}{4}$	C
$\frac{x-3}{4} - y$	A
$x - \frac{3}{4-y}$	E
$\frac{x-3}{4-y}$	B

1.12

a^b + c	D
a^(b + c)	E
$(a^b)^c$	A
$\frac{a^b}{c}$	C

1.13 1. und 5. Term

1.14 1., 3., 4. und 5. Gleichung

1.15 4. Gleichung

1.16 $E = A \cdot \left(1 + \frac{p}{100}\right) \cdot \left(1 - \frac{q}{100}\right) \cdot 0{,}9$

1.17 $G = \frac{x}{100} \cdot e \Rightarrow x = \frac{100 \cdot G}{e} = \frac{100 \cdot (v - e)}{e}$

1.18 6. Gleichung

1.19 $G = 12 = \frac{x}{100} \cdot 48 \Rightarrow x = 25$ (%)

1.20 $n = \frac{p}{100} \cdot a + \frac{q}{100} \cdot b + \frac{r}{100} \cdot c + \frac{s}{100} \cdot d$

1.21 Gleichung: $z = 0{,}7 \cdot a$ Anzahl der ausgeschickten Fragebögen: $a = \frac{z}{0{,}7} = \frac{5\,040}{0{,}7} = 7200$

1.22 $K_n = K_0 \cdot \left(1 + \frac{p}{100}\right)^n \Rightarrow p = 100 \cdot \left(\sqrt[n]{\frac{K_n}{K_0}} - 1\right)$

1.23 $180\,000 = 130\,000 \cdot a^{15} \Rightarrow a \approx 1{,}022 \Rightarrow$ jährlicher prozentueller Zuwachs $\approx 2{,}2\,\%$

1.24 $x \cdot 1{,}035^n = 3 \cdot x \Rightarrow n = \frac{{}^{10}\log 3}{{}^{10}\log 1{,}035} \approx 31{,}94$. Die Einwohnerzahl verdreifacht sich nach ca. 32 Jahren.

1.25 4. Formel

1.26 $V = 480 \cdot 0{,}95^n$

1.27 $s_1(t) = 30 \cdot t$, $s_2(t) = 25 \cdot (t-1)$, $d(t) = s_2(t) - s_1(t) = 5 \cdot t + 25$.

1.28 $a \cdot e$ … Gesamteinnahmen der Autofirma für alle im letzten Quartal verkauften Elektroautos

$\frac{p}{100} \cdot e$ … Zuschuss der Landesregierung für ein von der Autofirma verkauftes Elektroauto

$\frac{p}{100} \cdot a \cdot e$ … Zuschuss der Landesregierung für alle im letzten Quartal verkauften Elektroautos

1.29 $\frac{r}{100} \cdot b$ … Preisnachlass für einen Schrank

$\left(1 - \frac{r}{100}\right) \cdot b \cdot n$ … Preis für n Schränke mit Preisnachlass

1.30 $Z = \frac{x}{100} \cdot a + \frac{y}{100} \cdot b + \frac{z}{100} \cdot c$

1.31 $E = (e - e_1) \cdot p + (k - k_1) \cdot \frac{p}{2} + 0{,}8 \cdot e_1 \cdot p + 0{,}8 \cdot k_1 \cdot \frac{p}{2} = (e - 0{,}2 \cdot e_1 + 0{,}5 \cdot k - 0{,}1 \cdot k_1) \cdot p$

1.32 Es können nicht beide Behauptungen wahr sein. Denn laut B sind es dreimal so viele Erwachsene wie Kinder. Dies widerspricht A.

1.33 $x = -3$; $a = 2$

1.34 $m = \frac{x \cdot r \cdot t}{p - q}$; $p = \frac{x \cdot r \cdot t}{m} + q$

1.35 1. Gleichung: $x = v^{\frac{1}{u}}$; 2. Gleichung: $x = {}^{r}\log s$ oder $x = \frac{{}^{10}\log s}{{}^{10}\log r}$

1.36 $x = {}^{d}\log \frac{b-a}{ac}$ oder $x = \frac{{}^{10}\log (b-a) - {}^{10}\log (ac)}{{}^{10}\log d}$

1.37 Zutreffend: $D = \mathbb{R}^*$

1.38 Arthold: € 24 000, Blaschek: € 24 000, Cermak: € 36 000, Dellinger: € 36 000

1.39 $c = \frac{f - 32}{1{,}8}$

1.40 $h(t) = 50 \cdot t - 5 \cdot t^2 = 120 \Rightarrow t = 4 \vee t = 6$
Die Kugel ist nach 4s und nach 6s in der Höhe 120 m.

1.41 Ist **$c > 0$**, dann besitzt die Gleichung **zwei relle Lösungen**.

1.42 zwei Lösungen für $k > -\frac{2}{3}$, genau eine Lösung für $k = -\frac{2}{3}$, keine Lösung für $k < -\frac{2}{3}$

1.43 $x = \frac{-4 \pm \sqrt{16 + 16a}}{2a} = \frac{-4 \pm 4 \cdot \sqrt{1 + a}}{2a} \Rightarrow$ keine Lösung für $a < -1$

1.44 Ist **$c = -10$**, dann hat die Gleichung **keine Lösung**.

1.45 $ax^2 = 2x \Rightarrow x \cdot (ax - 2) = 0 \Rightarrow x = 0 \vee x = \frac{2}{a}$

1.46 1., 3. und 5. Aussage. (Für $b = 0$ besitzt die Gleichung genau eine Lösung.)

1.47 1. und 2. Aussage

1.48 2. und 4. Aussage

1.49 $x = 0 \vee x = -1 \vee x = 1$

1.50 Die Lösung ist nicht korrekt, weil durch x nur dividiert werden darf, wenn $x \neq 0$ ist. Es wurde also stillschweigend $x \neq 0$ vorausgesetzt und dabei übersehen, dass $x = 0$ eine Lösung der Gleichung ist.
Korrekte Lösung: $x^2 + x = 0 \Leftrightarrow x \cdot (x + 1) = 0 \Leftrightarrow x = 0 \vee x = -1$

1.51 $L = \{x \in \mathbb{R} \mid x < -3\} =]-\infty; -3[$

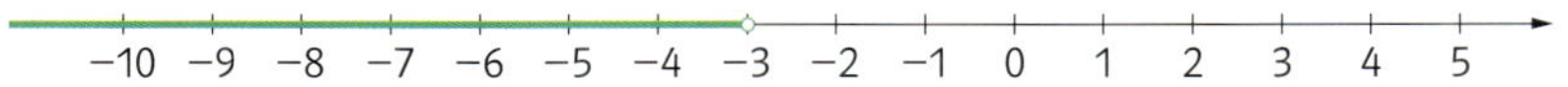

1.52 Die Lösungsmenge in der 5. Zeile ist richtig.
Begründung: Es muss $x \neq 0$ sein.
1. Fall: $x > 0 \Rightarrow x - 1 > 2x \Rightarrow x < -1 \Rightarrow L_1 = \{x \in \mathbb{R} \mid x > 0 \wedge x < -1\} = \varnothing$
2. Fall: $x < 0 \Rightarrow x - 1 < 2x \Rightarrow x > -1 \Rightarrow L_2 = \{x \in \mathbb{R} \mid x < 0 \wedge x > -1\} =]-1; 0[$
$L = L_1 \cup L_2 = \{x \in \mathbb{R} \mid x < 0 \wedge x > -1\} =]-1; 0[$

1.53 1. und 4. Ungleichung

1.54 2. und 4. Ungleichung

1.55 $0{,}4 \cdot 3 + 0{,}8 \cdot 7 = \frac{x}{100} \cdot 10 \Rightarrow x = 68$. Der Wirkstoffanteil der Mischung beträgt 68 %.

1.56 Zum Beispiel: I. $2x - 5y = 12$
II. $4x - 10y = 24$

1.57 Zum Beispiel: I. $3u - v = 1$
II. $3u - v = 2$

1.58 Zum Beispiel: I. $3r - 2s = 1$
II. $r + s = 2$

1.59 $c \neq -8$

1.60 $b = -\frac{2}{3}$

1.61 $\begin{cases} 4x - 9y = 12 \\ -\frac{8}{3}x + 6y = -8 \end{cases}$

1.62 $\begin{cases} 2x - y = 1 \\ x + y = 5 \end{cases}$ Lösung: (2 | 3)

1.63 **(1)** 34 900 € **(2)** 8 **(3)** $16 + 12 + 10 + 8 + 2 = 48$

1.64 Zum Beispiel:

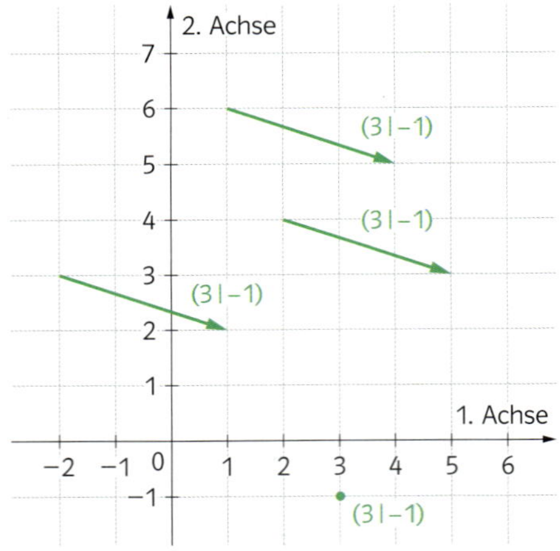

1.65

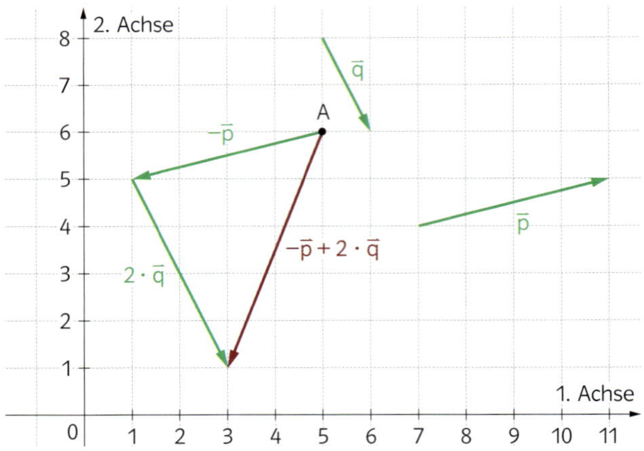

1.66 $\begin{pmatrix} 49 \\ 31 \end{pmatrix} = \begin{pmatrix} 4 \\ 1 \end{pmatrix} + 15 \cdot \begin{pmatrix} x \\ y \end{pmatrix} \Rightarrow x = 3 \wedge y = 2$

$\begin{pmatrix} 4 \\ 1 \end{pmatrix} + 3 \cdot \begin{pmatrix} 3 \\ 2 \end{pmatrix} = \begin{pmatrix} 13 \\ 7 \end{pmatrix}$. Der Roboter befand sich nach 3 Minuten im Punkt (13 | 7).

1.67 Das Fahrzeug legt in einer Stunde $\sqrt{77^2 + 36^2} = 85$ km zurück. Geschwindigkeit = 85 km/h.

1.68 1., 2. und 4. Term

1.69 $\vec{a}$ und $\vec{c}$

1.70 $g_2 = 8$

1.71 $b_3 = 2$

1.72 Zueinander parallel sind: $\vec{a}$ und $\vec{e}$. Zueinander normal sind: $\vec{b}$ und $\vec{d}$

1.73 2. und 3. Aussage

1.74 $\overrightarrow{AB} \cdot \overrightarrow{AC} \neq 0$, $\overrightarrow{BA} \cdot \overrightarrow{BC} \neq 0$, $\overrightarrow{CA} \cdot \overrightarrow{CB} \neq 0 \Rightarrow$ das Dreieck ABC ist nicht rechtwinkelig.

1.75 A = (6 | −3), B = (−2 | 3), C = (−5 | −1).
$\overrightarrow{BA} \cdot \overrightarrow{BC} = (8 | -6) \cdot (-3 | -4) = -3 \cdot 8 + 4 \cdot 6 = 0 \Rightarrow \sphericalangle ABC = 90°$

1.76 $\overrightarrow{CA} \cdot \overrightarrow{CB} = (3 | 3 | 2) \cdot (2 | -4 | 3) = 3 \cdot 2 - 3 \cdot 4 + 2 \cdot 3 = 0 \Rightarrow \sphericalangle ACB = 90°$

1.77 $\overrightarrow{AB} = (7 | -2)$, $\overrightarrow{AC} = (2 | 7)$, $\overline{AB} = \overline{AC} = \sqrt{53} \Rightarrow$ Das Dreieck ABC ist gleichschenkelig.

1.78 $\overline{AB} = \overline{BC} = \overline{CD} = \overline{DA} = \sqrt{26} \wedge \overrightarrow{AD} \cdot \overrightarrow{AB} = (1 | 5) \cdot (5 | -1) = 0 \Rightarrow$ Das Viereck ABCD ist ein Quadrat.

1.79 $\overrightarrow{AS} \cdot \overrightarrow{SC} = (2 | -1 | 3) \cdot (2 | 1 | -1) = 2 \cdot 2 - 1 \cdot 1 + 3 \cdot (-1) = 0 \Rightarrow$ AS und SC stehen aufeinander normal.

1.80 $\overrightarrow{PQ} = (5 | 3 | -7)$, $\overrightarrow{PR} = (r_1 - 4 | 6 | r_3 - 6)$
Für $r_1 = 14$ und $r_3 = -8$ ergibt sich $\overrightarrow{PR} = (10 | 6 | -14) = 2 \cdot (5 | 3 | -7) = 2 \cdot \overrightarrow{PQ}$. Somit liegen P, Q und R auf einer Geraden.

1.81 $s = -2, t = 3, u = -3, v = 2$

1.82 1., 2. und 4. Aussage

1.83 V · M gibt die Länge (in m) des insgesamt gelaufenen Weges an.
1,1 · V gibt die Geschwindigkeiten (in m/min) in den einzelnen Stunden an, wenn die Läuferin jeweils um 10 % schneller läuft.

1.84 $P' = 0{,}8 \cdot P$

1.85 In Frage kommt jeder Richtungsvektor, der auf $\vec{n}$ normal steht, zB $\vec{g} = (1 | 9 | 1)$.
Eine Gerade ist zB $X = t \cdot (1 | 9 | 1)$.

1.86 Ein Normalvektor von g ist $\vec{n} = (2 | -1)$. Eine Gleichung von g ist $\begin{pmatrix} 2 \\ -1 \end{pmatrix} \cdot \begin{pmatrix} x \\ y \end{pmatrix} = \begin{pmatrix} 2 \\ -1 \end{pmatrix} \cdot \begin{pmatrix} 0 \\ 1 \end{pmatrix}$ bzw. $2x - y = -1$.
g: $2x - y = -1$
h: $3x + y = 6$ $\Rightarrow$ g und h schneiden einander in S = (1 | 3).

1.87 h_2, h_3

1.88 $h_2 = -\frac{4}{5}, h_3 = -2$

1.89 Die Geraden g und h sind **zueinander parallel**, da **ihre Normalvektoren zueinadner parallel sind**.

1.90 1. und 5. Aussage

1.91 $b = 21$

1.92 Wir stellen h so dar: h: $3x - y = -5$. Ein Normalvektor von h ist $(3 \mid -1)$, ein Richtungsvektor von h ist somit $(1 \mid 3)$. Für $a = 2$ sind die Richtungsvektoren von g und h parallel und somit auch g und h parallel.

1.93 Zum Beispiel: $r = 2, s = 2$

1.94 h_2 und h_5

1.95 Zum Beispiel: h: $X = (2 \mid -3) + s \cdot (5 \mid 1)$ bzw. h: $-x + 5y = -17$

1.96 Setzt man A für X ein, ergibt sich: $\begin{pmatrix} 0 \\ 11 \end{pmatrix} = \begin{pmatrix} -2 \\ 3 \end{pmatrix} + t \cdot \begin{pmatrix} 1 \\ 4 \end{pmatrix} \Rightarrow \begin{cases} 0 = -2 + t \\ 11 = 3 + 4t \end{cases} \Rightarrow t = 2 \Rightarrow A \in g$

Setzt man B für X ein, ergibt sich: $\begin{pmatrix} -1 \\ 6 \end{pmatrix} = \begin{pmatrix} -2 \\ 3 \end{pmatrix} + t \cdot \begin{pmatrix} 1 \\ 4 \end{pmatrix} \Rightarrow \begin{cases} -1 = -2 + t \Rightarrow t = 1 \\ 6 = 3 + 4t \Rightarrow t = \frac{3}{4} \end{cases} \Rightarrow B \notin g$

1.97 2.; 3. und 5. Aussage

1.98 3. Aussage

1.99 Die beiden Geraden sind **identisch**, da **die angegebenen Richtungsvektoren parallel sind und der Punkt (3 | −2) auf beiden Geraden liegt.**

1.100 $M = \frac{1}{2} \cdot (P + Q), t = \frac{1}{2}$

1.101 2. und 3. Aussage

1.102

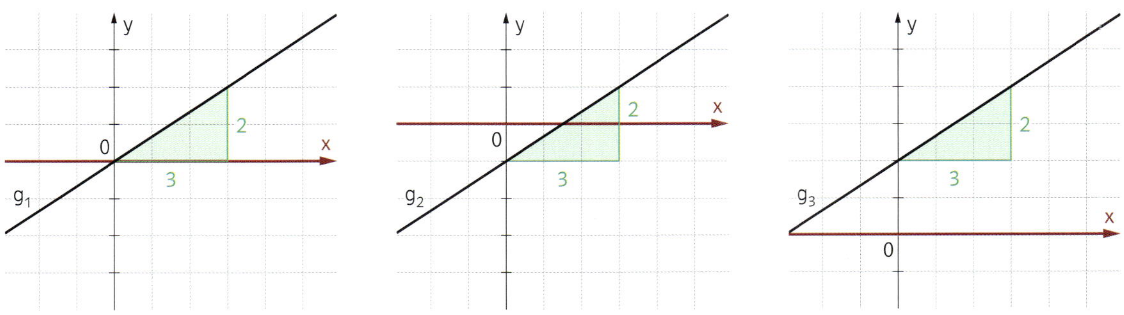

1.103 Zum Beispiel: $(1 \mid 2), (-1 \mid -2), (2 \mid 4), (-2 \mid -4)$

1.104 $\overrightarrow{AB} = (1 \mid -2 \mid 3)$; $(1 \mid -2 \mid 3) \cdot (5 \mid n_2 \mid 1) = 5 - 2n_2 + 3 = 0 \Rightarrow n_2 = 4$

1.105 1. und 2. Aussage

1.106 Zum Beispiel: Ein weiterer Normalvektor zu $\vec{a} = (2b_1 \mid 2b_2)$; ein weiterer Normalvektor zu $\vec{b} = (-a_1 \mid -a_2)$

1.107 $\overrightarrow{AB} = (5 \mid -1), \overrightarrow{BC} = (1 \mid 5), C = B + \overrightarrow{BC} = (6 \mid -2) + (1 \mid 5) = (7 \mid 3), D = A + \overrightarrow{BC} = (1 \mid -1) + (1 \mid 5) = (2 \mid 4)$

1.108 $\varphi = \tan^{-1}\left(\frac{d}{w}\right)$

1.109 $\sin \delta = \frac{r}{t}, \tan \varphi = \frac{v}{r}$

1.110 1. und 5. Gleichung

1.111 1., 2., 3. und 4. Antwort

1.112 $\tan \varphi = \frac{6}{4} \Rightarrow \varphi \approx 56{,}31°$

1.113 $\sin \alpha = \frac{2}{3} \Rightarrow \alpha \approx 41{,}8°$

1.114 $\tan \alpha = \frac{p}{100} \Rightarrow p = 100 \cdot \tan \alpha$

1.115 $\tan \varphi = \frac{x}{s} \Rightarrow s = \frac{x}{\tan \varphi}$

1.116 $\cos 50° = \frac{40}{x} \Rightarrow x = \frac{40}{\cos 50°} \approx 62$ (cm)

1.117 2. und 5. Formel

1.118 Diese Formel kann auch bei **Rechtecken** eingesetzt werden, da **sin 90° = 1**.

1.119

$\sin \alpha < 0$ und $\cos \alpha > 0$	**F**
$\sin \alpha > 0$ und $\cos \alpha = 0$	**E**
$\sin \alpha = -1$ und $\cos \alpha = 0$	**A**
$\sin \alpha > 0$ und $\cos \alpha < 0$	**D**
$\sin \alpha = 0{,}5$ und $\cos \alpha > 0$	**C**

2. Funktionale Abhängigkeiten

2.01 1. und 3. Aussage

2.02 1. und 5. Diagramm

2.03 Graph **D**
Graph **A**
Graph **B**

2.04

x	f(x)
−3	**−2**
−2	**2**
−1	**−1**
0	**−2**
1	**1**
2	**3**

2.05 2. und 5. Aussage

2.06 4. und 5. Aussage

2.07

$f_1: x \mapsto \frac{1}{5}x$	$f_2: x \mapsto -\sqrt{4x}$	$f_3: x \mapsto {}^{10}\log x$	$f_4: x \mapsto -\frac{2}{3x^2}$	$f_5: x \mapsto 2^{-3x}$
$D = \mathbb{R}$	$D = \mathbb{R}_0^+$	$D = \mathbb{R}^+$	$D = \mathbb{R}^*$	$D = \mathbb{R}$

2.08 2. und 3. Aussage

2.09 5. Darstellung (Tabelle)

2.10 Zum Beispiel:

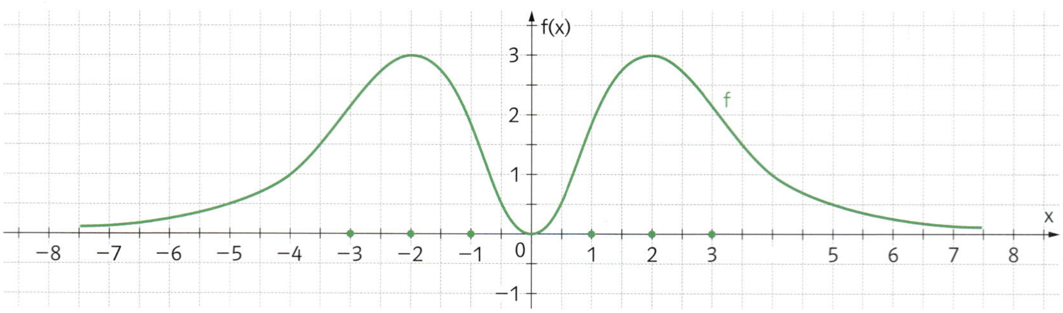

2.11 2., 3. und 4. Aussage

2.12

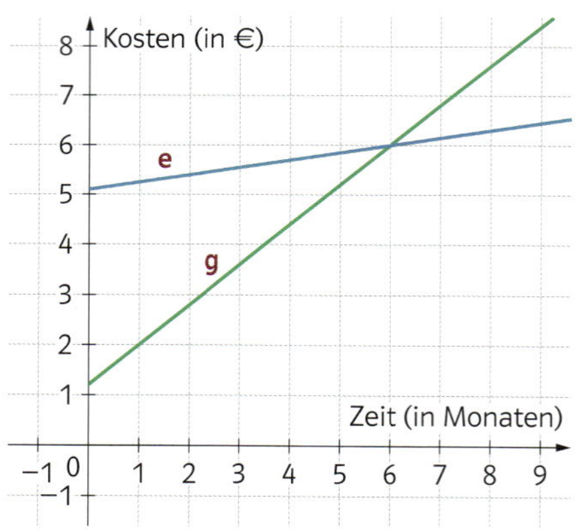

Deutung des Schnittpunkts:
Unter sechs Monaten sind die Kosten für die Glühbirne geringer als die der Energiesparlampe, über sechs Monaten höher. Nach genau sechs Monaten sind die Kosten für beide Lampen gleich groß.

2.13 grafische Lösung:

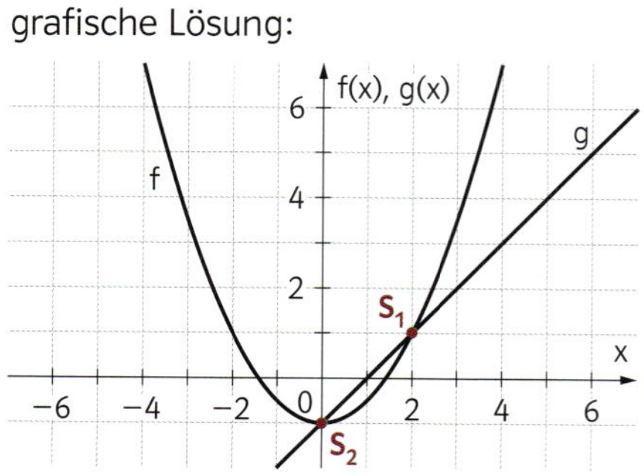

rechnerische Kontrolle:

$\frac{x^2}{2} - 1 = x - 1$

$\frac{x^2}{2} - x = 0$

$x \cdot \left(\frac{x}{2} - 1\right) = 0$

$x = 0 \lor x = 2$

$y = -1 \lor y = 1 \quad S_1 = (0 \mid -1),\ S_2 = (2 \mid 1)$

2.14 $l: \mathbb{R}^+ \to \mathbb{R} \mid A \mapsto \sqrt{2A}$

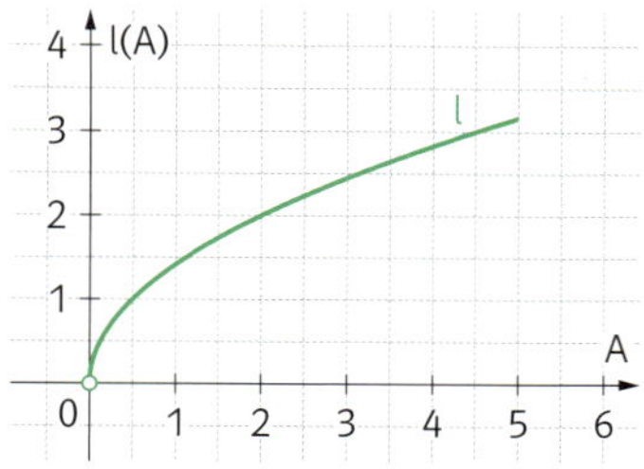

2.15 2., 3. und 5. Sachverhalt

2.16 Zum Beispiel:
$q = 1{,}03$: Wachstum eines Kapitals mit 3 % Zinsen pro Jahr.
$q = 0{,}96$: Abnahme des Flächeninhalts einer Bakterienkultur bei stündlicher Abnahme um 4 %.

2.17 1. und 4. Aussage

2.18 $Z(800, 22, 25) = 7744$ N. Fährt ein Auto der Masse 800 kg mit der Geschwindigkeit 22 m/s durch eine kreisförmige Kurve mit dem Radius 25 m, dann beträgt die Zentripetelkraft 7744 N.

2.19
D a ist direkt proportional zu c und indirekt proportional zu e.
E a ist direkt proportional zu b und indirekt proportional zu c^2.
B a ist direkt proportional zu d und indirekt proportional zu b.
C a ist direkt proportional zu b^2 und indirekt proportional zu e.
A a ist direkt proportional zu c^2 und indirekt proportional zu d.

2.20 1., 3. und 4. Aussage

2.21 2., 4. und 5. Aussage

2.22
1. Abbildung: Typ: $f(x) = c \cdot a^x$ mit $0 < a < 1$ (Exponentialfunktion)
2. Abbildung: Typ: $f(x) = k \cdot x + d$ mit $k > 0$, $d > 0$ (lineare Funktion)
3. Abbildung: Typ: $f(x) = \frac{k}{x}$ mit $k > 0$ (und $x \neq 0$) (indirekte Proportionalitätsfunktion)

2.23

$g(x) = -2 \cdot 7^x$	**D**
$h(x) = -2 \cdot \sqrt[7]{x}$	**C**
$p(x) = \cos(0{,}5 \cdot x)$	**B**
$q(x) = -2x + x^7$	**A**

2.24
D $f(x) = -ax^3$ **B** $f(x) = ax^3 + b$ $f(x) = ax^3 - b$
$f(x) = ax^2 + b$ **A** $f(x) = -ax^2 + b$ **C** $f(x) = a \cdot (x + b)^2 + c$

2.25 5. Termdarstellung

2.26

$f(x) = a \cdot x + c$ $(a, c \in \mathbb{R})$	**C**
$f(x) = c \cdot a^x$ $(c \in \mathbb{R}^*, a \in \mathbb{R}^+)$	**D**

2.27

	$f_1(x) = x + 3$	$f_2(x) = \frac{1}{x}$	$f_3(x) = \sqrt{x}$	$f_4(x) = e^{-x}$	$f_5(x) = \sin(2x)$
in ganz $\mathbb{R}$ definiert	☒	☐	☐	☒	☒
periodisch	☐	☐	☐	☐	☒
streng monoton steigend in $\mathbb{R}^+$	☒	☐	☒	☐	☐
streng monoton fallend in $\mathbb{R}^+$	☐	☒	☐	☒	☐
nur positive Funktionswerte	☐	☐	☐	☒	☐

2.28

	$y = \frac{2}{x}$	$y = \frac{2}{x^2}$	$y = 2x + 3$
Wird x um 1 vermehrt, wächst y um 2.	☐	☐	☒
Wird x um 1 vermehrt, wächst y um 3.	☐	☐	☐
Wird x verdoppelt, verdoppelt sich y.	☐	☐	☐
Wird x verdoppelt, halbiert sich y.	☒	☐	☐
Wird x verdoppelt, wird y geviertelt.	☐	☒	☐
Wird x um 2 vermindert, vermindert sich y um 4.	☐	☐	☒
Wird x halbiert, vervierfacht sich y.	☐	☒	☐
Zwischen x und y besteht ein linearer Zusammenhang.	☐	☐	☒

2.29 Jede konstante Funktion f mit $f(x) = d$ und $d \neq 0$ ist eine lineare Funktion ohne Nullstelle.

2.30 Differenzenquotient von f in $[-1; 2] = 2$, Differenzenquotient von f in $[2; 6] = \frac{7}{4}$.
Somit kann f nicht linear sein.
Alternative Lösung: Es kann sich nicht um eine lineare Funktion handeln. Wäre f linear, dann würde aus $f(-1) = -3$ und $f(2) = 3$ die Termdarstellung $f(x) = 2 \cdot x - 1$ folgen. Daraus würde $f(6) = 11$ folgen, im Widerspruch zu $f(6) = 10$.

2.31 Zum Beispiel:

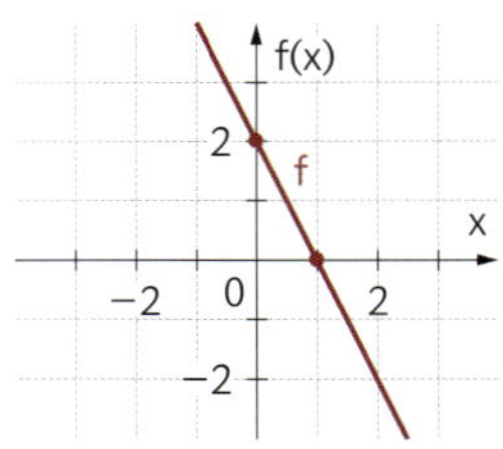

2.32 $k = -\frac{3}{5}$, $d = 3$; $f(x) = -\frac{3}{5} \cdot x + 3$

2.33 3. und 4. Aussage

2.34 $k_1 = 4$, $k_2 = \frac{5}{3}$, $k_3 = -\frac{2}{3}$, $k_4 = \frac{b}{a}$

2.35 1. und 3. Darstellung

2.36 1., 2. und 4. Funktionsgleichung

2.37 2., 4. und 5. Aussage

2.38 Ist $p_1 < q_1$, dann ist $p_2 > q_2$, da f **streng monoton fallend ist und somit für $p_1 < q_1$ gilt: $f(p_1) > f(q_1)$.**

2.39

Der Graph von f wird in Richtung der positiven 2. Achse verschoben.	A
Der Graph von f dreht sich entgegen dem Uhrzeigersinn und der Schnittpunkt mit der 2. Achse verschiebt sich in Richtung der positiven 2. Achse.	D
Der Graph von f dreht sich entgegen dem Uhrzeigersinn um den Punkt (0 I d).	B

2.40 k bedeutet: Einflussgeschwindigkeit des Wassers (in l/min)
d bedeutet: Wasservolumen im Aquarium zum Zeitpunkt $t = 0$ (in l)

2.41 3. und 4. Gleichung

2.42 1. und 5. Gleichung

2.43 2., 3. und 5. Sachverhalt

2.44 2. und 5. Sachverhalt

2.45

$f(x) = \frac{1}{2}x^2$	$f(x) = x^2 - 2$	$f(x) = -x^2 + 1$	$f(x) = -\frac{1}{2}x^2 + 2$	$f(x) = -\frac{1}{2}x^2$
	A	B		C

2.46 f ist eine Potenzfunktion. f: $\mathbb{R}^+ \to \mathbb{R} \mid A \mapsto A^{\frac{1}{2}}$

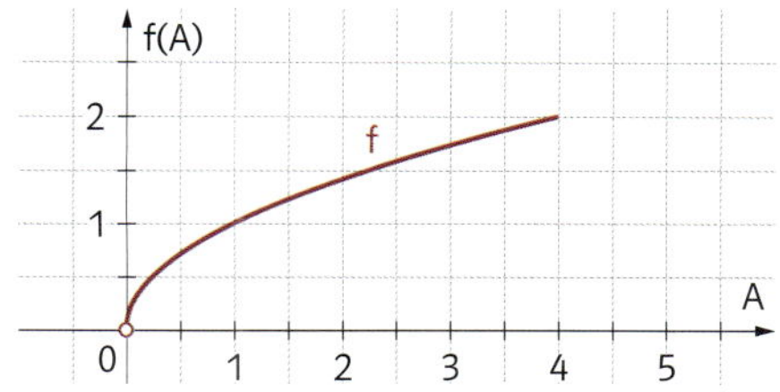

2.47 für n = 1 und n = 3

2.48 $f_3(x) = x^2 - 3$, $f_1(x) = 2x^2 - 3$,
$f_4(x) = -0{,}1x^2 + 2$, $f_2(x) = -0{,}5x^2 + 2$

2.49 $a = \frac{1}{2}$, $b = -2$

2.50 $f(x) = 3x^2 + 2$

2.51 a = 2, b = 1

2.52 1., 2., 4. und 5. Aussage

2.53 Zum Beispiel:

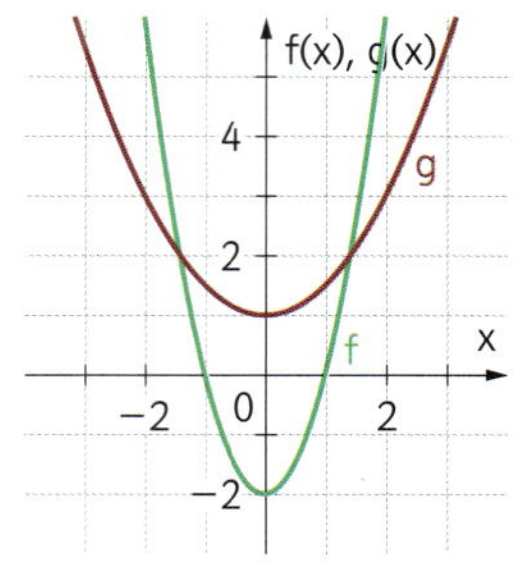

2.54 $B(n) = \frac{5000}{n}$, B(n) ist zu n indirekt proportional.

2.55

y ist zu x direkt proportional.	**D**
y ist zu x indirekt proportional.	**C**
y ist zum Quadrat von x direkt proportional.	**B**
y ist zum Quadrat von x indirekt proportional	**A**

2.56 Zum Beispiel:

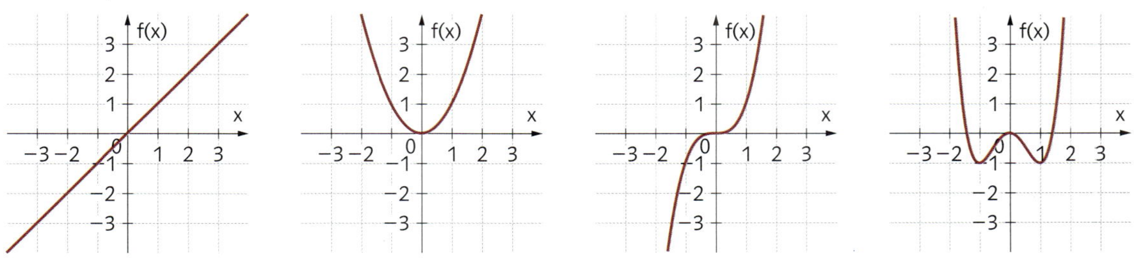

Grad 1 Grad 2 Grad 3 Grad 4

2.57 2. und 4. Aussage

2.58 B D A C

2.59 für x = 0 oder x = 3

2.60 h(0) bedeutet: Höhe der Speerspitze beim Abwurf. Der Speer fliegt ca. 42,1 m weit.

2.61 3. und 4. Aussage

2.62 1. und 5. Funktion

2.63 c = 1, a = 2

2.64 $y = 2 \cdot 4^x$

2.65 $A(t) = 2 \cdot 1{,}055^t$ (cm²), $A(24) \approx 7{,}23$ (cm²)

2.66

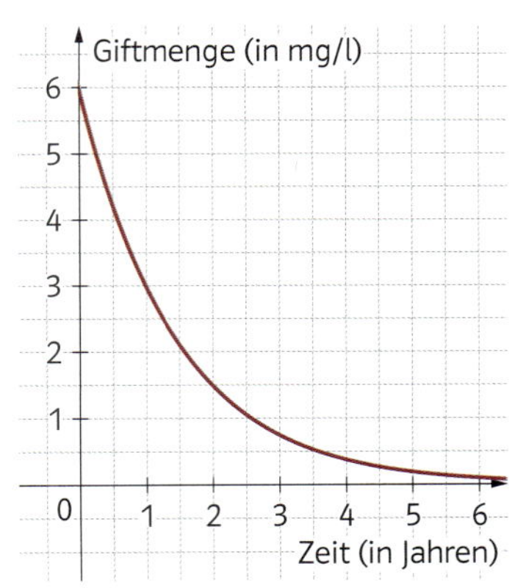

2.67 dritter Graph: Graph von h

2.68 $K_0 = 1500$ €, Zinssatz = 2 %

2.69 Nach ungefähr **5,5** km Höhenzunahme sinkt der Luftdruck auf die Hälfte, nach ungefähr **11** km Höhenzunahme auf ein Viertel.

2.70 1., 2. und 5. Aussage

2.71 Zum Beispiel:

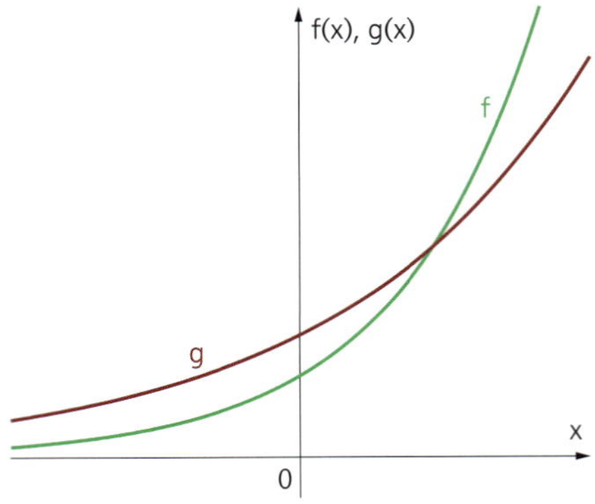

2.72 f : λ klein g: λ mittel h: λgroß

2.73 1., 3. und 5. Aussage

2.74 3., 4. und 5. Aussage

2.75 1., 4. und 5. Aussage

2.76 3 Minuten

2.77 2 Minuten

2.78 ca. 34,3 Zeiteinheiten

2.79 3. und 4. Aussage

2.80

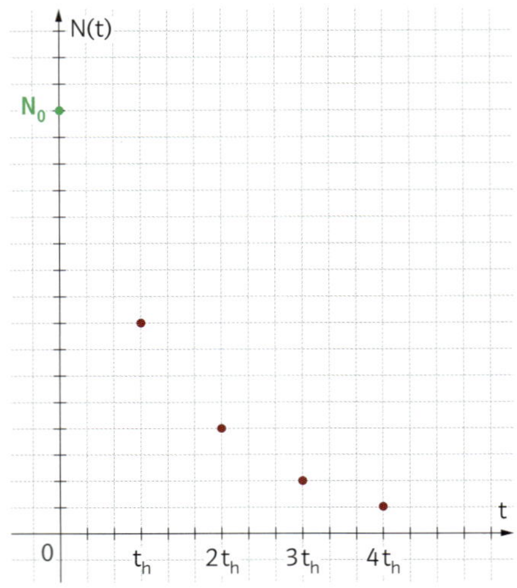

2.81 exponentieller Abnahmeprozess; 64 % des ursprünglichen Bestandes

2.82 Ein Wachstumsprozess mit nichtnegativem Anfangswert kann näherungsweise durch eine Exponentialfunktion beschrieben werden, wenn **die relative Änderung pro Zeiteinheit annähernd konstant** ist.

2.83

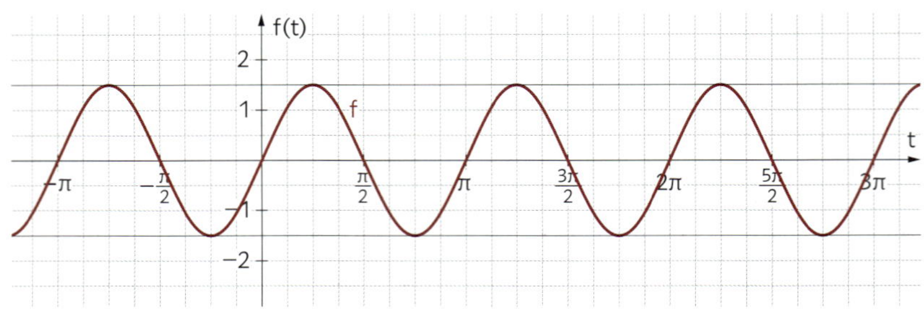

2.84 $a = 2, b = \frac{1}{2}$

2.85 Amplitude = 6 cm, Schwingungsdauer ≈ 2 s, Elongation zum Zeitpunkt 3 = 2 cm

2.86 4. Termdarstellung

2.87 3. Aussage

2.88 1., 2. und 5. Aussage

2.89 $f(x) = 2 \cdot \cos\left(x - \frac{\pi}{2}\right) = 2 \cdot \sin\left[\left(x - \frac{\pi}{2}\right) + \frac{\pi}{2}\right] = 2 \cdot \sin(x)$

2.90 Die Funktion f hat an der Stelle π eine **lokale Extremstelle**, da $\mathbf{f'(\pi) = -\sin\pi = 0}$.

3. Analysis

3.01 2., 3. und 5. Aussage

3.02 absolute Änderung der Einwohnerzahl = 2,7 Millionen
relative Änderung der Einwohnerzahl = 0,2 (= 20 %)

3.03 2. und 4. Aussage

3.04

absolute Änderung von f im Intervall [−2; 3]	**D**
relative Änderung von f im Intervall [−2; 3]	**C**
durchschnittliche Änderung (mittlere Änderungsrate) von f im Intervall [−2; 3]	**B**

3.05 1., 2. und 5. Aussage

3.06 1., 4. und 5. Aussage

3.07 1., 2. und 4. Aussage

3.08 $\bar{v}(0; 3) = 15\,m/s$, $v(3) = 30\,m/s$

3.09 Der Differenzenquotient in [0; 4] beträgt **1,6 m/s** und gibt **die mittlere Geschwindigkeit in [0; 4]** an.
Der Differentialquotient an der Stelle 4 beträgt **3,2 m/s** und gibt die **Momentangeschwindigkeit zum Zeitpunkt 4** an .

3.10 Zum Beispiel:

D > 0

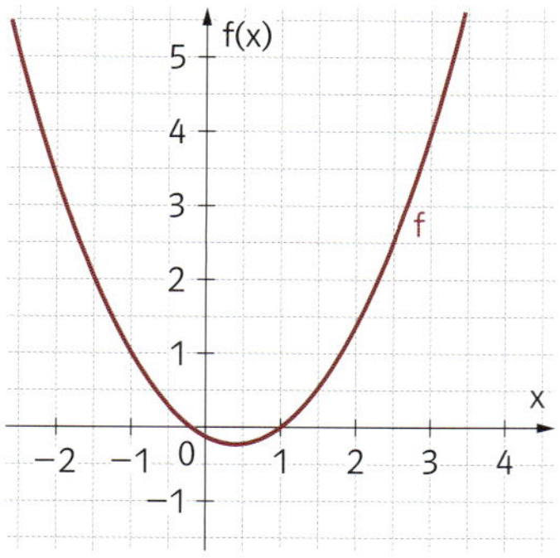

D < 0

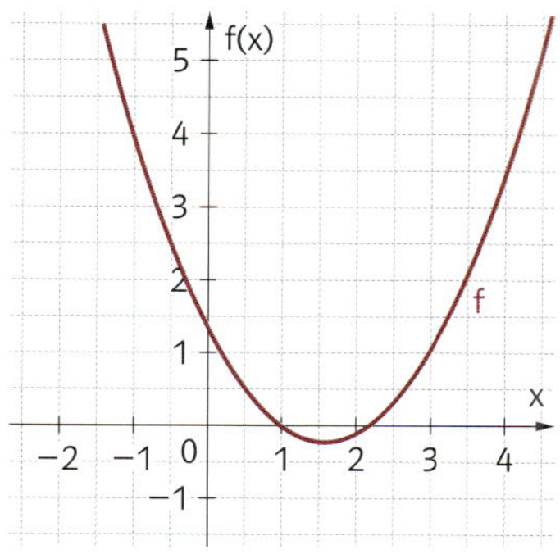

D = 0

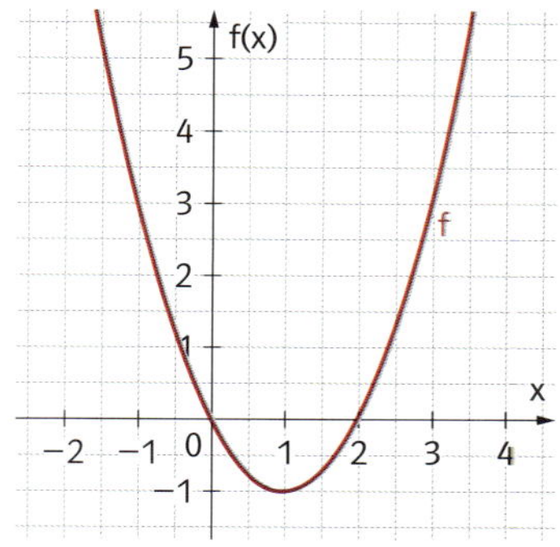

3.11 3. Deutung

3.12 mittlere Beschleunigung im Zeitintervall [0; 10] = **$0{,}8\,m/s^2$**
mittlere Beschleunigung im Zeitintervall [0; 20] = **$0\,m/s^2$**

3.13 4. und 5. Aussage

3.14 $V_1(3) \approx 77$; $V_2(3) \approx 107$

3.15 1., 3. und 4. Aussage

3.16 2. Aussage

3.17 Für die Funktion f mit $f(x) = \mathbf{x^3 + 2x^2 - x + 8}$ ist $f'(x) = \mathbf{3x^2 + 4x - 1}$.

3.18 3. und 4. Aussage

3.19

$g(x) = f(2x)$	**B**
$g(x) = f\left(\frac{x}{2}\right)$	**C**
$g(x) = \frac{f(x)}{2}$	**A**

3.20

$f(x) = e^x$	**D**
$f(x) = e^{-x}$	**F**
$f(x) = e^{\frac{x}{2}}$	**B**
$f(x) = -e^{-2x}$	**C**
$f(x) = -\frac{1}{2} \cdot e^{-2x}$	**E**

3.21

$f(x) = \cos(2x)$	**D**
$f(x) = 2 \cdot \sin(2x)$	**A**
$f(x) = -2 \cdot \cos(2x)$	**F**
$f(x) = 2 \cdot \cos(2x)$	**C**
$f(x) = -2 \cdot \sin(2x)$	**E**

3.22

$f(x) = x^{-1} - \sin(x)$	**B**
$f(x) = x + \cos(x)$	**A**
$f(x) = 0{,}5 \cdot \sin(2x)$	**D**
$f(x) = 2 \cdot \sin(0{,}5x)$	**C**

3.23 Geschwindigkeit = **10,4** m/s; Länge der Beschleunigungsstrecke = **41,6** m

3.24 Differenzieren und Integrieren sind nur Umkehroperationen bis auf eine additive Konstante. Abgesehen von einer additiven Konstanten stimmt das Ergebnis mit der ursprünglichen Angabe überein.

3.25 1., 2., 4. und 5. Aussage

3.26

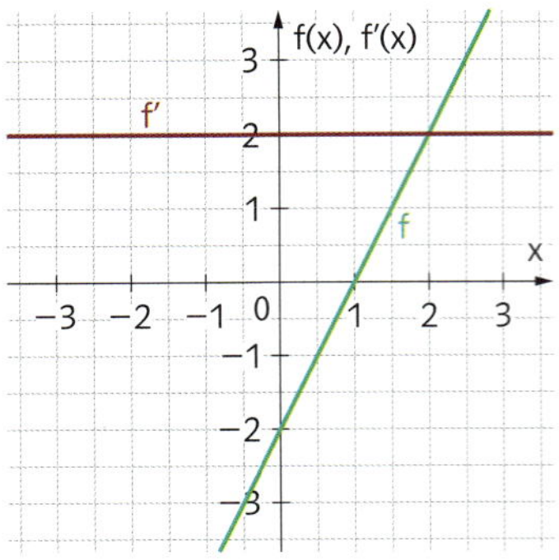

3.27 B

3.28 F

3.29 A

3.30 Zum Beispiel:

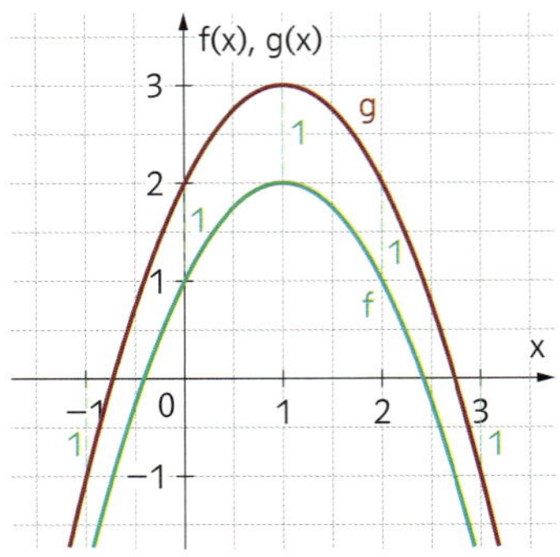

3.31 lokale Maximumstelle von f: **1**;
lokale Minimumstelle von f: **−1**

3.32 3. und 5. Aussage

3.33 Steigung von f an der Stelle 1 = f′(1) = **4**,
Steigung von f an der Stelle 3 = f′(3) = **2**

3.34

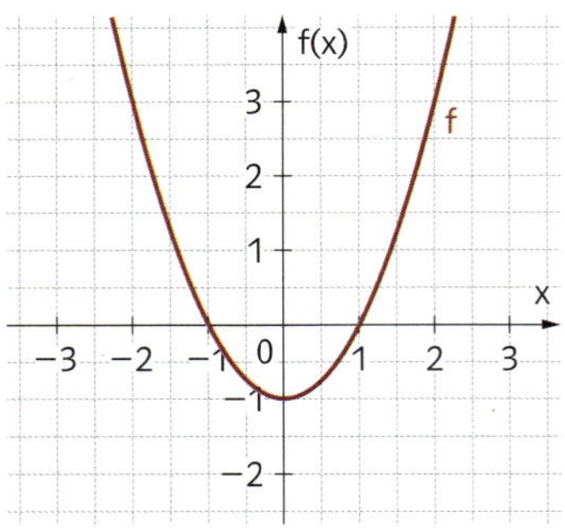

3.35 lokale Maximumstelle : −2, lokale Minimumstelle: 2, Wendestelle: 0

3.36 1., 4. und 5. Aussage

3.37 Zum Beispiel:

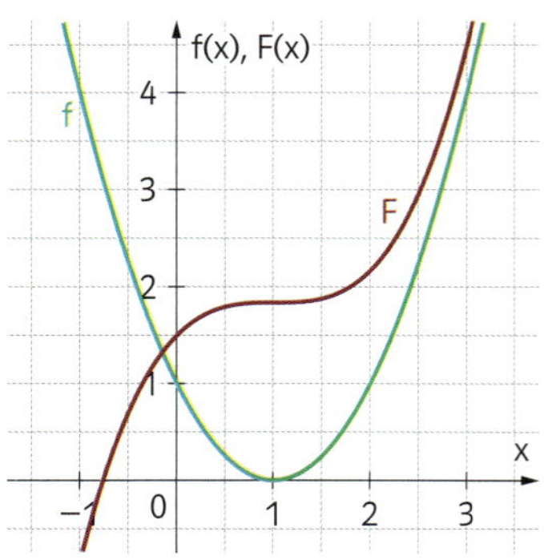

3.38 A, C und D

3.39 1., 2. und 5. Aussage

3.40 1. und 5. Aussage

3.41 1., 2., 3. und 5. Aussage

3.42 $]-\infty; -2]$ und $[4; 10]$

3.43 Nullstellen: **3**, lokale Extremstellen: **2**, Wendestellen: **1**

3.44 2. und 5. Aussage

3.45 Die Funktion f ist im Intervall $\left[0; \frac{2}{3}\right]$ **streng monoton fallend**, da **$f'(x) < 0$ für alle $x \in \left]0; \frac{2}{3}\right[$**.

3.46 2. und 3. Aussage

3.47 1. und 5. Aussage

3.48 Die Funktion f hat bei $x = 0$ eine **lokale Maximumstelle**, da **$f'(0) = 0$ und $f''(0) < 0$**.

3.49 Die Funktion f hat **keine Wendestelle**, da **die zweite Ableitung von f konstant $2a \neq 0$ ist**.

3.50 2., 3. und 4. Aussage

3.51 3. und 4. Aussage

3.52 Es ist $f''(x) = 6ax + 2b = 0 \Leftrightarrow x = -\frac{b}{3a}$ und $f'''\left(-\frac{b}{3a}\right) = 6a \neq 0$.
Somit ist $-\frac{b}{3a}$ die einzige Wendestelle von f.

3.53 1., 2. und 4. Aussage

3.54 $b = -1, c = 0, f(x) = x^2 - x$

3.55 Zum Beispiel:

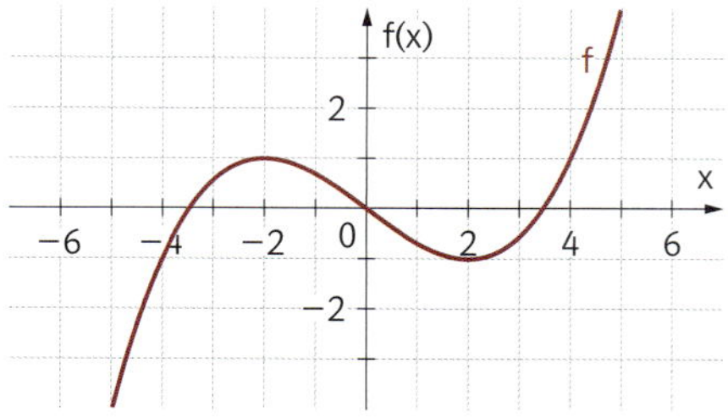

3.56 F

3.57

$\int_0^8 f(x)\,dx = 22$	$\int_0^8 f(x)\,dx \leq 22$	$\int_0^8 f(x)\,dx > 22$	$\int_0^7 f(x)\,dx < \int_0^8 f(x)\,dx$	$\int_0^1 f(x)\,dx = 1$
☐	☐	☒	☒	☐

3.58 $U = 9{,}5 \cdot 0{,}5 + 9{,}0 \cdot 0{,}5 + \ldots + 6{,}0 \cdot 0{,}5 =$
$= 31\ (\text{cm}^3)$
$O = 10{,}0 \cdot 0{,}5 + 9{,}5 \cdot 0{,}5 + \ldots + 6{,}5 \cdot 0{,}5 =$
$= 33\ (\text{cm}^3)$
Daraus folgt: $31 \leq V \leq 33\ (\text{cm}^3)$

3.59 Länge des Streckenabschnitts:
$w(0;4) = \int_0^4 v(t)\,dt$
$U = 9{,}4 \cdot 1 + 9{,}4 \cdot 1 + 9{,}3 \cdot 1 + 9{,}0 \cdot 1 = 37{,}1\ (\text{m})$
$O = 9{,}6 \cdot 1 + 9{,}6 \cdot 1 + 9{,}6 \cdot 1 + 9{,}3 \cdot 1 = 38{,}1\ (\text{m})$
$37{,}1 \leq w(0;4) \leq 38{,}1\ (\text{m})$

3.60

$f(x) = \cos(x)$	**D**
$f(x) = \sin(x)$	**C**
$f(x) = e^x$	**B**
$f(x) = \frac{1}{x}$	**A**

3.61 für $k = \sqrt{2}$

3.62 $\int f(x)\,dx = \frac{x^2}{2} + c$,
$\int g(x)\,dx = \ln(x) + c$ (mit $c \in \mathbb{R}$)

3.63 ☐ ☒ ☒ ☐ ☐

3.64 ☐ ☒ ☒ ☒ ☐

3.65 $\int_{-4}^{4} f(x)\,dx = 0$

3.66

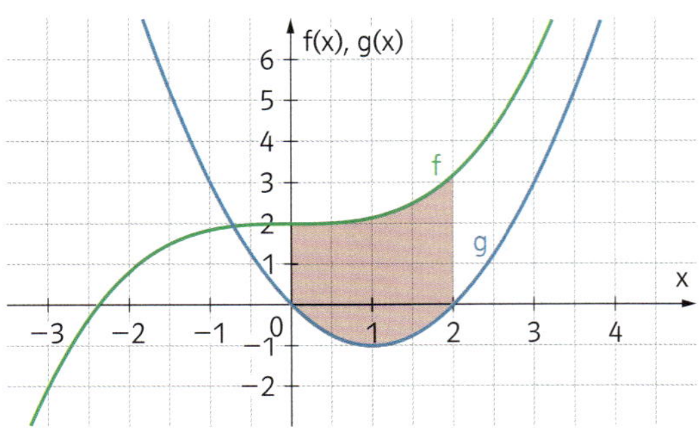

3.67 ☐ ☐ ☒ ☐ ☐ ☐

3.68 $A = \int_{-1}^{2} f(x)\,dx = F(2) - F(-1) = 5 - 2 = 3$

3.69 ☒ ☒ ☐ ☒ ☒

3.70 $V = \pi \cdot \int_0^9 x^2 dy = \pi \cdot \int_0^9 \frac{y}{0{,}25} dy = 4\pi \cdot \int_0^9 y\,dy = 162\pi \approx 509\ (\text{cm}^3)$

3.71 $v(t) = 81 - t^2 = 0 \Leftrightarrow t = 9\ (\text{s})$; $s(t) = 81t - \frac{t^3}{3}$; $s(9) = 486\ (\text{m})$

3.72 Höhe nach 40 Tagen $= \frac{8 \cdot 1}{2} + 2 \cdot 1 + \frac{(1+2) \cdot 8}{2} + 4 \cdot 2 + \frac{(2+3) \cdot 8}{2} + 2 \cdot 3 + \frac{8 \cdot 3}{2} = 64\ (\text{cm})$

3.73 Beachten Sie: Wir messen die Dehnung in Meter. $W(0;\,0{,}04) = \frac{0{,}04 \cdot 16}{2} = 0{,}32$ (J)

3.74

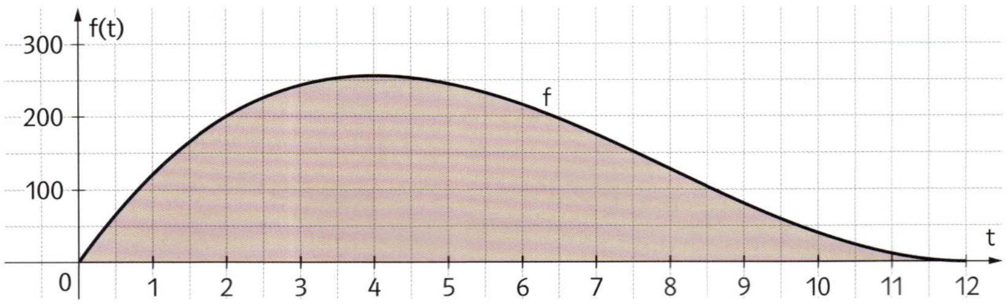

$\int_0^{12} f(t)\,dt$ = Volumen des in den 12 Stunden zugeflossenen Wassers (in m^3)

4. Wahrscheinlichkeit und Statistik

4.01 A, B und D

4.02 $0{,}45 \cdot 0{,}65 = 0{,}2925$, dh. 29,25 % aller Befragten sind weiblich und befürworten den Gesetzesentwurf.

4.03 3. und 5. Aussage

4.04 Zum Beispiel:

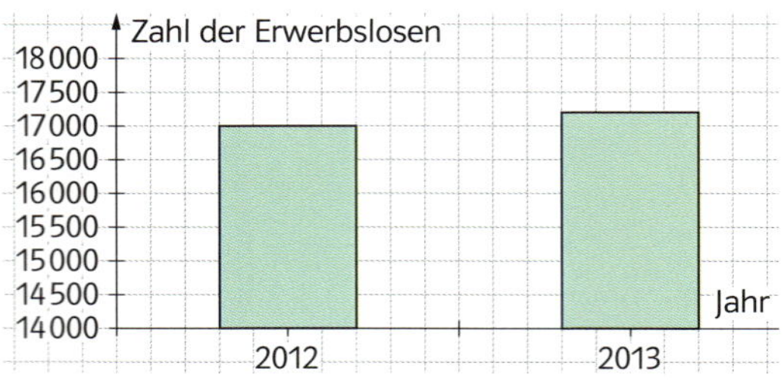

4.05

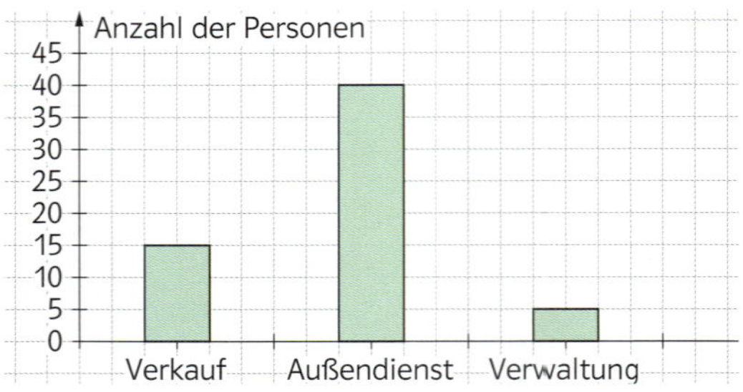

4.06

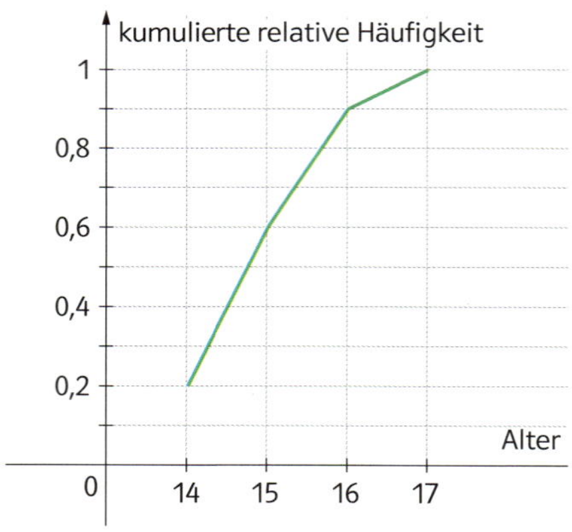

4.07 min = 15; $q_1 = 47{,}5$; $q_2 = 130{,}5$; $q_3 = 202{,}5$; max = 315

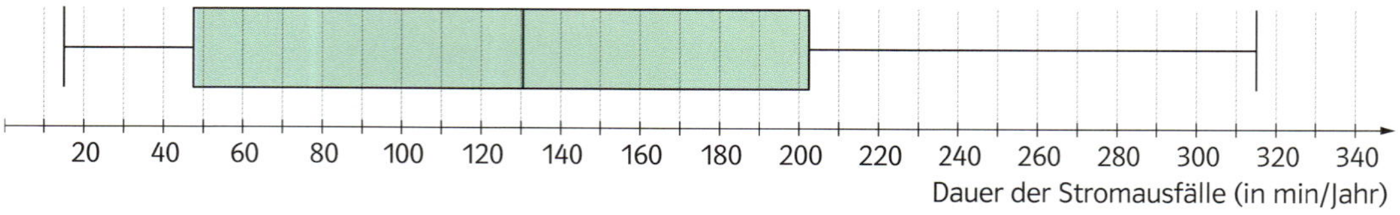

4.08

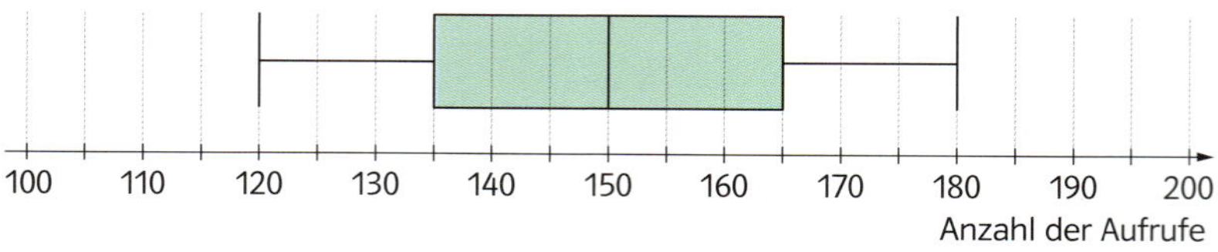

4.09

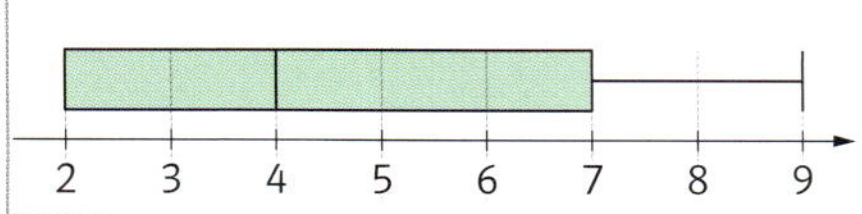	B
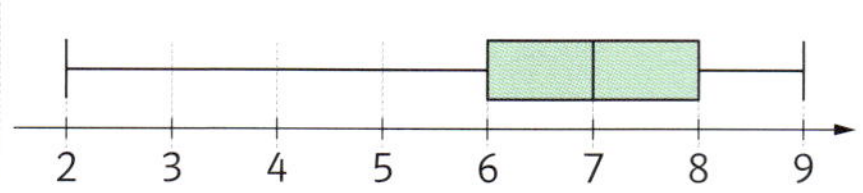	E
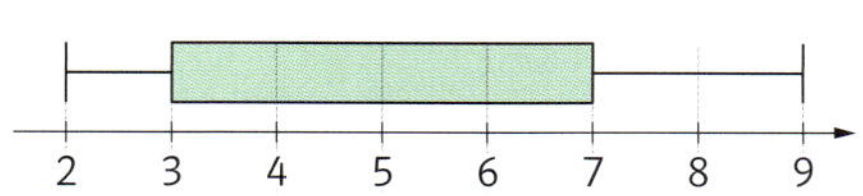	D
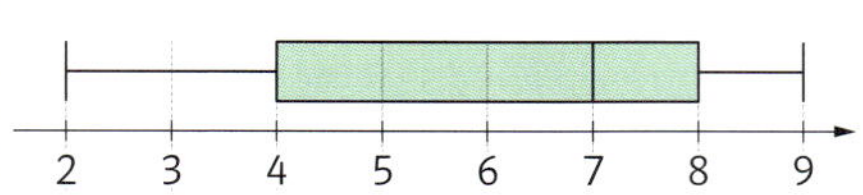	C

4.10 Zum Beispiel:

Produktionskategorie	Produktionswert in Mio. Euro
Pflanzliche Produktion	3 250
Tierische Produktion	3 250
Landwirtschaftliche Dienstleistungen und nichttrennbare landwirtschaftliche Nebentätigkeiten	700
Landwirtschaft insgesamt	7 200

4.11

		relativer Anteil der Haushalte		
		mit Notebook	ohne Notebook	Summe
relativer Anteil der Haushalte	mit Stand-PC	0,14	0,01	0,15
	ohne Stand-PC	0,51	0,34	0,85
	Summe	0,65	0,35	1,00

4.12 1., 3. und 5. Aussage

4.13 5. Antwort

4.14 Preis für 1 kg *BrownMix* = 0,5 · 0,30 + 0,2 · 0,20 + 0,3 · 0,40 = 0,31 (€)
Preis für einen 40 kg-Sack = 12,40 €

4.15

	6	
3	8	5
1	10	9

4.16 $\bar{y} = 33$, $s_y = 7$

4.17 $\bar{y} = 10\,245$, $s_y = 4\,213$

4.18 arithmetisches Mittel

4.19 1. und 5. Aussage

4.20 2. und 3. Aussage

4.21 Grundraum G = {(1 | 1), (1 | 2), (1 | 3), (1 | 4), (1 | 5), (1 | 6), (2 | 1), …, (6 | 6)}
Beispiel für ein Ereignis: Pasch = 2 gleiche Augenzahlen ≙ {(1 | 1), (2 | 2), (3 | 3), (4 | 4), (5 | 5), (6 | 6)}

4.22 2., 3. und 4. Aussage

4.23 $P(E_1 \mid E_2)$ = Wahrscheinlichkeit, dass die befragte Person mehr als 20 Zigaretten pro Tag raucht, wenn sie weiblich ist.
$P(E_2 \mid E_1)$ = Wahrscheinlichkeit, dass die befragte Person weiblich ist, wenn sie mehr als 20 Zigaretten pro Tag raucht.
$P(E_1 \wedge E_2)$ = Wahrscheinlichkeit, dass die befragte Person mehr als 20 Zigaretten pro Tag raucht und weiblich ist.
$P(E_1 \vee E_2)$ = Wahrscheinlichkeit, dass die befragte Person mehr als 20 Zigaretten pro Tag raucht oder weiblich ist.

4.24 $C = \neg(A \vee B)$ bedeutet „zwei Gewinnlose werden gezogen". $P(C) = 1 - [P(A) + P(B)]$

4.25 ca. 0,744

4.26 2. und 5. Aussage

4.27

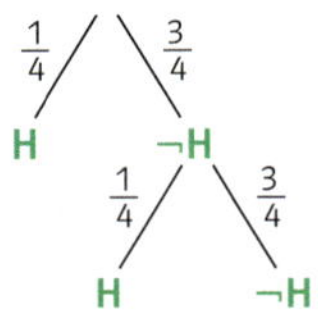

P(Herzkarte) $= \frac{1}{4} + \frac{3}{4} \cdot \frac{1}{4} = \frac{7}{16} = 0{,}4375$

4.28 P(schwarz) = 0,4; P(nicht schwarz) = 0,6; P(Man erhält keine schwarze Kugel.) $= 0{,}6 \cdot 0{,}6 = 0{,}36$

4.29 P(gleiche Reihenfolge) $= \frac{1}{4} \cdot \frac{1}{3} \cdot \frac{1}{2} \cdot 1 = \frac{1}{24}$

4.30 Wir betrachten die Ereignisse: T_1 : 1. gezogener Themenbereich nicht vorbereitet
T_2 : 2. gezogener Themenbereich nicht vorbereitet

P(E) $= \frac{4}{24} \cdot \frac{3}{23} \approx 0{,}022$

4.31

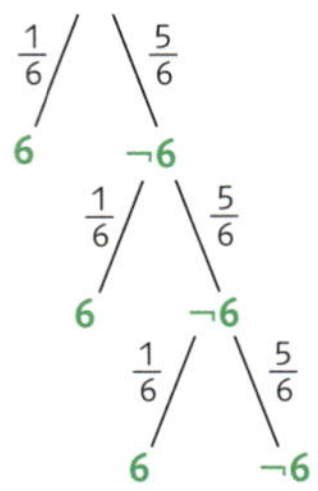

P(6 bei maximal 3 Würfen) $= \frac{1}{6} + \frac{5}{6} \cdot \frac{1}{6} + \frac{5}{6} \cdot \frac{5}{6} \cdot \frac{1}{6} = \frac{91}{216} \approx 0{,}42$

4.32

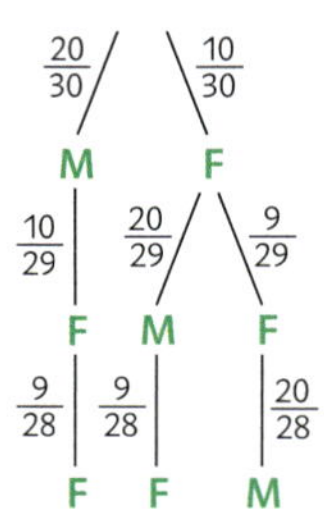

P(ein Mann und zwei Frauen) $= \frac{20}{30} \cdot \frac{10}{29} \cdot \frac{9}{28} + \frac{10}{30} \cdot \frac{20}{29} \cdot \frac{9}{28} + \frac{10}{30} \cdot \frac{9}{29} \cdot \frac{20}{28} \approx 0{,}222$

4.33 P(EIS) $= \frac{15}{30} \cdot \frac{10}{29} \cdot \frac{5}{28} \approx 0{,}031$

4.34 P(Xaver und Ylva werden beide von der Lehrerin kontrolliert.) $= \frac{1}{25} \cdot \frac{1}{24} + \frac{1}{25} \cdot \frac{1}{24} = \frac{1}{300} \approx 0{,}003$

4.35 2. und 4. Aussage

4.36 Das Ereignis **E_2 ist wahrscheinlicher als E_1**, da $\frac{5}{36} > \frac{4}{36}$.

4.37 2. und 4. Aussage

4.38 2., 3., 4. und 5. Aussage

4.39 P(Frau | linkshändig) $= \frac{28}{52} \approx 0{,}54$; P(linkshändig | Frau) $= \frac{28}{143} \approx 0{,}20$

4.40

	dafür	dagegen	Summe
Männer	0,40	0,20	0,60
Frauen	0,15	0,25	0,40
Summe	0,55	0,45	1,00

P(dafür | Frau) $= \frac{0{,}15}{0{,}40} = \frac{3}{8} = 0{,}375$

4.41 P(Herr Adam nimmt einen Umweg in Kauf) = P(ACEB ∨ ADFB) = P(ACEB) + P(ADFB) =
$= \frac{255}{500} \cdot \frac{75}{255} + \frac{245}{500} \cdot \frac{80}{245} = \frac{75}{500} + \frac{80}{500} = \frac{155}{500} = 0{,}31$

4.42

A und B sind beide in Ordnung.	C
Genau einer der Bauteile A und B ist defekt.	A
Mindestens einer der Bauteile A und B ist defekt.	D

4.43 **1. Lösungsmöglichkeit:**
P(Defekt wird von mindestens einer Kontrolle entdeckt) $= 1 - 0{,}2 \cdot 0{,}25 \cdot 0{,}1 = 0{,}995$
2. Lösungsmöglichkeit:
P(Defekt wird von mindestens einer Kontrolle entdeckt) $= 0{,}8 + 0{,}2 \cdot 0{,}75 + 0{,}2 \cdot 0{,}25 \cdot 0{,}9 = 0{,}995$

4.44 $\binom{10}{5} = 252$

4.45 $\binom{7}{3} = 35$

4.46 Der Erwartungswert einer Zufallsvariablen ist näherungsweise gleich dem Mittelwert einer langen Liste von Werten der Zufallsvariablen. Man wird also bei häufigem Würfeln im Mittel näherungsweise die Augenzahl 3,5 erhalten.

4.47 Erwartungswert des Gewinns $= \frac{1}{8\,145\,060} \cdot 1\,748\,907{,}28 + \frac{1}{1\,357\,510} \cdot 40\,079{,}13 + \frac{1}{35\,724} \cdot 1150{,}60 +$
$+ \frac{1}{14\,290} \cdot 161{,}08 + \frac{1}{772} \cdot 41{,}05 + \frac{1}{579} \cdot 14{,}93 + \frac{1}{48} \cdot 4{,}56 + \frac{1}{16} \cdot 1{,}10 + \frac{1}{12} \cdot 6{,}19 = 1{,}046267007 < 1{,}10$

4.48 2. und 5. Aussage

4.49 Ungefähr 8 % der Professorinnen und Professoren des Gymnasiums haben eine Körpergröße von mindestens 180 cm.

4.50 3., 4. und 5. Aussage

4.51 Die Wahrscheinlichkeitsverteilung von H ist eine **Binomialverteilung**, wenn **sie einem Ziehen mit Zurücklegen entspricht**.

4.52 $P(H = k) = \binom{10}{k} \cdot \left(\frac{1}{3}\right)^k \cdot \left(\frac{2}{3}\right)^{10-k}$

4.53 4. und 5. Gleichung

4.54 $P(H = 0) = \binom{50}{0} \cdot 0{,}05^0 \cdot 0{,}95^{50} = 0{,}95^{50} \approx 0{,}077$

4.55 $n = 3,\ p = 0{,}5$

$P(X = 0) = \binom{3}{0} \cdot 0{,}5^0 \cdot 0{,}5^3 = 0{,}125$
$P(X = 1) = \binom{3}{1} \cdot 0{,}5^1 \cdot 0{,}5^2 = 0{,}375$
$P(X = 2) = \binom{3}{2} \cdot 0{,}5^2 \cdot 0{,}5^1 = 0{,}375$
$P(X = 3) = \binom{3}{3} \cdot 0{,}5^3 \cdot 0{,}5^0 = 0{,}125$

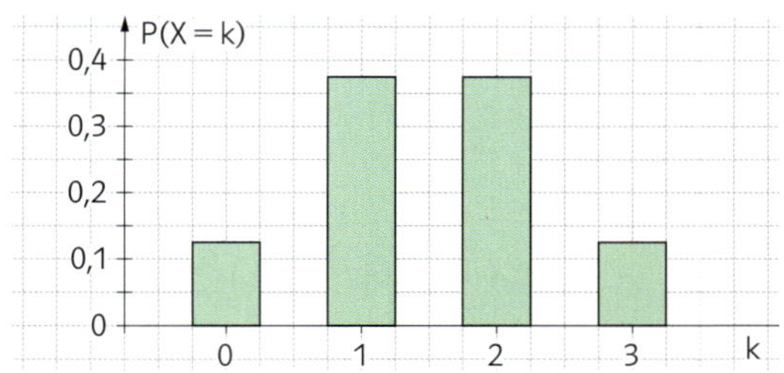

$\mu = E(X) = n \cdot p = 3 \cdot 0{,}5 = 1{,}5$
$\sigma = \sqrt{n \cdot p \cdot (1-p)} = \sqrt{3 \cdot 0{,}5 \cdot 0{,}5} \approx 0{,}87$

4.56 $n = 160,\ p = 0{,}9 \qquad \mu = n \cdot p = 0{,}9 \cdot 160 = 144$ (Personen)
$\sigma = \sqrt{n \cdot p \cdot (1-p)} = \sqrt{160 \cdot 0{,}9 \cdot 0{,}1} \approx 3{,}79 \approx 4$ (Personen)

4.57 $P(H = 0) = \binom{100}{0} \cdot 0{,}02^0 \cdot 0{,}98^{100} = 0{,}98^{100} \approx 0{,}13$

4.58 Wegen $p = 0{,}6 > 0{,}5$, müssen in der gesuchten Verteilung die weiter rechts liegenden Häufigkeiten überwiegen. Somit kommen nur die Diagramme C und D in Frage. Durch Berechnung einer Wahrscheinlichkeit für $n = 10$ und $p = 0{,}6$, etwa $P(H = 9) \approx 0{,}040$, erkennt man, dass das Diagramm D das gesuchte Diagramm ist.

4.59 Der Zufallsversuch besteht in der zufälligen Auswahl eines Duschgels. Dieser Versuch wird 50-mal unter gleichen Bedingungen durchgeführt. Bei jeder Versuchsdurchführung beträgt die Wahrscheinlichkeit für ein Mängelprodukt annähernd 0,01 (da die Stichprobe im Vergleich zu allen produzierten Duschgels sehr klein ist). Somit ist H annähernd binomialverteilt.

4.60 1., 3. und 4. Situation

4.61 1., 2. und 3. Situation

4.62 1., 3. und 5. Aussage

4.63 Die Faustregel ist erfüllt, denn es ist $n \cdot p \cdot (1-p) = 100 \cdot 0{,}5 \cdot 0{,}5 = 25 > 9$. Somit kann die Binomialverteilung näherungsweise durch eine Normalverteilung ersetzt werden.

4.64 95 %-Konfidenzintervall für eine Knabengeburt vor dem Unfall $\approx [0{,}38;\ 0{,}52]$
95 %-Konfidenzintervall für eine Knabengeburt nach dem Unfall $\approx [0{,}44;\ 0{,}58]$
Durch den Unfall werden die Grenzen des Konfidenzintervalls um ca. 0,06 erhöht.

4.65 Frequentistische Deutung: Würde man sehr oft Stichproben vom Umfang 800 erheben und jedes Mal nach der entsprechenden Formel ein 95%-Konfidenzintervall berechnen, so würden diese Intervalle bei ca. 95% aller Stichproben den unbekannten relativen Anteil der Personen, bei denen das Schmerzmittel wirkt, überdecken.

4.66 4. und 5. Aussage

4.67 Ist d die Länge des Konfidenzintervalls, dann gilt:
$\frac{d}{2} = z \cdot \sqrt{\frac{h \cdot (h-1)}{n}}$, dh. $0{,}02 = z \cdot \sqrt{\frac{0{,}21 \cdot 0{,}79}{1500}}$. Daraus ergibt sich $z \approx 1{,}90$. Für die Sicherheit γ folgt daraus:
$\gamma = 2 \cdot \Phi(z) - 1 \approx 2 \cdot 0{,}9713 - 1 \approx 0{,}94 = 94\,\%$

4.68 Die Anzahl reicht nicht aus. Es ist $\left(\frac{z}{d}\right)^2 = \left(\frac{2{,}575}{0{,}04}\right)^2 = 4144{,}140625$. Es wären also mindestens 4145 Personen notwendig.

Typ 2
Lösungen

5.01 a) Zum Zeitpunkt $t_0 = 5$. Der Punkt (5 | 2) ist ein Wendepunkt des Graphen der Funktion T.

b) $T(5) - T(4)$ = absolute Änderung der Temperatur im Zeitintervall [4; 5]

$\frac{T(10) - T(0)}{10}$ = relative Änderung der Temperatur im Zeitintervall [0; 10]

$T'(12)$ = (momentane) Änderungsrate zum Zeitpunkt 12

c) $125a + 25b + 5c = 2$ gehört zur Bedingung **A**
$300a + 20b + c = 0$ gehört zur Bedingung **C**
$30a + 2b = 0$ gehört zur Bedingung **B**

d) Lösung des Gleichungssystems in c) liefert $a = -0{,}008$, $b = 0{,}12$, $c = 0$
$T(t) = -0{,}008t^3 + 0{,}12t^2$
$T'(t) = -0{,}024t^2 + 0{,}24t = t \cdot (-0{,}024t + 0{,}24) > 0$ für $0 < t < 10$ $\Rightarrow$ T ist streng monoton steigend in [0; 10]
$T'(t) = -0{,}024t^2 + 0{,}24t = t \cdot (-0{,}024t + 0{,}24) < 0$ für $10 < t < 15$ $\Rightarrow$ T ist streng monoton fallend in [10; 15]
$T''(t) = -0{,}048t + 0{,}24 > 0$ für $0 < t < 5$ $\Rightarrow$ T ist linksgekrümmt in [0; 5]
$T''(t) = -0{,}048t + 0{,}24 < 0$ für $5 < t < 15$ $\Rightarrow$ T ist rechtsgekrümmt in [5; 15]

5.02 a)

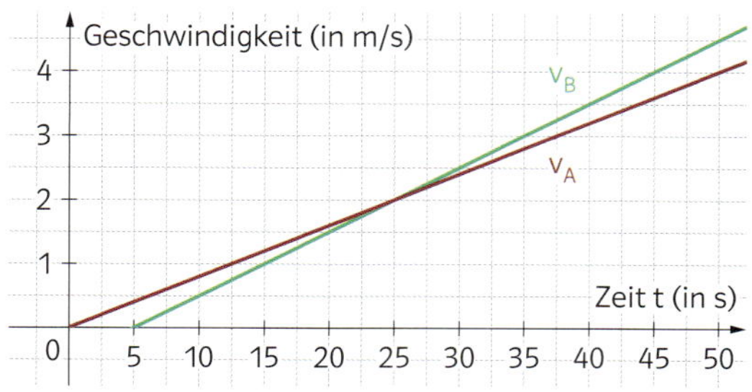

b) $v_A(t) = v_B(t) \Leftrightarrow 0{,}08 \cdot t = 0{,}1 \cdot t - 0{,}5 \Leftrightarrow t = 25\,(s)$.

Der Abbildung entnimmt man: $s_A(25) = \frac{25 \cdot 2}{2} = 25\,(m)$, $s_B(25) = \frac{20 \cdot 2}{2} = 20\,(m)$.

25 Sekunden nach dem Start des Autos A haben die beiden Autos zwar die gleiche Geschwindigkeit, das Auto B hat aber das Auto A noch nicht eingeholt.

c) Zum Zeitpunkt t_0 haben beide Autos die gleiche Weglänge zurückgelegt, dh. das Auto B hat das Auto A eingeholt.

d) $v_A'(t) = 0{,}08$, $v_B'(t) = 0{,}1$, dh. das Auto A beschleunigt mit $0{,}08\,m/s^2$ und das Auto B mit $0{,}1\,m/s^2$.

5.03 a) Vase C; bei der Vase A ist die Seitenlänge a(h) in jeder Höhe h gleich groß, bei der Vase B nimmt die Seitenlänge a(h) nicht linear mit der Höhe h zu.

b) Für die Seitenlänge a(h) gilt: $a(h) = k \cdot h + d$. Aus $a(0) = 10$ und $a(20) = 16$ folgt $k = 0{,}3$ und $d = 10$.
Also ist $a(h) = 0{,}3 \cdot h + 10$ und $A(h) = [a(h)]^2 = (0{,}3 \cdot h + 10)^2 = 0{,}09 \cdot h^2 + 6h + 100$.
A(h) nimmt mit steigendem h nicht linear zu.

c) $A(h) = 0{,}09 \cdot h^2 + 6h + 100 = 169 \Leftrightarrow h = 10$
$A'(h) = 0{,}18 \cdot h + 6$; $A'(10) = 7{,}8\,cm^2/cm$

d) Volumen $V(19) = \int_0^{19} A(h)\,dh = \int_0^{19} (0{,}09h^2 + 6h + 100)\,dh = 3188{,}77\,cm^3 \approx 3{,}19$ Liter

5.04 a) Für $0 < a < 1$ (bzw. $a > 1$) wird der Graph von f_0 mit dem Faktor a normal zur 1. Achse gestaucht (bzw. gestreckt) und anschließend um b nach oben verschoben. Für $a = 1$ wird der Graph von f_0 nur um b nach oben verschoben.

b) f_1: $a = 1$, $b = 0$, $z = 2$, f_2: $a = -1$, $b = 1$, $z = 2$, f_3: $a = 1$, $b = 0$, $z = -2$, f_4: $a = 1$, $b = 1$, $z = -1$

c)
- f besitzt eine lokale Extremstelle für $a \in \mathbb{R}^*$, $b \in \mathbb{R}$ und $z = 2, 4, 6, 8, \ldots$
- Der Graph von f nähert sich asymptotisch der 2. Achse für $a \in \mathbb{R}^*$, $b \in \mathbb{R}$ und $z \in \mathbb{Z}^-$.
- Der Graph von f ist symmetrisch zur 2. Achse für $a \in \mathbb{R}^*$, $b \in \mathbb{R}$ und $z = \pm 2, \pm 4, \pm 6, \pm 8, \ldots$

d) 2., 3. und 4. Aussage

e)

$f(x) = \sqrt{x}$	D
$f(x) = 2 \cdot \sqrt{x}$	E
$f(x) = \frac{2}{\sqrt{x}}$	A
$f(x) = -\sqrt{x}$	C

5.05 a) $\overline{y} = \frac{y_1 + \ldots + y_n}{n} = \frac{(x_1 + c) + \ldots + (x_n + c)}{n} = \frac{x_1 + \ldots + x_n + n \cdot c}{n} = \frac{x_1 + \ldots + x_n}{n} + c = \overline{x} + c$

$s_y{}^2 = \frac{(y_1 - \overline{y})^2 + \ldots + (y_n - \overline{y})^2}{n} = \frac{(x_1 + c - \overline{x} - c)^2 + \ldots + (x_n + c - \overline{x} - c)^2}{n} = \frac{(x_1 - \overline{x})^2 + \ldots + (x_n - \overline{x})^2}{n} = s_x{}^2 \Rightarrow s_y = s_x$

b) $\overline{y} = \frac{y_1 + \ldots + y_n}{n} = \frac{c\,x_1 + \ldots + c\,x_n}{n} = c \cdot \frac{x_1 + \ldots + x_n}{n} = c \cdot \overline{x}$

$s_y{}^2 = \frac{(y_1 - \overline{y})^2 + \ldots + (y_n - \overline{y})^2}{n} = \frac{(c\,x_1 - c \cdot \overline{x})^2 + \ldots + (c\,x_n - c \cdot \overline{x})^2}{n} = c^2 \cdot \frac{(x_1 - \overline{x})^2 + \ldots + (x_n - \overline{x})^2}{n} = c^2 \cdot s_x{}^2 \Rightarrow s_y = c \cdot s_x$

c) $\overline{y} = \frac{x_1 + \ldots + x_n + x_{n+1} + x_{n+2}}{n+2} = \frac{n \cdot \overline{x} + \overline{x} - c + \overline{x} + c}{n+2} = \frac{(n+2) \cdot \overline{x}}{n+2} = \overline{x}$

Für die Datenliste 1, 3, 5 ergibt sich $\overline{x} = 3$ und $s_x = \sqrt{\frac{8}{3}} \approx 1{,}63$.

Für die Datenliste 1, 2, 3, 4, 5 ergibt sich $\overline{x} = 3$ und $s_x = \sqrt{2} \approx 1{,}41$.
Der Mittelwert bleibt also gleich, die empirische Standardabweichung kann sich ändern.

d) Für die Liste $x_1 = 15$, $x_2 = x_3 = \ldots = x_{10} = 65$ ergibt sich $\overline{x} = 60$ und $s_x = 15$. Wir fügen die Werte 54 und 66 hinzu, die sich beide von $\overline{x}$ um weniger als s_x unterscheiden. Der größte Wert der neuen Liste ist $66 > 65$.

e) Die empirische Varianz $s_x{}^2$, die empirische Standardabweichung s_x, der Quartilsabstand und die Spannweite bleiben unverändert, alle anderen Kennzahlen vermindern sich um c.

5.06 a) $\overrightarrow{A_1B_1} = 2A - 2B = 2 \cdot (A - B) = -2 \cdot (B - A) = -2\overrightarrow{AB}$

$\overrightarrow{B_1C_1} = 2B - 2C = 2 \cdot (B - C) = -2 \cdot (C - B) = -2\overrightarrow{BC}$

$\overrightarrow{C_1A_1} = 2C - 2A = 2 \cdot (C - A) = -2 \cdot (A - C) = -2\overrightarrow{CA}$

b) Mittelpunkt der Seite $A_1B_1 = \frac{1}{2} \cdot (A_1 + B_1) = \frac{1}{2} \cdot 2C = C$

Mittelpunkt der Seite $B_1C_1 = \frac{1}{2} \cdot (B_1 + C_1) = \frac{1}{2} \cdot 2A = A$

Mittelpunkt der Seite $C_1A_1 = \frac{1}{2} \cdot (C_1 + A_1) = \frac{1}{2} \cdot 2B = B$

c) $S_{A_1B_1C_1} = \frac{1}{3} \cdot (A_1 + B_1 + C_1) = \frac{1}{3} \cdot (B + C - A + A + C - B + A + B - C) = \frac{1}{3} \cdot (A + B + C) = S_{ABC}$

5.07 a) $E = B + \frac{2}{3} \cdot \overrightarrow{BC} = B + \frac{2}{3} \cdot \overrightarrow{AD} = B + \frac{2}{3} \cdot (D - A)$, $F = D + \frac{2}{5} \cdot \overrightarrow{DC} = D + \frac{2}{5} \cdot \overrightarrow{AB} = D + \frac{2}{5} \cdot (B - A)$

b)
- $C = (a \mid b)$, $E = \left(a \,\middle|\, \frac{2b}{3}\right)$, $F = \left(\frac{2a}{5} \,\middle|\, b\right)$
- g_1: $X = A + r \cdot \overrightarrow{AE} = r \cdot \left(a \,\middle|\, \frac{2b}{3}\right)$, g_2: $X = A + s \cdot \overrightarrow{AF} = s \cdot \left(\frac{2a}{5} \,\middle|\, b\right)$, g_3: $X = B + t \cdot \overrightarrow{BD} = (a \mid 0) + t \cdot (-a \mid b)$

  $G = \left(\frac{3a}{5} \,\middle|\, \frac{2b}{5}\right)$, $H = \left(\frac{2a}{7} \,\middle|\, \frac{5b}{7}\right)$
- $\begin{pmatrix} \frac{2a}{5} \\ b \end{pmatrix} \cdot \begin{pmatrix} -a \\ b \end{pmatrix} = 0 \Leftrightarrow -\frac{2}{5}a^2 + b^2 = 0 \Leftrightarrow 2a^2 = 5b^2 \Leftrightarrow \frac{a^2}{b^2} = \frac{5}{2} \Leftrightarrow a : b = \sqrt{5} : \sqrt{2}$

5.08 a) $h_{180}(36) = \frac{5}{180}$, $h_{7622}(36) = \frac{205}{7622}$, $h_{180}(36) - \frac{1}{37} \approx 0{,}00075$, $\frac{1}{37} - h_{7622}(36) \approx 0{,}00013$

In Abbildung 2 liegt die relative Häufigkeit von 36 näher bei $\frac{1}{37}$.

b) Dies steht nicht im Widerspruch zum empirischen Gesetz der großen Zahlen. Es kommt nicht auf die absoluten Häufigkeiten, sondern die relativen Häufigkeiten an.
$h_{180}(7) - h_{180}(11) = \frac{5}{180} - \frac{4}{180} \approx 0{,}00556$, $h_{7622}(11) - h_{7622}(7) = \frac{225}{7622} - \frac{205}{7622} \approx 0{,}00262$

In Abb. 2 unterscheiden sich die relativen Häufigkeiten von 7 und 11 weniger als in Abb. 1.

c) Das stimmt nicht. Der Trugschluss dürfte dadurch entstanden sein, dass der Stab bei 12 in der Abbildung doppelt so hoch erscheint wie der bei 18, aber nicht beachtet wurde, dass die Skala auf der 2. Achse nicht bei 0 beginnt.

d)
- P(Es kommt eine Zahl aus 12P) $= \frac{12}{37}$. Falls eine solche Zahl kommt, wird das $\frac{36}{12}$-fache, dh. das 3-fache des Einsatzes, also 30 € ausbezahlt.

- Zur Berechnung des Gewinns legen wir folgende Tabelle an:

	Es kommt eine Zahl aus 12P	Es kommt keine Zahl aus 12P
Wahrscheinlichkeit	$\frac{12}{37}$	$\frac{25}{37}$
Auszahlungsbetrag	30	0
Gewinn	20	−10

E(Gewinn pro Drehung) $= 20 \cdot \frac{12}{37} - 10 \cdot \frac{25}{37} = -\frac{10}{37} \approx -0{,}27$. Wenn man sehr oft spielt, wird man also im Mittel pro Drehung ca. 0,27 € verlieren. Auf lange Sicht kann man damit nur verlieren.

5.09 a)
-

A (in mm)	M(A)
3,2	3,5
0,5	2,7

- $M(A) = 0 \Leftrightarrow \log_{10}A = 0 \Leftrightarrow A = 1$. Die Nullstelle von M liegt bei 1 µm = 0,001 mm.
- Für $0 < A < 1$ (µm) ist M(A) negativ.

b) $M = \log_{10}A(M) \Leftrightarrow A(M) = 10^M$; $A(M+1) = 10^{M+1} = 10^M \cdot 10 = A(M) \cdot 10$

c)
- $\log_{10}E = 4{,}8 + 1{,}5 \cdot M \Leftrightarrow E = 10^{4{,}8 + 1{,}5 \cdot M}$
  $E(M) = 10^{4{,}8 + 1{,}5 \cdot M} = 10^{4{,}8} \cdot 10^{1{,}5 \cdot M} = 10^{4{,}8} \cdot (10^{1{,}5})^M \approx 63\,095{,}73445 \cdot 31{,}6227766^M$,
  dh. $c = 10^{4{,}8} \approx 63\,095{,}73445$ und $a = 10^{1{,}5} \approx 31{,}6227766$
- $c = 10^{4{,}8}$ gibt die bei einem Erdbeben der Magnitude 0 frei gesetzte Energie in Joule an.
  Jede Zunahme der Magnitude um 1 erhöht die frei gesetzte Energie auf das $10^{1{,}5}$-fache.
- $E(M+2) = 10^{4{,}8} \cdot 10^{1{,}5(M+2)} = 10^{4{,}8} \cdot 10^{1{,}5 \cdot M + 3} = 10^{4{,}8} \cdot (10^{1{,}5})^M \cdot 10^3 = E(M) \cdot 1000$
  Die Faustregel ist brauchbar.
- $\frac{E_{Fukushima}}{E_{Hiroshima}} = \frac{10^{4{,}8} \cdot (10^{1{,}5})^9}{13\,000 \cdot 4{,}184 \cdot 10^{12}} \approx 36{,}7$. Bezüglich der frei gesetzten Energie entsprechen also dem Fukushima-Beben ca. 36,7 Hiroshima-Bomben.

5.10 a) Die Tabelle muss richtig lauten:

Produktionsmenge x in (ME)	200	400	500	700	800
Produktionskosten K(x) in (GE)	40	50	55	65	70

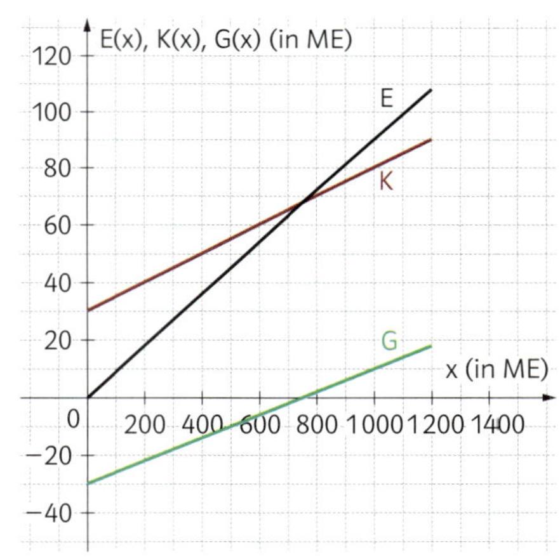

$K(x) = k \cdot x + d$. Aus $K(200) = 40$ und $K(800) = 70$ ergibt sich $k = 0{,}05$ und $d = 30$. Also gilt: $K(x) = 0{,}05 \cdot x + 30$
Interpretation von 0,05: Eine Produktionszunahme von 1 ME bewirkt eine Produktionskostenzunahme von 0,05 GE.
Interpretation von 30: Auch wenn nicht produziert wird, fallen Fixkosten von 30 GE an. Graph von K: siehe nebenstehende Abbildung!

b)
- $E(x) = k \cdot x$. Aus der Abbildung entnimmt man:
  $k = \frac{90}{1000} = 0{,}09$. Also gilt: $E(x) = 0{,}09 \cdot x$
  Deutung von 0,09: Eine Verkaufssteigerung von 1 ME bewirkt eine Erlöszunahme von 0,05 GE.
- 1. und 2. Aussage

c) Schnittpunkt = (750 | 67,5). Bei einer monatlichen Produktionsmenge von 750 ME ist der Erlös gleich den Produktionskosten, wenn die produzierte Menge auch verkauft wird. In diesem Fall ist der Gewinn gleich 0. Die Produktionsmenge von 750 ME ist die Gewinnschwelle (= Break-even-Menge) der Produktion. Bei einer monatlichen Produktionsmenge unter (über) 750 ME ist der Erlös kleiner (größer) als die Produktionskosten, der Gewinn also negativ (positiv).

d)
- $G(x) = E(x) - K(x) = 0{,}04 \cdot x - 30$. Graph von G: siehe obige Abbildung!
- maximaler monatlicher Gewinn: $G(1200) = 18$ GE

e)
- $\overline{K}(x)$ gibt die Durchschnittskosten für die Produktion eines Stücks(einer Mengeneinheit) des Produkts an, wenn insgesamt x Stück (Mengeneinheiten) hergestellt werden.
- $\overline{K}(x)$ ist zu x nicht indirekt proportional, weil K(x) keine Konstante ist.
- $\overline{K}(x) = \frac{0{,}05 \cdot x + 30}{x} = 0{,}05 + \frac{30}{x} \Rightarrow \overline{K}'(x) = -\frac{30}{x^2} < 0$ für $x > 0 \Rightarrow \overline{K}$ ist streng monoton fallend für $x > 0$.
- $\overline{K}$ ist streng monoton fallend in $]0; 1200] \Rightarrow \overline{K}(x)$ ist am kleinsten für $x = 1220$ ME

f) ■ $G(x) = 0{,}04 \cdot x - 30 \geqslant -15 \Leftrightarrow x \geqslant 375$. Die Mindestmenge beträgt 375 ME.

■ Ist p der Preis pro ME, dann ist $E(x) = p \cdot x$ und $G(x) = p \cdot x - (0{,}05 \cdot x + 30) = (p - 0{,}05) \cdot x - 30$. Je kleiner p gewählt wird, desto flacher verläuft der Graph von E, während der Graph von K unverändert bleibt. Damit verläuft auch der Graph von G flacher und somit verschiebt sich die Gewinnschwelle nach rechts. Der Preis p darf aber nur so lange verkleinert werden, bis die Gewinnschwelle die Kapazitätsobergrenze 1200 ME erreicht hat, weil dann gerade noch ohne Verlust gearbeitet werden kann.
Aus $G(1200) = (p - 0{,}05) \cdot 1200$ folgt $p = 0{,}525$.

■ – Durch die Preissteigerung wird der Graph von E steiler, der Graph von K bleibt aber unverändert. Dadurch wird die 1. Koordinate des Schnittpunktes der Graphen von K und E, dh. die Gewinnschwelle der Produktion, kleiner.
– Gewinn vor der Preissteigerung: $G(x) = E(x) - K(x) = 0{,}09 \cdot x - (0{,}05 \cdot x + 30) = 0{,}04 \cdot x - 30$
Gewinn nach der Preissteigerung: $G_1(x) = E_1(x) - K(x) = 1{,}1 \cdot 0{,}09 \cdot x - (0{,}05 \cdot x + 30) = 0{,}049 \cdot x - 30$
Gewinnschwellen: $G(x) = 0 \Leftrightarrow x = 750$ (ME); $G_1(x) = 0 \Leftrightarrow x = \frac{30\,000}{49} \approx 612{,}24$ (ME)
$\frac{\frac{30\,000}{49}}{750} \approx 0{,}82$, dh. die Gewinnschwelle sinkt um ca. 18 %.

5.11 a) Wir wählen das nebenstehend eingezeichnete Koordinatensystem. Der Punkt P befindet sich zum Zeitpunkt $t = 0$ in der Position P_0 und zum Zeitpunkt t in der Position $P_t = (2 \cdot \cos(b \cdot t) \mid 2 \cdot \sin(b \cdot t) + 1)$. Somit ist h von der Form $h(t) = 2 \cdot \sin(b \cdot t) + 1$. Da der Punkt P in 40 s eine volle Umdrehung ausführt, ist $b \cdot 40 = 2\pi$ und somit $b = \frac{\pi}{20}$. Damit erhält man $h(t) = 2 \cdot \sin\left(\frac{\pi}{20} \cdot t\right) + 1$.

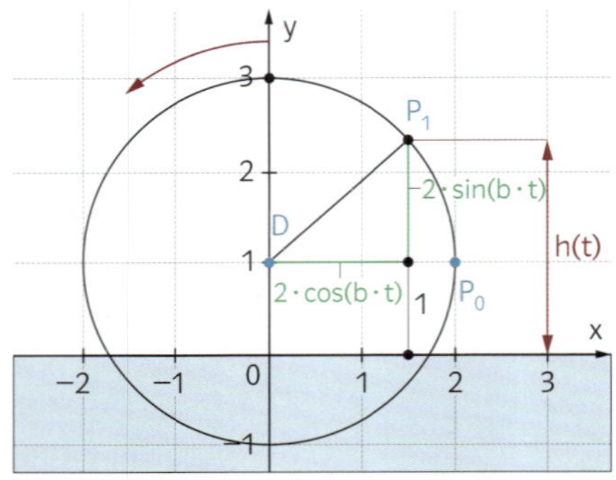

b) $h(t) = 0 \Leftrightarrow 2 \cdot \sin\left(\frac{\pi}{20} \cdot t\right) + 1 = 0 \Leftrightarrow \sin\left(\frac{\pi}{20} \cdot t\right) = -\frac{1}{2} \Leftrightarrow$
$\Leftrightarrow \frac{\pi}{20} \cdot t \approx 3{,}665 \vee \frac{\pi}{20} \cdot t \approx 5{,}760 \Leftrightarrow t \approx 23{,}3 \vee t \approx 36{,}7$
Der Punkt P taucht nach ca. 23,3 Sekunden in das Wasser ein und nach ca. 36,7 Sekunden wieder aus dem Wasser auf.

c) $h'(t) \vee 2 \cdot \frac{\pi}{20} \cdot \cos\left(\frac{\pi}{20} \cdot t\right) = \frac{\pi}{10} \cdot \cos\left(\frac{\pi}{20} \cdot t\right)$, $h'(5)) = \frac{\pi}{10} \cdot \cos\left(\frac{\pi}{4}\right) \approx 0{,}22$ (m/s)
Nach 5 Sekunden nimmt die Höhe des Punktes P mit ca. 0,22 m/s zu.

d) 6. Aussage

5.12 a) P(X weist positives Testergebnis auf) =
$= 0{,}02 \cdot 0{,}95 + 0{,}98 \cdot 0{,}025 = 0{,}0435$
P(X hat die Krankheit nicht und das Testergebnis ist negativ) =
$= 0{,}98 \cdot 0{,}975 = 0{,}9555$

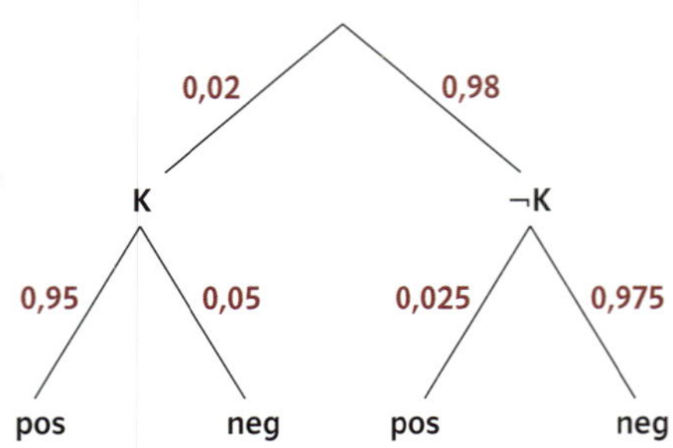

b) pos | K bedeutet: Das Testergebnis ist positiv, falls X die Krankheit hat.
neg | ¬K bedeutet: Das Testergebnis ist negativ, falls X die Krankheit nicht hat.
((K ∧ pos) ∨ (¬K ∧ neg)) bedeutet: X hat die Krankheit und das Testergebnis ist positiv oder X hat die Krankheit nicht und das Testergebnis ist negativ.
Sensitivität: P(pos | K) = 0,95 = Wahrscheinlichkeit für zutreffende positive Testergebnisse = Wahrscheinlichkeit, tatsächlich kranke Personen als krank zu entdecken
Spezifität: P(neg | ¬K) = 0,975 = Wahrscheinlichkeit für zutreffende negative Testergebnisse = Wahrscheinlichkeit, tatsächlich nicht kranke Personen als nicht krank zu entdecken
Effizienz: $P((K \wedge pos) \vee (\neg K \wedge neg)) = 0{,}02 \cdot 0{,}95 + 0{,}98 \cdot 0{,}975 = 0{,}9745$ = Wahrscheinlichkeit für zutreffende Testergebnisse = Wahrscheinlichkeit für die richtige Beurteilung in Hinblick auf das Vorliegen der Krankheit auf Grundlage des Tests.
Das Testverfahren weist in Hinblick auf Sensitivität, Spezifität und Effizienz hohe Werte auf und ist daher von hoher Güte.

c)

	Testergebnis positiv	Testergebnis negativ	Summe
Krankheit liegt vor	38	2	40
Krankheit liegt nicht vor	49	1911	1960
Summe	87	1913	2000

d) $P(K \mid pos) = \frac{P(K) \cdot P(pos \mid K)}{P(pos)} = \frac{0{,}02 \cdot 0{,}95}{0{,}02 \cdot 0{,}95 + 0{,}98 \cdot 0{,}025} \approx 0{,}437 = 43{,}7\,\%$. Falls das Testergebnis positiv ist, hat die untersuchte Person die Krankheit also nur mit einer Wahrscheinlichkeit von ca. 43,7 %. Trotz hoher Werte für Sensitivität, Spezifität und Effizienz kann eine Person mit positivem Testergebnis mit mehr als 50 %-iger Wahrscheinlichkeit hoffen, nicht erkrankt zu sein.

e) 95 %-Konfidenzintervall für $p \approx [0{,}016;\ 0{,}024] = [1{,}6\,\%;\ 2{,}4\,\%]$

5.13 a)
- $E(R_0) = k \cdot \ln(1) = k \cdot 0 = 0$; $R > R_0 \Rightarrow \frac{R}{R_0} > 1 \Rightarrow E(R) = k \cdot \ln\left(\frac{R}{R_0}\right) > 0$

  Interpretation: R_0 ist die kleinste Reizstärke, bei der eine Empfindung wahrnehmbar ist („Reizschwelle").
- $E'(R) = k \cdot \frac{1}{R_0} \cdot \frac{1}{\frac{R}{R_0}} = \frac{k}{R} > 0$ für $R > R_0 \Rightarrow$ E ist streng monoton steigend in $[R_0; \infty[$.

  $E''(R) = -\frac{k}{R^2} < 0$ für $R > R_0 \Rightarrow$ E ist rechtsgekrümmt in $[R_0; \infty[$.

  Interpretation: Mit zunehmender Reizstärke nimmt die Empfindungsstärke zu, steigt aber immer schwächer.

b) Für ein konstantes ΔR gilt:

$\Delta E = E(R + \Delta R) - E(R) = k \cdot \ln\left(\frac{R + \Delta R}{R_0}\right) - k \cdot \ln\left(\frac{R}{R_0}\right) = k \cdot \left[\ln\left(\frac{R + \Delta R}{R_0}\right) - \ln\left(\frac{R}{R_0}\right)\right] = k \cdot \ln\left(\frac{\frac{R + \Delta R}{R_0}}{\frac{R}{R_0}}\right) = k \cdot \ln\left(1 + \frac{\Delta R}{R}\right)$

Daraus kann man ablesen: Mit zunehmendem R nähert sich ΔE unbegrenzt dem Wert $k \cdot \ln(1) = 0$.

c) $E'(R) = \frac{k}{R} \Rightarrow \frac{\Delta E}{\Delta R} \approx \frac{k}{R} \Rightarrow \Delta E \approx k \cdot \frac{\Delta R}{R}$

Differenzengleichung: $E(R + \Delta R) = E(R) + k \cdot \frac{\Delta R}{R}$

d) (1) $E(R) = k \cdot \ln\left(\frac{R}{R_0}\right) \Rightarrow E'(R) = \frac{k}{R}$. Somit erfüllt E die Differentialgleichung $f'(R) = \frac{k}{R}$.

(2) Sei umgekehrt f eine beliebige Lösung der Differentialgleichung $f'(R) = \frac{k}{R}$ mit $f(R_0) = 0$.
Dann gilt:
$f(R) = k \cdot \ln(R) + c$. Aus $f(R_0) = 0$ folgt $c = -k \cdot \ln(R_0)$. Damit ergibt sich:
$f(R) = k \cdot \ln(R) - k \cdot \ln(R_0) = k \cdot [\ln(R) - \ln(R_0)] = k \cdot \ln\left(\frac{R}{R_0}\right)$.
Somit ist $f = E$.

e) $E(R \cdot a) = k \cdot \ln\left(\frac{R \cdot a}{R_0}\right) = k \cdot \left[\ln\left(\frac{R}{R_0}\right) + \ln(a)\right] = k \cdot \ln\left(\frac{R}{R_0}\right) + k \cdot \ln(a) = E(R) + c$ mit $c = k \cdot \ln(a)$

5.14 a) $f_k'(x) = 0 \Leftrightarrow x = 2 \vee x = 6$, $f_k''(2) = -12k < 0 \Rightarrow H_k = (2 \mid 32k)$, $f_k''(6) = 12k > 0 \Rightarrow T_k = (6 \mid 0)$

$f_k''(x) = 0 \Leftrightarrow x = 4$, $f_k'''(4) = 6k \neq 0 \Rightarrow W_k = (4 \mid 16k)$

b) $\overrightarrow{T_k W_k} = (-2 \mid 16k) = \overrightarrow{W_k H_k}$, Steigung $= -\frac{16k}{2} = -8k$

c) $A(k) = \int_0^6 f_k(x)\,dx = k \cdot \left(\frac{x^4}{4} - 4x^3 + 18x^2\right)\Big|_0^6 = 108k$, $A_\Delta(k) = 6 \cdot \frac{32k}{2} = 96k$, $A_\Delta(k) : A(k) = 8 : 9$

d)
- $H_{0,25} = (2 \mid 8)$, $T_{0,25} = (6 \mid 0)$, $W_{0,25} = (4 \mid 4)$

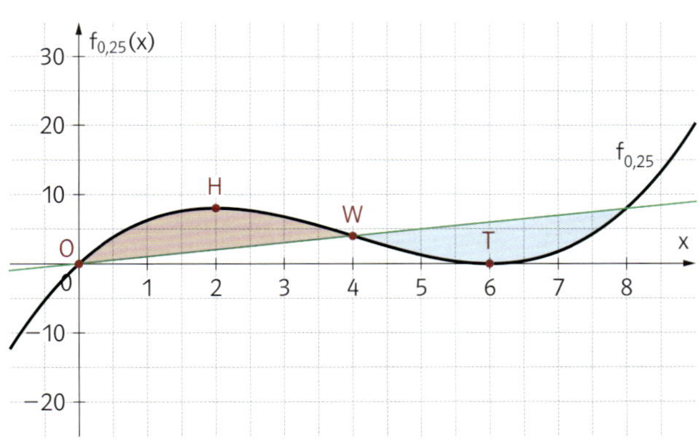

- $\int_0^8 (f_{0,25}(x) - x)\,dx = \int_0^8 (0{,}25x^3 - 3x^2 + 8x)\,dx = 0$
- Der Inhalt der roten Fläche ist gleich dem der blauen Fläche.